Arbeitsbuch Kasualien

Texte, Themen und Entwürfe für Taufe, Konfirmation, Trauung und Beerdigung

Herausgegeben von Erhard Domay
in Zusammenarbeit
mit Ingrid Adam und Rainer Starck

Gütersloher Verlagshaus Gerd Mohn

CIP-Kurztitelaufnahme der Deutschen Bibliothek

Arbeitsbuch Kasualien: Texte, Themen u. Entwürfe für Taufe, Trauung, Konfirmation u. Beerdigung / hrsg. von Erhard Domay. In Zusammenarbeit mit Ingrid Adam u. Rainer Starck. – Gütersloh: Gütersloher Verlagshaus Mohn, 1987.
ISBN 3-579-02743-3
NE: Domay, Erhard [Hrsg.]

ISBN 3-579-02743-3

Satz: Druckvorbereitungsstudio GmbH, Rheda-Wiedenbrück
Druck und Bindung: Ebner Ulm
Umschlagfotos: Hans Lachmann, Monheim und Paul Rybak, Gütersloh (oben links)
Printed in Germany

Inhalt

Vorwort

Dieses Arbeitsbuch soll Pfarrerinnen und Pfarrern Anregungen und Hilfen für ein Praxisfeld geben, das sie wie sonst kaum ein anderes in Berührung mit zahlreichen Menschen bringt, die ansonsten an die Kirche keine allzugroßen Erwartungen haben: für die Kasualien Taufe, Konfirmation, Trauung und Beerdigung. Nicht nur, daß bei diesen Gelegenheiten je nach den örtlichen Voraussetzungen einmal die immer gleichen, ein andermal vollkommen fremde Leute anwesend sind, auch daß besondere Knotenpunkte des menschlichen Lebens erlebt werden und nach Deutung verlangen, macht das Reden bei Amtshandlungen zu einem zwar spannenden und chancenreichen, aber auch recht schwierigen Unternehmen. Haben wir es doch mit Erfahrungen zu tun, die – so oder so – alle Menschen betreffen. Die Rituale, die Pfarrerinnen und Pfarrer anbieten, sind Übergangsriten (rites de passage), die dem Einzelnen bei einem kritischen Übergang in einen anderen Status, eine andere Gruppe, helfen. Sie dienen einerseits dem Individuum dazu, seinen neuen Platz zu finden, und andererseits der Gruppe, dieses Individuum an seinem neuen Platz zu integrieren.

In diesen weiten Rahmen hineingestellt, bieten die Kapitel dieses Buches eine große Auswahl von Bibelstellen an, die alle – jeweils im Kontext der jeweiligen Kasualie – auf ein besonderes Themenstichwort bezogen sind. Anhand interpretierender, fragender, erzählender Ausführungen versuchen die Autoren, die Lebenssituation der betroffenen Menschen mit der biblischen Botschaft zu vermitteln. Um ein möglichst großes Angebot an Bibelstellen machen zu können, mußten sich die Autoren kurz fassen. Sie mußten also auf exegetische Akribie und breite Diskussionen verzichten und sich auf Ideenskizzen beschränken. Ihre Aufgabe war nicht die systematisch-theologische Entfaltung der Textaussagen, sondern die Artikulation von Betroffenheit und Zuspruch.

Allen Autoren sagen wir unseren herzlichen Dank für ihre vielfältigen Einfälle und ihre bei aller gebotenen Kürze doch immer gründlichen Gedanken – beides verrät große Vertrautheit mit der seelsorgerlichen Situation der Amtshandlungen.

Die Arbeit am Buch haben wir so aufgeteilt:

Ingrid Adam hat das Kapitel »Beerdigung« gestaltet, Erhard Domay die Kapitel »Taufe« und »Trauung«, und Rainer Starck widmete sich dem Kapitel »Konfirmation«.
Den Leserinnen und Lesern wünschen wir viel Kraft und Fantasie für ihren Umgang mit Menschen, die von einer Lebenssituation in die andere wechseln.

Im März 1987

Ingrid Adam, Erhard Domay, Rainer Starck

Taufe

Einführung

Sofern nicht besondere Taufgottesdienste an speziellen Terminen stattfinden, steht die Taufansprache im Sonntagsgottesdienst in Konkurrenz zur Predigt – inhaltlich für die ganze Gemeinde, grundsätzlich für diejenigen, die vor der Predigt mit dem Kind die Kirche verlassen (was ein vielfach geübter Brauch ist). Insofern ist die Taufansprache in erster Linie Anrede an Eltern und Paten, im Falle einer Erwachsenentaufe natürlich an den Täufling. Die meisten der folgenden Ausarbeitungen versuchen, durch Erinnerung an allgemeine menschliche Gegebenheiten oder auch durch Aufnahme aktueller Probleme die gesamte Hörerschaft miteinzubeziehen. Ein besonderes Augenmerk ist auf die Taufe behinderter oder kranker Kinder und auf die Nottaufe gelegt, weil gerade in diesen Fällen guter Rat oft teuer ist. Diesen Bearbeitungen habe ich deshalb auch mehr Platz eingeräumt. *ED*

Wir freuen uns über das Kind, das uns anvertraut ist **Dankbarkeit**

Danket ihm, lobet seinen Namen. Denn der Herr ist freundlich und seine Gnade währet ewig (Psalm 100, 4–5)

Wer ist schon gern dankbar? Dankbarsein verpflichtet. Wem ich dankbar bin, dem schulde ich etwas. Lieber vergelte ich das Gute, das mir jemand getan hat. Aber es gibt auch Gutes, das so groß ist, daß ich es nie vergelten kann: Da bleibe ich mein Leben lang dafür dankbar. Ein Kind ist so eine Gabe, die ich nie vergelten kann. Daß es gesund zur Welt kam, macht die Eltern dankbar. Schon im Mutterleib ist das Kind vielen Einflüssen ausgesetzt. Noch mehr ist sein Leben bedroht, wenn es erst auf der Welt ist. Deshalb sind viele Eltern täglich dankbar, daß es ihrem Kind gut geht: daß sie es wärmen können, daß sie ihm genug zu essen geben können, daß sie ihm ärztliche Hilfe bieten können. Alles das ist nicht selbstverständlich. Gott dankbar zu sein ist dann nicht schwer. Weil wir ihm nichts vergelten können, läßt er unseren Dank gelten. Er sagt nicht: Für ein Dankeschön kann ich mir nichts kaufen.

Ich danke dir, himmlischer Vater, daß du mich diese Nacht vor allem Schaden und Gefahr behütet hast (M. Luthers Morgensegen).

Danke dein Heil kennt keine Schranken/Danke ich halt mich fest daran. Danke, ach Herr ich will dir danken/daß ich danken kann (M. Schneider). *EB*

Danket dem Herrn und rufet an seinen Namen, verkündigt sein Tun unter den Völkern (Psalm 105, 1)

Vielleicht haben Sie das auch erfahren nach der Geburt Ihres Kindes: Es gibt eine Dankbarkeit, die weiß nicht, wohin vor Freude – und es genügt ihr gar nicht, einem anderen Menschen Danke zu sagen. Es gibt eine überschäumende Dankbarkeit, in der wir das Geschenk des Lebens erfahren und den Gott, der uns das Leben schenkt: das eigene und das der Menschen, die uns glücklich machen.
Die Taufe Ihres Kindes kann das Zeichen einer solchen überschäumenden Dankbarkeit sein. Wir danken Gott für dieses Kind, für das Geschenk des Lebens, das wir weitergeben können – und indem wir es weitergeben, werden wir nicht ärmer, sondern reicher. Wir taufen Ihr Kind und sagen damit: Von Gott kommt es; es ist sein Geschenk an uns, und zu Gott gehört es. So können wir das Tun Gottes verkündigen, die Liebe, die nicht besitzen will. Wir danken Gott für dieses Kind, für die Gabe des Lebens, das Freiheit braucht, um zu wachsen und sich zu entfalten. Reden Sie zu Ihrem Kind von dem, den diese Taufe unter uns verkündigt: von dem Gott des Lebens, der uns bei unserem Namen ruft, damit wir seinen Namen anrufen können: dankend und bittend.

Dankbarkeit ist das Gedächtnis des Herzens (Massieu). *HDK*

Ich danke dir dafür, daß ich wunderbar gemacht bin; wunderbar sind deine Werke, das erkennt meine Seele (Psalm 139, 14)

Die Minuten, als es dann soweit war, wurden die schönsten. Die Hektik der Hebammen, die Hitze des Raums, die Schmerzen meiner Frau, all das lag hinter uns, und obwohl wir »keinen Raum in der Herberge« hatten, der Krankenhausflur in dieser Nacht war gut genug, denn wir hatten unser Kind bei uns. Nie vorher habe ich den Psalm so gern gelesen und so gefüllt gefunden – zwischen Geburt und Gefährdung, mit der Erfahrung, wie wunderbar dies alles gemacht ist. Was ein Wunder sein kann, mußten wir in diesen Minuten nicht lange überlegen. Daß Gott uns in diesem Geschehen anredet, »um mich« ist, daß er uns in der Finsternis, der Gefährdung und den kränkenden Erfahrungen nicht läßt, diese grundlegende Einsicht läßt dankbar werden. Gott, der selbst durch die Tiefe des Todes ging, ihm verdanken wir das Leben – die Tauferfahrung. Wer den Psalm über diesen Vers hinaus liest, wird betroffen sein von der modern anmutenden Haltung des Sprechers, der Unausweichlichkeit dieser Gotteserkenntnis. Laßt uns erzählen von den Wegen, die jeder gegangen ist und gemeinsam danken für die Werke, die Wunder Gottes!

D. Bonhoeffer: »Dankbarkeit entspringt nicht aus dem eigenen Vermögen des menschlichen Herzens, sondern aus dem Worte Gottes. Dankbarkeit muß darum gelernt und geübt werden. Jesus Christus und alles, was in ihm beschlossen ist, ist der erste und letzte Grund aller Dankbarkeit.« *JvSt-B*

Wir freuen uns über das Kind, das uns anvertraut ist **Freude**

Ich freue mich und bin fröhlich über deine Güte (Psalm 31, 8a)

Freude ist selbstverständlich bei der Taufe eines kleinen Kindes. Es weckt schöne Empfindungen und geht zu Herzen, das kleine Wesen zu sehen, seine zarte Haut zu fühlen, sein hilfloses und zugleich vertrauensvolles Angewiesensein zu spüren. Wer empfindet nicht Freude, für ein solches Menschenkind sorgen zu können? Ist das alles nur noch etwas, das in die Entscheidung des Menschen gelegt ist, nur noch eine Sache der Planung, des Ja oder Nein von Menschen? Ist die Freude über ein Kind dann nicht mehr als die Freude dessen, der eine Aufgabe gut gelöst hat? Gut, daß noch so viele an der Taufe ihres kleinen Kindes festhalten. Denn so kann auf besondere Weise das Wunder des von Gott gewollten Lebens erkannt werden. So können wir die Güte Gottes fassen, wie wir Händchen und Füßchen des Kindes fassen können.

Freu dich mit uns, Herr Jesus Christ, weil uns ein Kind geboren ist. Hat Augen, Ohren, Nase, Mund und alle Glieder sind gesund. Das macht uns froh! (Dieter Frettlöh) Gott, unser Vater! Du gibst uns dieses Leben in die Hände als Gabe zur Freude und als Aufgabe für das Leben. Dank sei dir dafür! Behüte dieses Kind und laß uns gute Weggefährten für es sein auf dem Weg zu dir. Amen. *RG*

Du tust mir kund den Weg zum Leben: Vor dir ist Freude die Fülle und Wonne zu deiner Rechten ewiglich (Psalm 16, 11)

Warum bereitet mir das Stichwort »Freude« solche Schwierigkeiten? Habe ich innerlich vielleicht längst getrennt: Hier eine sehr weltliche Fröhlichkeit, Heiterkeit. Dort – im kirchlichen Kontext – ein eher farbloser, lebensarmer, eigentlich vom Ernst erdrückter Begriff? – Ich erinnere mich an eine kleine Begebenheit: Da sitzt ein kleines Mädchen zum ersten Mal im sonntäglichen Erwachsenengottesdienst. Irgendwann während der Predigt ertönt ihre helle Kinderstimme durch die Kirche: »Mami, die Leute gucken alle so traurig. Gefällt ihnen nicht, was der Mann da sagt?«
Ungezogenheit? Zufall? Oder bittre Wirklichkeit in unserer Kirche? Wo ist die Freude geblieben? Wagen wir es vielleicht nicht mehr, unsere Freude zu äußern, selbst wenn sie in uns gärt und brodelt? Vielleicht fehlt uns wirklich der Mut, unsere Freude zu äußern, sie wahrnehmbar zu machen für andere. Denn wo Gott in meiner Nähe ist, packt mich die Freude. Wo der Herr des Lebens mir den rechten Weg zeigt, erfaßt mich eine heitere Fröhlichkeit.

Da werden meine Sinne offen für die schönen Dinge um mich herum. Gib uns Freude – durch diese Bitte erhält mein Leben neue Dimensionen. Nehmen wir die geschenkte Freude doch an – jeden Tag! *SF*

Doch darüber freut euch nicht, daß euch die Geister untertan sind. Freut euch aber, daß eure Namen im Himmel geschrieben sind (Lukas 10, 20)

»Ich hatte beruflich Schwierigkeiten. Als wir dann wußten, daß wir ein Kind bekommen, hat mich das alles nicht mehr arg bekümmert.« Wenn man wie dieser Vater freudig gestimmt ist, sieht man die Welt anders. Freude verändert, führt aber auch in eine Tiefe, in der ich Gott begegnen kann: »Physiologisch gesehen ist die 'natürliche' Freude am Sein in jedem Menschenleben die erste Morgenröte der göttlichen Erleuchtung« (Teilhard de Chardin). Und ist nicht ein neugeborenes Kind eine solche »Morgenröte«? Wir stehen jedenfalls staunend davor und wundern uns – trotz aller Gentechnologie! »Es geht im Mutterleib auch um Zellvermehrung. Aber warum hier vor der Geburt ein Stillstand eintritt, beim Krebs aber nicht, das wissen wir nicht«, sagt ein Arzt im Gespräch. Ein kleiner Mensch: Ein Wunder, über das wir uns freuen! Vor allem aber sollen wir uns darüber freuen, daß er einmalig ist. Er hat seinen Namen im Himmel. Auch wenn er winzig klein ist und so unbedeutend: Gott kennt ihn und weist ihn mit seinem Ja aus. In unseren Ausweisen geht es um Alter, Größe, Nationalität, besondere Kennzeichen. In Gottes Ausweisen steht immer dasselbe: Ja, ich kenne diesen Menschen mit Namen und habe ihn lieb. *JH*

Wenn eine Frau gebiert, hat sie Schmerzen. Ist aber das Kind geboren, so denkt sie nicht mehr an die Angst vor Freude, daß das Kind da ist (Johannes 16, 21)

Die Sorgen in der Zeit der Schwangerschaft (geht alles gut mit Mutter und Kind?), Wehen und Geburtsschmerzen sind vergessen. Jetzt herrscht Freude; Verwandte und Freunde sind gekommen, mitzufeiern, sich mitzufreuen. Wir hoffen, noch viel Freude mit unserem Kind zu erleben. Auch in Zukunft werden der Freude oft Geburtswehen, Ängste und Sorgen vorausgehen: Wenn das Kind eines Tages »aus dem Schoß der Familie« (!) in den Kindergarten oder die Schule entlassen wird oder aus dem behüteten Elternhaus heraus ins Erwachsenen- und Berufsleben hinausgeht – immer wird das mit Sorgen, Spannungen und Geburtswehen verbunden sein. Gelingen aber all diese »Geburten«, wird jedesmal die Freude groß sein. – Taufe ist auch so etwas wie eine Geburt: Ein Gotteskind wird geboren! Auch für Gott ist die Geburt »seines« Kindes mit Schmerzen verbunden. In Jesus Christus hat ihn die Wiedergeburt seiner Kinder sogar das Leben gekostet.

Nun will auch Gott sich an seinem unter Schmerzen geborenen Kind freuen. Er vertraut sein (!) Kind Euch an; gebt ihm, was es braucht, damit sich Gott mit euch an seinem Kind freuen kann!

»Gott gebe Euch Kraft und Liebe, Euer Kind zu begleiten, daß es aufwachse, Euch (und Gott!) zur Freude...« (Bad. Taufagende)

KZ

Der Gott der Hoffnung aber erfülle euch mit aller Freude und mit Frieden im Glauben, damit ihr immer reicher werdet an Hoffnung durch die Kraft des heiligen Geistes (Römer 15, 13)

Ihr Kind ist getauft. Es gehört nun zu dem Gott, der ein Gott der Hoffnung ist. Gott hat Ihr Kind als sein Kind angenommen: Er hat es zu einem Kind der Hoffnung gemacht. Das heißt wohl zweierlei: Gott ist der, auf den Ihr Kind jederzeit hoffen kann. Gut, jemanden zu haben, auf den man sich immer verlassen kann! Gott aber setzt seine Hoffnung auch in Ihr Kind. Gut, jemanden zu haben, der auf mich hofft, der mir vertraut! Hoffnung brauchen wir zum Leben. Sie befreit uns zur Freude. Sie schenkt uns Frieden. Weil Gott Ihr Kind zum Kind seiner Hoffnung gemacht hat, wird es auch ein Kind der Freude und des Friedens sein.
Das wollen wir glauben. Ihr Kind hilft uns dabei. Denn Kinder sind das schönste Geschenk der Hoffnung. Sie schenken uns Freude und Frieden. Sie zeigen uns, daß es sich lohnt, zu leben. Ihr Kind ist getauft! Freude und Frieden sollen ausstrahlen und durch Ihr Kind – in unsere so oft freud- und friedlose Welt.

Freunde wollen wir sein, sollst des Friedens Brücken bauen. Denke nicht, du stehst allein: Kannst der Macht der Liebe trauen, Kind, du bist uns anvertraut.

Freude macht die Gesichter der Menschen hell und öffnet verkrampfte Hände. Freude zeigt uns Gottes gutes Gesicht.

HDK

Wir freuen uns über das Kind, das uns anvertraut ist **Fürsorge**

Gott hat den Leib zusammengefügt und dem geringeren Glied höhere Ehre gegeben, damit nicht ein Riß im Leib entsteht, sondern die Glieder füreinander gleich sorgen (1. Korinther 12, 24b–25)

In der Taufe wird unser Kind Gottes Kind. Gott nimmt es in seine Familie auf. Im Taufgottesdienst freut sich die Gemeinde über ihren »Familienzuwachs«, versucht mit Kindergarten, Kindergottesdienst mitzusorgen – wie auch Gott der Vater für sein jüngstes Familienmitglied sorgen will, sich mitfreut und in Jesus Christus, dem Bruder dieses Kindes, mitgelitten hat für dies Kind (V. 26, 27). – Familie ist ein wunderbares, aber auch empfindliches Beziehungsgeflecht. Paulus spricht davon im Bild des »gegliederten Leibes«: Gott gibt in seiner Familie den scheinbar ungewichtigeren Familienmitgliedern größere Bedeutung, damit die Familie nicht aus dem Gleichgewicht gerät, sondern alle füreinander gleich wichtig werden. Zwischen den Familienmitgliedern soll ein Gleichgewicht des Füreinander entstehen, also kein »Betreuungsgefälle« von den Starken zu den Schwachen, sondern ein gegenseitiges Geben und Nehmen: Auch solch ein Kind beschenkt uns vom ersten Tag an, und es wird mitleiden an den Spannungen in der Familie; auch die Eltern leben vom Verzeihen ihrer Kinder. In gleicher Sorge leben – das ist der Raum für Zufriedenheit. *KZ*

Lobe den Herrn, meine Seele, und vergiß nicht, was er dir Gutes getan hat (Psalm 103, 2)

Unsere kleine Tochter, morgens auf der Türschwelle des Ferienhauses in der Sonne, singt ein eigenes Liedchen aus vier Wörtern und immerwiederkehrenden Tönen: »Oh, ist das schön.« Ihre Fingerchen malen dabei im Sand... Idylle? Sicher. Aber unvergeßlich für mich, Loben des Schöpfers durch ein zwei, drei Jahre altes Kind. – Loben, wieder sprechen zu lernen, aussprechen, erzählen, erinnern, anreden, preisen, neu durchleben, danken, freuen, auf etwas aus sein. Eine Art Alphabetisierungsprogramm für Christen heute. Das paßt zur Taufe, da Gott uns hineinnimmt in das Geschen von Erbarmen und Neuschöpfung; doch dieses Geschenk will wirklich von Anfang an durchbuchstabiert sein, weil die Wörter beliebig und der Verwendungsrahmen manipulierbar erscheinen. Loben – der Angeredete ist der, der von Anfang an nötig ist. Läßt sich das so aufnehmen, daß nicht weiteres Lernprogramm daraus wird, sondern eine Einladung? Im Singen geschieht das, da kann ich direkt aufnehmen und ausdrücken, wie gut dieses Leben, dieser Weg vor Gott ist. Gut, denn Gott bringt uns in Relation zu sich, zur Welt und zu unsern Grenzen, »daß wir Staub sind«. Dem Tod singend begegnen, Gott ist es, der erlöst, dessen Gnade weiter reicht als die Grenzen der Menschen und ihrer Erfahrung: Gottes Gabe ist Leben in Fülle.

Neben EKG 188 ist auch 198 (nach Ps. 146) so voller Konkretion, daß die Lust zum Singen überspringt. *JvSt-B*

Siehe, Kinder sind eine Gabe des Herrn, und Leibesfrucht ist ein Geschenk (Psalm 127, 3)

Nun ist das Kind geboren – ein kleines Wunder, aber noch ein knittriges Bündel Mensch. Es ist ein Produkt eines natürlichen Vorgangs, aber doch ist es

nicht selbstverständlich, daß es da ist. Unser Kind – ein Geschenk? Mag sein. Aber manchmal fühlen wir uns mit diesem Geschenk alleine gelassen, oft fühlen wir uns dieser Aufgabe nicht gewachsen: wenn wir daran denken, daß es älter wird, wenn wir an die unsichere Zukunft unserer Erde denken. In der Taufe bekräftigt Gott seine Zusage, uns mit unseren Zweifeln nicht alleine zu lassen. Das Gelingen der Erziehung liegt nicht mehr nur in unseren Händen.
Bevor wir daran dachten, war das Kind von Gott gewollt als Bereicherung unseres Lebens – ein unverdientes Geschenk der Hoffnung. Vielleicht können wir so unsere Kinder mit anderen Augen sehen.

»Deine Kinder sind nicht Deine Kinder. Sie kommen durch Dich, aber nicht von Dir, und obwohl sie bei Dir sind, gehören sie Dir nicht. Du kannst ihnen Deine Liebe geben, aber nicht Deine Gedanken, denn sie haben ihre eigenen Gedanken... Du bist der Bogen, von dem Deine Kinder als lebende Pfeile ausgeschickt werden« (Kahlil Gibran).

JK

Gott aber sei Dank für seine unaussprechliche Gabe (2. Korinther 9, 15)

Ein Kind wird getauft. Wir danken Gott für diese »Gottesgabe«. (»Dorothea«?!). Neulich erlebte ich, wie eine Patin ihrem Patenkind zur Taufe ein Taufkleidchen genäht hatte, mit Blumen und einem Segenswunsch bestickt. Taufkleid: ein Nachklang des symbolischen Taufgewandes, das einst dem Täufling angelegt wurde. Gottes Geschenk, Gottes »unaussprechliche Gabe« zur Taufe dieses Kindes ist auch so etwas wie ein Taufkleid! »Laß es dir anziehen, zieh es an, das neue Kleid, den »neuen Menschen!«, sagt die Bibel (Kol. 3, 12–15a). Auf Gottes Taufkleid sind Worte gestickt, die den unaussprechlichen Taufgaben des Geistes Gottes einen Namen geben möchten: »Herzlichkeit, Güte, sanftes Wesen, Bescheidenheit, Hilfsbereitschaft, Geduld (die warten kann und den langen Atem des Verzeihens kennt)«. Und ein rotes Band gehört dazu, macht das Kleid erst vollständig: »Zieh das Band der Liebe drüber!« – »Kleider machen Leute« – ob das immer stimmt, bezweifle ich – hier aber ist es wahr: Das »Taufkleid« Gottes macht den »neuen Menschen«. Gott sei Dank für seine unaussprechliche Gabe!

...»Ich bin ganz neu geschmücket/mit einem schönen Kleid/gezieret und gesticket mit Heil und Gerechtigkeit.« (aus »Ich freu mich in dem Herren« EKG/bad. Ausg. 476, 3+4).

KZ

Alle gute Gabe und alle vollkommene Gabe kommt von oben herab, von dem Vater des Lichts, bei dem keine Veränderung ist, noch Wechsel des Lichts und der Finsternis (Jakobus 1, 17)

Von Gott kommt alles Leben. Wir können es weitergeben. Wir sollen es schützen, bewahren und ehren. Deshalb haben wir Ihr Kind heute getauft. Es

ist Gottes gute Gabe, sein vollkommenes Geschenk an Sie; an die Eltern, die Paten, an uns alle und an unsere Welt.
Sind Kinder vollkommen? Sie müssen ja noch wachsen! Gesundheit, das wünschen Sie Ihrem Kind vielleicht am meisten. Aber Gesundheit heißt: sich verändern. Diese winzigen Händlein. Sie sind noch zerbrechlich und zart. Sie sollen groß werden und stark. Dieser kleine Mund, der jetzt nur lachen, weinen und saugen kann. Er soll einmal verständliche Worte sagen: Mutter, Vater und Gott. Ihr Kind: ein vollkommenes Gottesgeschenk! Denn Gott schenkt ihm Zukunft zum Wachsen und Leben.
Ohne Veränderung kein Leben. Aber um uns verändern und ändern zu können, brauchen wir Geborgenheit und einen Halt. Deshalb heißt es, daß bei Gott keine Veränderung und kein Wechsel des Lichts und der Finsternis ist: Gott ist unveränderlich in seiner Liebe zu uns. Er wird Ihrem Kind die Kraft schenken, immer vollkommener in jener Liebe zu werden, mit der er uns liebt und die wir einander weitergeben können (EKG 247, 2). *HDK*

Wir freuen uns über das Kind, das uns anvertraut ist **Gotteskinder**

Selig sind, die Frieden stiften, denn sie werden Gottes Kinder heißen (Matthäus 5, 9)

Frieden schaffen – eines der Schlüsselworte, eine der Schlüsselaufgaben unserer Zeit – Politiker streiten (!) darum, ob »mit Waffen«, »ohne Waffen« oder »mit immer weniger (welchen?) Waffen« (ähnlich stellt sich die Frage auch bei Konflikten in der Familie!). – In der Taufe zeigt Gott uns einen Weg, wie **er** mit uns Frieden machen will: indem er diese Seligpreisung scheinbar umkehrt; also **nicht:** »wenn du dich als friedlich erweist, wirst du dich mein Kind nennen dürfen«, sondern er geht das Risiko ein, dies Kind ohne Vorbedingungen in seine Familie aufzunehmen. Sollte es ein streitsüchtiges Sorgenkind werden, dann bleibt es dennoch sein Kind, das auf ihn rechnen darf. – Gott nimmt unser Kind vorbehaltlos als sein Kind an, hofft, daß es in seinem Lebens- und Wirkungsbereich einmal zum Frieden beiträgt, hofft, daß Eltern und Paten ihm solche Friedenswege zeigen und Friedensstrategien im Zusammenleben mit ihm einüben. Glückliches Gotteskind darf es schon jetzt sein – sein Glück und seine Gotteskindschaft erfüllen sich aber dann ganz, wenn es Friedensstifter wird.

»Lieber Gott, backen wir einen Friedenskuchen: man nehme 1 Prise Vertrauen, 2 Tassen Verständnis, 3 Körnchen Gefühl, 4 Löffel Zuversicht...« (Anne Fitzgerald: »Lieber Gott-Bücher«). *KZ*

Glaubt an das Licht, solange ihr's habt, damit ihr Kinder des Lichtes werdet (Johannes, 12, 36a)

»Deine Kinder sind nicht deine Kinder. Sie sind die Söhne und Töchter der Sehnsucht des Lebens nach sich selbst. Sie kommen durch dich, aber nicht von dir, und obwohl sie bei dir sind, gehören sie dir nicht« (K. Gibran). Schon die Geburt ist eine Bewegung weg von der Mutter: Das Kind verläßt die bergende Hülle, ja, macht eine Bewegung hin zum Licht. Aber was ist das für ein Licht? Zunächst in der Regel kaltes Kreißsaallicht, dann oft eine indirekte Außenbeleuchtung. Nach Auto und Haus besitzen wir auch ein Kind. Es folgt so ein glitzernder Schein: **Unsere** Vierjährige hat Schwimm-, Ballett- und Klavierunterricht, singt schon im Gesangsverein und hat wirklich keine Zeit! **Unser** Kind; mein Ehrgeiz, aus **meinem** Kind etwas zu machen; **meine** Wünsche an das Kind... Das sind nur einige Lichtquellen, aber alles bengalische Feuer, die langsam, aber sicher abbrennen. Sie machen uns und unsere Kinder kaputt, lassen uns träge dahindämmern. Aber zum Licht gehören Leben und Liebe. Daher sollen wir dem glauben, der von sich sagt: »Ich bin das Licht«. Wir sollen unsere Kinder zu diesem Licht hinführen, d. h. von uns freimachen, damit sie **leben** lernen, lernen, von wem sie kommen und wem sie gehören. *JH*

Denn ihr seid alle durch den Glauben Gottes Kinder in Christus Jesus (Galater 3, 26)

Nicht mehr als Glauben ist erforderlich, um ein Kind Gottes zu sein? Einfach so auf Treu und Glauben soll das gelten? Wir haben Zweifel, weil Liebe unter den Menschen oft nur unter gewissen Bedingungen gewährt wird und erfahren werden darf. Hier gilt es aber. Gottes Kinder sind wir nicht durch besondere Leistungen, sondern dadurch, daß Christus Jesus uns Gott als den liebenden Vater vorgestellt hat, ohne Bedingungen. Das dürfen wir glauben, und in diesen Glauben das Kind hineinnehmen. Das Wasser als Symbol und Lebenselement hilft uns, den Zugang zu finden. Es wischt alle Trübungen im Verhältnis zu Gott weg und auch alle Zweifel, ob ein Mensch so große Worte sagen darf. Dieses Wasser trägt hinein in ein Leben in Zuversicht und Vertrauen.
Kinder verstehen keine großen Worte. Aber sie fühlen, was ihnen gut tut, zum Beispiel Wasser, mit dem wir taufen. Es ist etwas für Kinder. Herr, sei du lebendiges Wasser für uns alle. Sei du für uns Quelle, See und Wolke, in denen der Himmel die Erde berührt.

Kind oder Gott gilt gleich: Hast du mich Kind genannt, so hast du Gott in mir und mich in Gott bekannt (Angelus Silesius). *RG*

Die Liebe hört niemals auf, wo doch das prophetische Reden aufhören wird und das Zungenreden aufhören wird und die Erkenntnis aufhören wird (1. Korinther 13, 8)

Ich finde, das ist eine ungeheure Zusage, die sich nun mit Ihrem Kind durch die Taufe unwiderruflich verbindet. Niemand kann sie einschränken, und niemand kann sie ungültig machen: »Die Liebe hört niemals auf.« Ihr Kind wird ein Kind der Liebe sein – Gott wird nicht aufhören, Ihr Kind zu lieben, was auch immer geschehen mag: Es ist getauft. Es gehört zu Gott, und der Gott der Liebe gehört zu ihm.

Ihr Kind wird das Aufhören erfahren, die Vergänglichkeit. Wir alle erfahren das – und am meisten tut es wohl weh, wenn die Liebe aufhört, die wir einmal füreinander empfanden. Das kann auch zwischen Eltern und Kindern geschehen. Nicht von uns ist die Rede, wenn es heißt: die Liebe hört niemals auf. Ich vermute, unsere Liebe ist vergänglich wie unsere Erkenntnis, weil sie besitzen will. Gott ist für Ihr Kind da, aber er will es nicht besitzen. Ich denke mir, Gott kann Ihr Kind loslossen und trotzdem begleitend bei ihm sein. Und das könnten wir lernen von Gott: Uns nicht besitzen wollen. Uns Freiheit schenken, auch wenn der andere unverständliche Wege geht. Trotzdem bei ihm bleiben, trotz aller Ferne, obwohl unsere Erkenntnis und unser Verstehen zu Ende sind: Liebe, die bleibt. *HDK*

Alle eure Dinge lasset in Liebe geschehen (1. Korinther 16, 14)

Wir wollen unser Kind liebhaben. Dabei ist unsere Liebe eingebettet in Gottes Liebe zu uns Eltern und Kindern. – Vorbild für unser Liebhaben könnte Gottes Liebe sein, wie sie in der Taufe Gestalt annimmt: a) als vorausgehende Liebe (bevor das Kind Gottes Liebe erwidern, oder »sich ihrer würdig erweisen« könnte, begegnet ihm Gott in Liebe). b) Liebevoll nimmt Gott das Kind als seines an, »adoptiert« es. Auch wir müssen unser Kind noch einmal bewußt als unser Kind annehmen – mit all seinen Fehlern. c) Gott segnet und beschenkt das Kind mit Schöpfungs- und Geistesgaben. Auch wir wollen ihm geben, was es braucht für Leib, Seele und Geist. d) Wir wollen unser Kind beschützen so wie Gott ihm verspricht, es aus allen bedrohlichen Wassern zu ziehen (Aus-der-Taufe-heben als Symbol dafür). e) Wir wollen das Kind auch dann liebhaben, wenn es nicht »lieb« ist, ihm verzeihend Neuanfänge gewähren, so wie Gott ihm in der Taufe Vergebung (»Abwaschen« der Schuld) und Wiedergeburt zuspricht. f) Wir wollen das Kind nicht in Abhängigkeit von uns halten, sondern als eigenständiges Wesen ernst nehmen.

»Wir werden ihm auch sagen, wie lieb Gott alle hat/wir sagen es mit Worten und sagens mit der Tat« (Kurt Rommel: »Ein Kind ist angekommen . . .« aus »Sieben Leben…« Nr. 77). *KZ*

Und darum bete ich, daß eure Liebe je mehr und mehr reich werde in allerlei Erkenntnis und Erfahrung (Philipper 1, 9)

Was die Liebe Gottes von aller zerbrechlichen menschlichen Liebe unterscheidet, das habe ich von Anna gelernt. Gott liebt dich von innen drin, hat sie einmal gesagt, und er kann dich von innen küssen. Das ist bei den Menschen anders. Sie lieben von außen rein, und sie küssen auch von außen. Anna hat mir die Augen geöffnet. Nicht, um über die Menschen zu erschrekken, aber um zu erkennen, was wirkliche, beständige Liebe ist. Alles Äußerliche ist so zerbrechlich und wird so oft zerbrochen. Da sagt einer: Du, ich liebe dich. Und später erfahre ich, daß er nur etwas von mir gewollt hat, nicht mich. Oder ich erkenne, daß ich mich getäuscht habe. Nach all den Jahren. Und ich muß sagen: Es geht nicht mehr. Menschliche Liebe, die von außen küßt, lebt mit Irrtum und Enttäuschung. Und doch bleibt menschliche Liebe so angewiesen darauf, daß sie Abbild einer vollkommenen Liebe ist. Daß sie stückchenweise verwirklichen kann, was wir uns alle erhoffen und erträumen.

Damit Menschen lernen, von innen zu küssen, erzählen wir ihnen von Gott, der uns von innen kennt. Und der uns liebt, so wie wir sind mit seiner ganzen Liebe und Fürsorge, die von innen küßt.

(Zitat aus: Hallo, Mister Gott, hier spricht Anna). *GL*

Seht, welch eine Liebe hat uns der Vater erwiesen, daß wir Gottes Kinder heißen sollen – und wir sind es auch (1. Johannes 3,1)

Vielleicht beginnt Liebe immer mit einem Lachen, na, mit einem Lächeln zumindest. Gemeinsam lachen, dann ist das Leben offen. Müßte eine Gemeinde nicht erst einmal zusammen lachen, falsches Pathos, hohe Forderungen – Liebe, Vater, wir als Gottes Kinder: Alles andere, bloß nicht das; eine Sprache, die vergangen scheint. Lächerlich machen sich Christen, wenn sie so reden, bei der Arbeit, am Bankschalter. Die Welt ist doch so anders. Zur allgemeinen Verblüffung wußten die Johannes-Briefe das offenbar auch schon. Ihnen geht es darum, was Gott begonnen hat zu tun, was noch nicht vollendet ist, welche Möglichkeiten zu leben und liebzuhaben sich damit eröffnen. Und tatsächlich, wenn dadurch den menschlichen Verhältnissen, johanneisch: der Welt, ihre überfordernde, fried- und freudlose

Seite erst einmal vorgehalten ist, taucht etwas anderes auf: Brüder und Schwestern zu sein, gemeinsam von Gottes Liebe zum Leben getragen und also Gottes Kinder zu sein – ich wüßte die vielen Sehnsüchte unserer Zeit nicht besser zusammenzufassen. Also seht hin, schaut, welch eine Liebe Gott möglich gemacht hat!

S. Kierkegaard: »Es gibt eine Stelle im Innersten des Menschen; von dieser Stelle geht der Liebe Leben aus, denn 'vom Herzen geht das Leben aus'. Aber sehen kannst du diese Stelle nicht...«

D. Sölle: »Die Liebe ist, daß wir versuchen/die wahrheit zu sagen«. *JvSt-B*

Wir freuen uns über das Kind, das uns anvertraut ist **Segen**

Und der Herr erschien ihm in derselben Nacht und sprach: Ich bin der Gott deines Vaters Abraham. Fürchte dich nicht, denn ich bin mit dir und will dich segnen und deine Nachkommen mehren um meines Knechtes Abraham willen (1. Mose 26, 24)

»Viel Glück und viel Segen auf all' Deinen Wegen...« Mit diesem Wunsche beginnt ein Lied, das Sie vielleicht bald singen werden, wenn Ihr Kind Geburtstag hat. Segen – was für ein merkwürdiges, fremdes, geheimnisvolles Wort! Wir denken oft: Schönheit, Gesundheit, Klugheit, Stärke und Tüchtigkeit – damit muß das Leben gelingen. Aber »Erfolg« ist nicht Segen. Bei der Taufe sagt Gott zu dem Kind: »Ich bin mit dir und will dich segnen«. Gesegnete Menschen erfahren, daß sie nicht aus sich heraus leben müssen. Es muß etwas hinzukommen zu unseren Fähigkeiten und zu unserer Hände Arbeit, damit wir uns geborgen wissen können auch in Schuld und Versagen, in Krankheit und Tod.

Keiner kann allein Segen sich bewahren./ Weil du reichlich gibst, müssen wir nicht sparen./ Segen kann gedeihn, wo wir alles teilen, schlimmen Schaden heilen, lieben und verzeihn (Komm, Herr, segne uns.).

Es muß im Leben mehr als alles geben (M. Sendak). An Gottes Segen ist alles gelegen (Hausspruch). *HDK*

Der Herr denkt an uns und segnet uns (Psalm 115, 12)

Noch bevor wir es recht verstehen, haben wir die ersten Geschenke in unserem Leben erhalten. Zur Geburt Strampelhosen und Hemdchen, dann die ersten Spielsachen. Irgendwann beginnen die Kinder, sich etwas zu wün-

schen. Kinderwünsche lassen der Phantasie noch freien Raum. Sie sind oft maßlos, aber auch maßlos schön. Wenn Menschen erwachsen werden, dann beginnen sie oft, ihre Wünsche zu berechnen. Bei Hochzeiten werden mitunter ausgeklügelte Kataloge aufgestellt und die zu erwartenden Geschenke im voraus abgehakt. Dabei geht oft etwas Wesentliches verloren: die Offenheit für Unvorhergesehenes und das Wissen um ein Angewiesensein, daß wir mit dem Kostbarsten und Wichtigsten im Leben nur beschenkt werden können. Wenn mir ein anderer Mensch geschenkt wird, den ich lieben kann: das ist nicht käuflich und kann nicht vorherberechnet werden!
Solche unverfügbaren Geschenke nennt die Bibel Segen. Im Vertrauen auf das segnende, bewahrende Handeln Gottes taufen wir Menschen. Wir glauben, daß Gott bei uns ist, alle Tage, wie ein Freund, der an uns denkt, der weiß, was wir brauchen, was wichtig für uns ist, woran wir Freude haben. Er schenkt es uns, damit unser Leben sinnvoll wird. *GL*

Ich will Wasser gießen auf das Durstige und Ströme auf das Dürre: ich will meinen Geist auf deine Kinder gießen und meinen Segen auf deine Nachkommen (Jesaja 44, 3)

Gott ja, Kirche nein; Geist ja, Jesus naja; Segen ja, nur bleibt mir vom Leib mit den Gesegneten, die sind so schrecklich anstrengend. Dagegen zweimal Aber: 1) Mit dem Segen geht das Leben erst richtig los, von Noah über Israel bis zu den Getauften heute. 2) Gott gibt seinen Segen den Menschen und durch Menschen. Es ließe sich, zum Exempel, doch sagen, nimm aus dem Vers alles, was nach Israel, Wüste und Wasser, Glaube und Geschichte, Land und Leuten klingt, heraus und halte eine geistvolle Predigt über den Segen an sich. Dann könnte jeder Gebildete unter den Verächtern gern seine Tischrede nachher daran anschließen. Heraus käme eine Taufe ohne Wasser, ein Christ ohne Fleisch und Blut, eine Gemeinde ohne Schweiß und Tränen. Nun wäscht aber Gott unsere Sünden ab, macht Geschichte mit diesen paar Gesegneten, nimmt gerade die Kinder an. Und nicht zuletzt, aber doch ein für allemal, gibt er seinen Segen einem Menschen, diesem Nachkommen, in dessen Namen wir alle leben: Segen schließt ab und eröffnet – Gottesgeschichte, Menschengeschichte; Dürre und Durst, Fülle und Fruchtbarkeit; Tod und Auferstehung des Einen und der Vielen.

»Komm, Herr, segne uns, daß wir uns nicht trennen, sondern überall uns zu dir bekennen... Segen kann gedeihn, wo wir alles teilen, schlimmen Schaden heilen, lieben und verzeihn« (D. Trautwein, Kirchentag '83). *JvSt-B*

Denn der Herr, dein Gott, ist ein barmherziger Gott; er wird dich nicht lassen noch verderben, wird auch nicht vergessen des Bundes, den er deinen Vätern geschworen hat (5. Mose 4, 31)

Ein kleiner Junge steht an der Straßenecke und weint furchtbar. Er hat seine Mutter aus den Augen verloren. Zum Glück ist sie nur ein paar Schritte entfernt. Liebevoll wischt sie ihm die Tränen ab. Schon bald ist er getröstet. Die Mutter ist eine, von der er weiß, daß sie ihn nicht allein noch verderben läßt. Ihre Nähe schenkt Vertrauen und Zuversicht, so wie ihre Ferne Angst und Unsicherheit verbreitet. Was für Kinder gilt, das gilt auch für die Großen: Wer niemanden hat, der ihn in Angst und Einsamkeit an die Hand nimmt, der hat es schwer, vertrauensvoll und zuversichtlich in den Tag hineinzugehen.
Mir hilft in solchen Augenblicken die Erinnerung an meine Taufe. Da hat Gott unverwechselbar zu mir gesagt: Du, ich werde dich begleiten. Ich suche deine Nähe, gerade dann, wenn es durch Enttäuschung und Schuld in deinem Leben dunkel und kalt wird. Manchmal verlierst du mich aus den Augen. Aber sei gewiß, du kannst dich gar nicht so weit entfernen, als daß ich dich nicht wiederfinden und an die Hand nehmen würde... *GL*

Wer erkennt nicht an dem allen, daß des Herren Hand das gemacht hat, daß in seiner Hand ist die Seele von allem, was lebt, und der Lebensodem aller Menschen (Hiob 12, 9 und 10)

Was bringts, wenn das Kind getauft ist? Wird sein Leben sicherer? Schau ich mich um, seh ich nur Leid, Unrecht und Angst. Nichts ist sicher. Wer zuversichtlich in die Zukunft schaut, gilt als kindlich. Nur ein Kind scheint sich in dieser Zeit wohl zu fühlen. Es fühlt sich geborgen, wenn es an der Hand der Eltern geht. So ein neugeborenes Kind hat süße, zarte Händchen. Die Augen kaum auf, packt es aber ganz fest den Finger, den ich ihm entgegenstrecke. Dieser Klammerreflex verschwindet, doch Menschen suchen Halt, das bleibt. Kinder gehen gerne an der Hand. Die Hand bedeutet Geborgenheit. Das vertrauensvolle Erlebnis der Geborgenheit brauchen Kinder. Sie gehen dann mit sehr viel mehr Freude in die Zukunft. Vor Gott bleiben wir alle Kinder, denen der Vater Halt schenkt.

Und sein eigen bin auch ich. Gottes Hände halten mich, gleich dem Sternlein in der Bahn; keins fällt je aus Gottes Plan (Arno Pötzsch, Anhang 77, 858).

Herr! Schicke, was du willt Ein Liebes oder Leides ; Ich bin vergnügt, daß beides Aus deinen Händen quillt (Eduard Mörike). *TB*

Der Herr ist mein Hirte, mir wird nichts mangeln (Psalm 23, 1)

Vertraute Worte – allzu vertraut? Manchmal können auch vertraute Symbole für uns schwer verstehbar sein. Wer läßt sich heute schon gerne mit einem Schaf vergleichen? Eine zeitgemäße Übertragung tut hier gute Dienste: Ich sehe ein Bild vor mir: Da ist eine große Gestalt, und da ist eine kleine Gestalt. Sie stehen ein wenig von einander entfernt; ein jeder schaut den anderen aufmerksam an. Plötzlich, kaum wahrnehmbar, gehen sie aufeinander zu. Ihre Bewegungen drücken gleichsam die Frage aus: Wer bist du? Was willst du von mir? – Dann stehen sie voreinander. Ihre Blicke sind eine stille Zwiesprache: Meinst du es gut mit mir? Kann ich dir vertrauen? – Eine Hand wird ausgestreckt, bleibt sekundenlang gleichsam in der Luft stehen: Willst du mit mir gehen? – Etwas zögernd kommt ihr die andere Hand entgegen, beide treffen sich, berühren sich. Ganz sanft umschließt die eine Hand die andere: Willst du mit mir gehen? Wohin willst du micht führen? – Eine kleine Hand geborgen in einer großen. Unaussprechlich zart, aber dennoch sicher geleitet von jemanden, der es gut mit uns meint. Der vorsichtig und behutsam um uns wirbt. Einer, der ohne Hast unsere Bekanntschaft machen will. Der den Weg des Lebens kennt und uns sicher führt.

Ich will, daß einer mit mir geht. Der 's Leben kennt und mich versteht. *SF*

Gott ist unsere Zuversicht und Stärke, eine Hilfe in den großen Nöten, die uns getroffen haben (Psalm 46, 2)

Wir taufen Ihr Kind, damit diese Hoffnung, dieses Vertrauen und diese Zuversicht das Leben Ihres Kindes begleiten. Wir sagen damit, daß wir es nicht in der Hand haben, Ihr Kind vor Not und Gefahr zu bewahren, so sehr wir uns darum auch bemühen mögen. Not gehört zu unserem Leben. Not trifft uns in Angst, in Krankheit, in Verzweiflung und Tod.
Weil Sie und wir Ihr Kind vor diesen Erfahrungen nicht schützen können, taufen wir es. Wir geben Ihr Kind Gott in die Hand. Die »großen Nöte« werfen uns leicht aus der Bahn. Wer nur gelernt hat, an sich selbst und an seine eigene Stärke zu glauben, ist dann leicht verloren. Ihr Kind soll nicht verloren sein. Wir haben es getauft. Sie wollen Ihrem Kind von Gott erzählen. So kann es Zuversicht lernen und ein Vertrauen, das uns auch in der Not geborgen sein läßt. Gott vertrauen heißt, mit dem Ursprung des Lebens verbunden sein. Möge Ihr Kind an und durch Gott Vertrauen lernen und möge das Ihr Kind stark machen zu leben.

Vertrauen wagen dürfen wir getrost, denn du, Gott, bist mit uns, daß wir leben. (Kirchentagslieder 83, Nr. 604; vgl. Nr. 723). *HDK*

Der Herr ist für mich, ich fürchte mich nicht; was sollten mir Menschen tun (Psalm 118, 6)

Der notwendigen Fürsorge der Eltern für das Baby steht deren Freude an dem Kind gegenüber – am ersten Erkennen der Eltern, am ersten Lächeln, am ersten Zahn. Neben dieser Freude stehen, zugestanden oder nicht, Zielvorstellungen für das Kind: »Unser Kind soll es einmal besser haben!«; »Unser Kind soll in meine Fußstapfen treten!«. Oft sind diese Wünsche unrealistisch, weil ihnen das Kind nicht entsprechen kann oder will, oder weil äußere Umstände diese Hoffnungen unmöglich machen. Bei den Eltern und dem Kind gehört zum Gegenüber von Erwartungen und Enttäuschungen das Wissen um den Rückhalt – den Rückhalt beieinander und bei Gott; Rückhalte, die es möglich machen, dem Leben zu trauen und es zuversichtlich zu leben.

Ich glaube, daß Gott uns in jeder Notlage soviel Widerstandskraft geben will, wie wir brauchen. Aber er gibt sie nicht im voraus, damit wir uns nicht auf uns selbst verlassen. In solchem Glauben müßte alle Angst vor der Zukunft überwunden sein (Dietrich Bonhoeffer).

Wo ein Mensch Vertrauen gibt, nicht nur an sich selber denkt, fällt ein Tropfen von dem Regen, der aus Wüsten Gärten macht. *BR*

Der Herr ist freundlich dem, der auf ihn hofft, und dem Menschen, der nach ihm fragt (Klagelieder 3, 25)

Eltern wünschen die Taufe, weil sie ihrem Kind die vielfältige Freundlichkeit Gottes zukommen lassen wollen (EKG 150: Segen, Verzeihen, Gotteskindschaft, Erbe, Schutz...). – Für uns (Gemeinde, Paten, Eltern) stellt sich die Aufgabe, das Kind zu zuversichtlichem Vertrauen zu ermutigen, so daß es erwartungsvoll auf Gott schaut: »Was wird er mir Gutes schenken, mich für Freundlichkeiten erfahren lassen?« – Wir wollen Gott unserem Kind so nahe bringen, daß es »nach ihm fragt«. Die Antworten müssen wir nicht alle selbst wissen und geben: das Kind wird selbst Antwort auf seine »Gottesfragen« finden, Antwort von Gott selbst bekommen. – Wenn unser Kind Vertrauen zu Gott gefaßt hat, wird es verkraften, daß Gott nicht alle seine Fragen sofort beantwortet.

»Lieber Gott, ich bin sitzen geblieben. Warum hast du das zugelassen?« – »Lieber Gott, bist du vorhanden? Wenn ja, solltest du manches etwas schneller tun!« – »Meine Katze ist überfahren worden, wenn du das zugelassen hast, muß du auch sagen, warum!« – »Ich habe noch eine Menge Fragen. Wirst du sie mir beantworten?« (aus »Kinderbriefe an den lieben Gott« GTB 73). *KZ*

(Denn) ich weiß, an wen ich glaube (2. Timotheus, 1, 12)

Was für eine Aufgabe übernehme ich da, für dieses Kind zu sprechen, als Vater, als Mutter, als Pate. Eine Aufgabe, ein Amt sagten unsere Vorgänger, mit dem Gott mir ganz viel zutraut; wo ich doch für mich selbst oft genug unsicher bin, was aus dem Glauben heraus das Richtige ist, und die Leute, die so sicher tun, als wüßten sie das alles, sind mir selten die richtigen Gesprächspartner – da halte ich mich lieber an Jesus Christus, der für die andern eintrat, bis hin zum Tode am Kreuz. Ja, da bin ich ganz sicher, damit beginnt mein Glaube, darin liegt meine Zuversicht. Und in Zeiten, in denen Zuversicht rar wird, in denen Kinder kaum vertrauensvoll in die Zukunft gehen können, liegt da die einzige Möglichkeit – gegen den Tod, angesichts all der vielen Tode in der Welt. Fürsprecher in diesem Sinn, doch, das möchte ich werden. – Fürsprecher im letzten ist Jesus, doch ist er ja gerade für einen Glauben eingetreten, der mit aller »Verwegenheit« (Karl Kerényi) den Glaubenden in seine Geschichte hineinnimmt und so in der Lage ist, Berge zu versetzen, Menschen zu heilen, Tote zum Leben zu bringen.

»Ich weiß, woran ich glaube, ich weiß, was fest besteht, wenn alles hier im Staube / wie Sand und Staub verweht« (EKG 278, 1.)

Kenneth Kaunda (in einem »Brief an meine Kinder«) »... ich habe großes Vertrauen in Euch, und ich bete, daß jeder von Euch zu einem Zentrum des Mutes in einer Nation wird, die von so vielen Gefahren bedrängt ist.« *JvSt-B*

Unser Kind ist eine große Aufgabe für uns **Belastung**

Gelobt sei Gott, der mein Gebet nicht verwirft noch seine Güte von mir wendet (Psalm 66, 20) (Zur Taufe eines behinderten Kindes)

Wir taufen heute Ihr Kind, das Sie genau so erwartet haben, wie andere Eltern ihr Kind erwarten. Sicher drängen sich besonders in dieser Stunde ganz unterschiedliche Empfindungen bei Ihnen zusammen, Gefühle der Hoffnung und zugleich der Enttäuschung, Gefühle der Zuversicht und des Schmerzes. Wie weit wird es Ihrem Kind möglich sein oder möglich gemacht werden, in unserer Welt der Gesunden und Leistungsfähigen seines Lebens froh zu werden? Mancher, der sonst die prächtige Entwicklung eines Kindes lobt, wird unsicher werden und Ihnen und Ihrem Kind gegenüber spüren, daß es da anderer Worte bedarf. Geht woanders das Lob für Gott ohne weiteres über die Lippen, so muß das Lob Gottes Ihnen erst allmählich zuwachsen, unter Leiden und Tränen erlitten, erbetet werden. Es fängt an mit dem schmerzvoll geborenen uneingeschränkten Ja zu diesem Menschen, der vielleicht immer ein großes Kind bleiben wird. Das Lob Gottes beginnt mit der still und leise zunehmenden Fähigkeit, alles so zu nehmen, wie es ist. Auf dieser Grundlage aufbauend werden Sie dann aber auch ganz bewußt Freude erleben dürfen, sich freuen können über kleine Fortschritte, die für Ihr Kind aber immer große Leistungen sind. Sie werden Ihr Kind mit unendlich viel Liebe umgeben müssen, damit es lernen kann, was es für sein Leben braucht. Jeder Lernerfolg wird Sie freuen und wird Sie in dem zuversichtlichen Glauben stärken, daß Gott doch nicht ganz abwesend ist. Seine Güte ist auch in Ihrem Leben alle Morgen neu, zwar nicht so offensichtlich wie bei vielen anderen, die sie aber gar nicht wahrnehmen. Sie ist bei Ihnen und wird von Ihnen erlebt in erhöhter Empfindsamkeit, sensiblem Erfahren der ganz alltäglichen Dinge. So soll auch die heutige Taufe nicht bloß eine alltägliche Handlung kirchlicher Tradition sein, sondern Zeichenhandlung dafür, daß Gott dieses Leben will. Wir als Gemeinde wollen dieses Leben aufnehmen und mit ihm und Ihnen zusammen zum ewigen Leben wachsen und reifen.

Noch werden viele Tage mir traurig unter Plage und Gram vielleicht vergehn; laß, Herr, in meinem Leiden nichts vom Gebet mich scheiden, mich immer freudig zu dir flehn (J.D. Dilthei).

Herr, laß uns erkennen, daß weder Vorwürfe noch Illusionen weiterhelfen. Hilf du uns, das nächstliegend Notwendige so gut wie möglich zu tun und die jetzige Stunde als die wichtigste zu erkennen (Nach A. de Saint-Exupéry). *RG*

Gott legt uns eine Last auf, aber er hilft uns auch (Psalm 68, 20b) (Zur Taufe eines behinderten Kindes)

Gewiß ist ein Kind in mehrfacher Hinsicht eine Belastung. Es kostet Geld und Zeit, Kraft und Nerven, wenn es klein ist, und wahrscheinlich noch mehr, wenn es herangewachsen ist. Sehr viel schwerer ist die Last, wenn das Kind mit einem Schaden sein Leben beginnen und führen muß. Keine Mutter und kein Vater sind in der Lage, das gleich akzeptieren zu können. Alle unbelastete Vorfreude ist dahin. In ihnen wehrt sich alles, die bittere Wahrheit anzunehmen. Nichts geht normal. Alles bringt Probleme mit sich. Gibt es Antwort auf die belastenden Fragen? Wenn ja, sind es dann nicht Antworten, die nicht helfen, eher geeignet sind, Schuldige dingfest zu machen, andere und den behinderten Menschen auf etwas festzulegen, was nicht stimmt, was eine bestimmte Vorstellung zementiert, das Leben hindert, statt ihm zu dienen? Gott verlangt von keinem, daß er heroisch ist in den Belastungen seines Lebens, das Kreuz durchdrückt und so tut, als könne er alles meistern. Dann besteht die Gefahr, buchstäblich zu versteifen, sich nicht mehr bewegen zu können, nicht herabbeugen zu können zu dem Menschen in seiner wirklichen Lebenssituation. Wenn jedoch Leiden beklagt wird, wird das Gebeugtsein ausgesprochen, in Klage und Bitte Gott gesagt wird, dann ist auch Gottes Entlastung nicht weit weg. Gott hilft zwar nicht im voraus, aber dann, wenn wir dem Leid standhalten, wenn das Herz dazu drängt, tapfer das Notwendige zu tun, wenn immer wieder zuversichtlich eine Änderung zum Guten für möglich gehalten wird. Dieses Kind wird nun getauft, in den Bund der Gnade Gottes aufgenommen. Ihm wird wie allen Getauften auch die Verheißung eines Lebens zugesprochen, das durch alle Erfahrungen des irdischen Lebens hindurchleuchtet. Wie das Wasser in der leblosen Wüste Leben und Blühen bewirkt, so soll die Taufe dieses Kindes nach dem Wunsch und Willen Jesu uns dazu führen, daß auch in seinem Leben Blüten der Freude und des Glücks treiben.

Laßt uns beten für dieses Kind, das seine Zukunft noch vor sich hat, daß sein Herz voll werde von Glück und Freude am Leben. Laßt uns beten für alle, denen es anvertraut ist, daß sie die Kraft haben, ihre Aufgaben zu erfüllen und in ihren Mühen gesegnet seien. Laßt uns beten für uns alle miteinander, daß wir einander helfen, die Lasten des Lebens zu tragen und so das Gesetz Christi erfüllen.

Auch der Schwächste kann tragen, was andere bedrückt, wenn er sich selbst von Gott tragen läßt (Manfred Siebald). *RG*

Dennoch bleibe ich stets an dir, denn du hältst mich bei meiner rechten Hand. Wenn mir gleich Leib und Seele verschmachtet, so bist du doch, Gott, allezeit meines Herzens Trost und mein Teil (Psalm 73, 23 + 26) (Zur Taufe eines behinderten Kindes)

Wenn Eltern erkennen müssen, daß mit ihrem Kind »etwas nicht stimmt«, dann möchten sie am liebsten weg aus der Realität: Das muß ein Irrtum sein! Gut, wenn dann einer da ist, der Zeit hat, zuhört, hilft, das Unannehmbare anzunehmen. Gut, wenn Menschen mit der Überzeugung da sind, daß auch in einem beschädigten Leben Sinn und Inhalt liegen. Die Taufe eines solchen Kindes ist starker Ausdruck für den Glauben an die ganz besondere Nähe Jesu zu ihm. Die Menschen der Gemeinde, in der die Taufe vollzogen wird, sollen mit ihrem Glauben den Eltern und dem Kind helfen, Wege der Liebe zu gehen und Brücken der Hoffnung zu betreten und in all dem Gottes Trost und Nähe zu erfahren.

Lieber Vater, voll Vertrauen bringen wir dieses Kind, das du uns anvertraut hast. Hilf den Eltern, das Nötige zu tun, aber auch immer wieder Hoffnung auf noch Besseres für ihr Kind zu haben. Amen.

Herr, mein Leben liegt in deiner Hand; deine Liebe ist mir zugewandt. Deine große Gnade gilt auch mir; keine Macht der Welt reißt mich von dir (Peter Strauch). *RG*

Er hat seinen Engeln befohlen, daß sie dich behüten auf allen deinen Wegen (Psalm 91, 11)

»Ihre Engel im Himmel sehen allezeit das Angesicht meines Vaters im Himmel.« So beschreibt Jesus die besondere Nähe Gottes zu den Kindern. So begründet er auch seine eigene Liebe zu Kindern und Hilfebedürftigen. Sie haben einen Engel bei Gott. Der sieht sie an mit Gottes liebevollen Augen und begleitet sie, wo sie sind. Nehmen Sie die Heilige Taufe, die heute vollzogen und dokumentiert wird, als unverbrüchliches Siegel dafür, daß Gottes Engel diesem Kind zur Seite sind, auch in allen Formen Ihrer eigenen Fürsorge. Seien Sie gewiß, daß Gott so manchen Engel ohne Flügel schicken und heißen wird, auf dem Weg dieses Menschen mitzugehen.

Herr, lieber Gott, wir vertrauen deiner zugesagten Gnade. Sei bei diesem Kind, daß es sich in Liebe geborgen empfindet. Laß uns gern alle Schritte tun, die für unsere behinderten Mitmenschen und mit ihnen getan werden müssen, als Eltern, Paten und Gemeinde. Wir danken dir, daß du deine Nähe versprochen hast.

Es heißt, daß einer mit mir geht, ders Leben kennt, der mich versteht, der mich zu allen Zeiten kann geleiten. Es heißt, daß einer mit mir geht (Hanns Köbler). *RG*

Siehe, ich bin bei euch alle Tage bis an das Ende der Welt (Matthäus 28, 20b)

Auch Sie versprechen bei der Taufe Ihres Kindes, es erfahren zu lassen, daß Christus sein Herr ist, bei ihm ist und es liebt. Das Kind wird das glauben können, wenn es Ihren Glauben spürt, den Glauben seiner nächsten Bezugspersonen. Durch Ihre Gemeinschaft mit ihm wird es die Gemeinschaft mit Jesus Christus erfahren. Da ist auch die Gemeinde, die das getaufte Kind als ihr Glied aufnimmt. Alles das ist der Leib Christi, seine Gegenwart in Ihren und unseren Verhältnissen alle Tage: Wo einer in Liebe des anderen Last trägt. Wo man sich in seinem Namen zu Gebet und Lobgesang, Verkündigung des Wortes Gottes und der Feier des Heiligen Abendmahls versammelt. Darin ist Christus bei uns. Ihr heute getauftes Kind gehört unbedingt dazu.

»Daß du mit mir gehen magst durch das Dunkel hin, mir die frohe Botschaft sagst, wenn ich traurig bin, daß du um die tiefste Not meiner Seele weißt, wundersam in Wein und Brot Schuld und Schmerz verzeihst« – Christus, habe Dank! Herr, laß uns deine Gegenwart erfahren! Komm uns entgegen, bleib uns an der Seite, daß wir dir treu bleiben und zuversichtlich leben können. Amen (nach D. Block). *RG*

Der Menschensohn ist gekommen, zu suchen und selig zu machen, was verloren ist (Lukas 19, 10) (Zur Taufe eines behinderten Kindes)

Menschen können in ihren Sorgen und Befürchtungen verlorengehen. Sie können vor lauter Angst vor dem, was kommen kann, den Mut zum Leben verlieren. Viele Eltern behinderter Kinder haben Angst vor der Zukunft und wünschen gelegentlich, das Kind wäre besser gar nicht geboren. Die Last der Behinderung ihres Kind wird oft von seinen Eltern wie ein Panzer getragen, der das Herz hart macht und nichts Positives mehr hereinläßt, sich nach außen hin abschirmt und anderen gegenüber abweisend wirkt. Auch Gott darf nichts mehr machen können; denn von ihm kommt ja wohl dieses Schicksal. Andere, die nicht betroffen sind, bekommen dann leicht ein schlechtes Gewissen und fühlen sich in ihrem anscheinend problemlosen Leben angeklagt. Trotz viel guten Willens zum Helfen bleibt die Distanz, wird gar noch größer. Jesus hat gesucht, was verloren war, auch verloren in Angst, auf neuen, anderen, bisher nicht bekannten Wegen. Die Liebe hat ihm solche Wege gewiesen. Er bewies Phantasie und Mut zum Verlassen eingefahrener Gewohnheiten des Denkens und des Handelns. Wenn wir ein behindertes Kind taufen, dann dürfen wir in Jesu Namen zusagen: Gottes Liebe will dich finden, dich und alle, die zu dir gehören. Du bist genau so in Gottes Liebe aufgehoben wie alle anderen. Du sollst selig werden, damit jedoch nicht vertröstet sein auf ein besseres Jenseits. Sondern du sollst schon hier – wie Jesus einmal zu einem Blindgeborenen sagte – die Werke Gottes sehen, erfahren dürfen, was Gott Großes tut. Du sollst leibhaftig und mit allen deinen Sinnen erleben dürfen, daß die Liebe Gottes dich persönlich meint. Wie anders könnte die in der Taufe auf den Kopf zugesagte Gnade konkreter werden als in den Bemühungen von Kirche und Gemeinde um die Getauften und ihre Angehörigen? Darum sind Sie eingeladen, Gemeinschaft und tragende Kraft der Liebe zu erfahren, indem Sie sich öffnen, entgegenkommen und Ihr Herz auftun, wenn jemand Ihrem Kind und Ihnen im Namen Jesu sein Herz schenkt.

Gott, wir bitten dich für dieses Kind, das heute getauft worden ist. Gib uns Glauben, Liebe und Hoffnung, daß wir damit das Kind umschließen. Gib uns deinen Geist, der uns hilft, dich zu erkennen und zu leben, zum Wohl der Menschen und dir zur Ehre. Amen.

Ach lieber Herre Jesu Christ, der du ein Kindlein worden bist, von einer Jungfrau rein geborn, daß wir nicht möchten sein verlorn. Ich bitt, laß dir befohlen sein, ach lieber Herr, dies Kindelein, behüte es vor allem Leid und alle in der Christenheit (Joh. Freder).

RG

Wir wissen, daß denen, die Gott lieben, alle Dinge, zum Besten dienen (Römer 8, 28a)

Nicht immer löst die Geburt eines Kindes eitel Freude aus: Ein Kind kann unerwünscht sein, eine Belastung, weil noch kein Nest gebaut ist, das Kind behindert ist, wir andre Gründe zur Sorge haben – dennoch: alle Dinge können ihm zum Besten dienen: auch Behinderung, Krankheit, Leid, Schuld,

Sorge, Ängste; denn das sind »Erscheinungsorte« Gottes, lassen uns Gott als »Vater allen Trostes« (2. Kor 1, 3–7) erfahren. – »Zum Besten dienen«, also nicht zur Bequemlichkeit, zu billigem Glück, »happy end« oder schattenloser Freude – aber zu einem trotz Leid und Last erfüllten Leben, das durch Gott seine Vollendung erfahren soll. – Das wird denen zugesagt, die »Gott lieben«, weil sie sich von ihm geliebt wissen, – Liebe, von der uns nichts trennen kann (Römer 8, 28–39).

»Ich glaube, daß Gott aus allem, auch aus dem Bösesten, Gutes entstehen lassen kann und will. Dafür braucht er Menschen, die sich alle Dinge zum Besten dienen lassen« (Bonhoeffer).

KZ

Soviel der Himmel höher ist als die Erde, sind meine Wege höher als eure Wege und meine Gedanken höher als eure (Jesaja 55, 9) (Anregungen zur Nottaufe)

Wir hatten es uns ganz anders gedacht: ein fröhliches Tauffest mit Paten und Verwandten... Ein wenig hatten wir uns schon vorzustellen versucht, wie der Weg unseres Kindes verlaufen könnte. Nun wissen wir nicht, ob dieser Weg – kaum begonnen – weiterführt. Wohin? Wird es ein Weg werden, der unser Kind von uns trennen wird? – »Was hast du dir dabei gedacht, du unbegreiflicher Gott?« »Höhere Gedanken?« – Im Augenblick sind es für mich nur dunkle, unverständliche Gedanken, unbegreifliche Wege. Und wir hätten doch unser Kind so gerne an die Hand genommen und ein Stück seines Lebensweges begleitet! Jetzt sollen wir es dir anvertrauen, dir, den wir nicht verstehen, sollen die Hand unseres Kindes loslassen, es in der Taufe deiner Hand anvertrauen, daß du seinen Weg mitgehst, auf dem wir es nicht begleiten dürfen... Wie schwer ist das! – »Herr, wir sehen im Taufbecken das Wasser... Laß unser Kind nicht untergehen in Todesfluten, rette es und reiße es heraus zum Leben, wie immer das aussehen mag...« – Gott öffnet uns ein wenig seine Gedanken, wenn er zu uns und unserem Kind in der Taufe spricht: »Fürchte dich nicht, denn ich habe dich erlöst, ich habe dich bei deinem Namen gerufen, du bist mein. Wenn du durch Todesfluten mußt, will ich bei dir sein, daß du nicht untergehst. Weil ich dich lieb habe, gebe ich meinen eigenen Sohn für dein Leben. So fürchte dich nun nicht, denn ich bin bei dir!« (Jes. 43, 1–5)

Gebet: »Eigentlich hatte ich mir alles anders vorgestellt. Ich hatte mich auf mein Kind gefreut; ich dachte, daß ich glücklich und unbeschwert sein könnte, wenn es da ist.

Nun hat man mir gesagt, daß mein Kind nicht gesund ist, vielleicht nicht lange leben wird. Ich kann das alles nicht fassen. Warum läßt du das zu, Gott? Warum gerade mein Kind? Ich habe Angst, daß Dinge auf mich zukommen, denen ich nicht gewachsen bin. Der Kummer und die Sorge um mein Kind werden mich nicht loslassen. Wie soll ich damit fertig werden? Gott hilf mir, daß ich nicht verzweifle, nicht an dir zweifle. Gib mir Kraft und Geduld. Du weißt, was mein Kind braucht. Du weißt auch, was ich nötig habe. Laß uns nicht allein« (nach: »Ihr Kind wird getauft«, Ev. Presseverband, Karlsruhe).

KZ

Selig sind die Barmherzigen, denn sie werden Barmherzigkeit erlangen (Matthäus 5, 7)

Ich höre das Seufzen einer alten Frau auf der Straße und verlangsame meinen Schritt. Ich verstehe dieses Seufzen, ohne daß sie es mir erklären müßte. Es kommt aus dem Inneren eines Menschen, der müde ist. Müde vom Kämpfen mit den Umständen, mit anderen Menschen und mit sich selbst. Einsatz und Gewinn – es wäre gut, wenn sie in einem ausgeglichenen Verhältnis stünden. Doch wer weiß das, bevor er den Kampf gewagt hat? Ein Risiko ist dabei. Wir können auf das Risiko eingehen oder ihm ausweichen. Ausweichen und Annahme machen das Profil eines Menschenlebens aus. Was beugt uns – was richtet uns auf? Oder auch: Zu wem beugen wir uns hin, über wen richten wir? Wer ist stark, wer schwach? Einer, der sich vom Leid anrühren läßt? Eine Welt, in der keiner Barmherzigkeit üben muß, ist eine Welt ohne Fehler, ohne Schuld, ohne Krankheit. Doch solange wir auf dieser Erde leben, werden wir eingeholt von dem, was unserem Leben abträglich erscheint. Es ist schwer einzusehen, daß die Barmherzigen selig gepriesen werden, wenn sie mit Enttäuschung, Zorn und Traurigkeit kämpfen angesichts dessen, wozu sie ein »ja« finden sollen.

Das Vermeiden von Wunden fügt uns Verletzungen zu. *EH*

Wahrlich, wahrlich ich sage euch: Ihr werdet weinen und heulen, aber die Welt wird sich freuen; ihr werdet traurig sein, doch eure Trauer soll in Freude verkehrt werden (Johannes 16, 20)

Abschiednehmen ist ein schmerzhafter Prozeß. Unser Leben ist voll davon: Tod, Trennung, Ablösung. Wie wird es weitergehen? Werden wir zurechtkommen ohne den anderen? Werden wir einsam zurückbleiben?
Fragen, bange Fragen, die an entscheidenden Wegkreuzungen des Lebens immer wieder gestellt werden. Heute werden die Kinder getauft. Sie sind noch klein. Brauchen unsere Fürsorge. Unser Leben hat sich verändert, seit sie da sind. Wir freuen uns darüber. Aber was wird in zehn oder fünfzehn Jahren sein? Wenn sie selbständig sind, aus dem Haus drängen. Wenn wir sie

Wege gehen sehen, die wir nicht mehr beeinflussen können. Bleibt dann bloß, sich damit abzufinden?
Vielleicht lernen wir, uns damit abfinden zu **wollen.** Den Gedanken in uns aufzunehmen, daß bestimmte Lebensabschnitte auch zu Ende gehen dürfen, damit Neues wachsen kann. Vielleicht lernen wir, unsere Kinder in Hoffnung gehen zu lassen. In der Hoffnung, daß der Abschied notwendig ist, damit auf eine ganz neue Weise Wiedersehen und Begegnung möglich werden. Und vielleicht erfahren wir dabei, daß es wie ein Aufatmen der Seele ist, wenn wir zu diesem Prozeß auch innerlich 'Ja' sagen können. *GL*

So liegt es nun nicht an jemandes Wollen oder Laufen, sondern an Gottes Erbarmen (Römer 9, 16)

Sie haben schon viele Erfahrungen mit Ihrem Kind gemacht. Wie Kinder unser Leben verändern können! Da mußte ich plötzlich aufstehen mitten in der Nacht und unserem Sohn die Flasche geben und ihn wickeln. Ich habe ihm dann meistens auch noch ein Lied gesungen, obwohl ich gar nicht gut singen kann. Aber dann war ich auch froh, daß wir beide wieder schlafen konnten. – Kinder halten einen in Trab. Aber sie machen einen auch froh. Es gibt nichts Schöneres auf der Welt, als für einen anderen Menschen dasein zu können. Eltern brauchen ihre Kinder, um dieses Glück zu erfahren. Aber Kinder zeigen einem auch Grenzen. Da müssen wir aufpassen, daß wir nicht zu viel sorgen und die Kinder mit unserer Liebe nicht an uns binden. Wir taufen Ihr Kind heute. Wir erkennen damit an, daß es Gottes Kind ist. Gottes Erbarmen will das Leben Ihres Kindes begleiten. Wir müssen nicht alles von unserem guten Willen und von unserer Lauferei erwarten. Gott will für Ihr Kind dasein und ihm Geborgenheit, Kraft und Vertrauen schenken. Das macht uns Mut, wenn wir uns abfinden müssen mit manchem, was wir nicht ändern können. Auch diese Erfahrung wächst bei uns mit unseren Kindern. Wir können trotzdem zu ihnen halten. Mit seinem Erbarmen ist Gott uns allen nah. *HDK*

Unser Kind ist eine große Aufgabe für uns **Sorge**

Die mit Tränen säen, werden mit Freuden ernten (Psalm 126, 5) (Zur Taufe eines behinderten Kindes)

Welch eine herrliche Welt öffnet sich, wenn ein Wassertropfen unter dem Mikroskop betrachtet wird! Da zeigt sich Leben, das dem bloßen Auge nicht sichtbar ist. Unserem Glauben nach ist es ebenso bei der Taufe mit Wasser. Was haben wir schon vor Augen, wenn heute dieses Kind, das so viele Sorgen mit sich bringt, mit Wasser getauft wird? Wir taufen es auf den Befehl Jesu Christi hin. Er sieht jetzt mehr als unsere Augen. Er sieht in dem Wasser der Taufe für das Kind die ganze Welt Gottes sich spiegeln, alle Fragen der Menschen und alle Antworten Gottes, alles Suchen und Finden, alles Helle und Dunkle des Lebens. Was Gott der Welt und den Menschen zugedacht hat, das kommt in der Taufe zu diesem kleinen hilflosen Menschenkind. Gott sieht es im ganzen Zusammenhang seines Heils. Auch dieses Kind soll wie wir Getauften alle zu der künftigen Welt gehören, die Gott neu schaffen wird. Das ist die Kraft, um die Gegenwart zu bestehen, die Stunden und Tage auszuhalten, in denen das Wasser der Tränen die Augen füllt. Es kommt Wunderbares auf uns zu, und es strahlt schon hier herein in unsere von Not und Leid gezeichnete Welt. Ausdrücklich entspricht es dem Willen Gottes, wenn die Aussicht auf das kommende Heil hier schon Menschen dazu führt, sich um das Heilwerden menschlicher Verhältnisse zu bemühen. Wie viele Tränen werden Sie Ihres Kindes wegen seit seiner Geburt geweint haben! Wie wird es Ihnen in der Stunde seiner Taufe mehr schwer als leicht ums Herz sein, wenn Sie das Kind sehen und ahnen, was alles kommen wird. Wie oft werden Sie Ihre Tränen unterdrücken müssen, um mit dem Kind zu lachen. Wie oft werden Ihre Tränen aber auch Tränen eines besonders tiefen Glücks sein, wenn es zu Ihnen kommt und Ihnen seine Liebe und sein Vertrauen zeigt, inniger und tiefer als andere Kinder. Gott will sicher auch, daß möglichst viel Gelegenheit ist, daß Ihre aufsteigenden Tränen der Trauer sich in Tränen der Freude wandeln!

Du zählst, wie oft ein Christe wein und was sein Kummer sei; kein Zähr – und Tränlein ist so klein, du hebst und legst es bei (Paul Gerhardt).

In die Nacht aller Not und Sorgen bist du gekommen, Herr, daß das Dunkel deinem Licht weichen muß und das Leid überstrahlt und entmachtet werde von der großen Freude, die allen Menschen zuteil werden soll. Komm mit deinem Reich, daß diese Erde neu werde und dein Friede regiere und wir dich von Herzen jetzt und ewig preisen können. Amen (Nach G. Hopfer). *RG*

Wer ist unter euch, der seines Lebens Länge eine Spanne zusetzen könnte, wie sehr er sich auch darum sorgt? (Matthäus 6, 27) (Zur Taufe eines kranken Kindes)

Seit Ihr Kind geboren ist, haben Sie viele Sorgen. Auch in der Zukunft werden sie nicht weichen: Arztbesuche, Behandlungen, Behördengänge, Operationen. Hoffnungen werden Sie beflügeln, Enttäuschungen schmerzen. Durch all das hindurch will Gott Ihnen helfen, den Weg zum Herzen Ihres Kindes zu finden. Sie werden es annehmen können, wie es ist, mit dem, was ihm fehlt und dem, was auch ihm in reichem Maße gegeben ist. Die Taufe sagt zu: Gott wird dieses Leben segnen, wenn auch anders als in Ihren Wünschen und Vorstellungen. So werden Sie mit ihm leben können, es immer weniger belasten müssen durch Ihre traurige Besorgtheit. Sie werden es lieben können, ohne Bedingungen, so wie Gott es tut.

Gott, du kennst unsere Wünsche und Hoffnungen und auch unsere Sorgen und Fragen. Hilf uns, das Nötige für das Leben unseres Kindes zu tun. Bewahre uns davor, einander zu überfordern. Laß uns deine Liebe erfahren, damit auch wir einander lieben. Amen.

Er weiß um deine Schmerzen, er weiß um deine Lust, und willst du ihn von Herzen, so hat ihn deine Brust. Er, der die Morgenröten gerufen aus der Nacht, kann auch die Sorgen töten, die je dein Herz sich macht (E.M. Arndt). *RG*

Darum sorgt nicht für morgen, denn der morgige Tag wird für das Seine sorgen. Es ist genug, daß jeder Tag seine eigene Plage hat (Matthäus 6, 34)

»Kind, du bist uns anvertraut. Wozu werden wir dich bringen? Wenn du deine Wege gehst, wessen Lieder wirst du singen? Welche Worte wirst du sagen und an welches Ziel dich wagen?« Dieser Liedvers drückt aus, was Eltern bewegt, wenn sie an die Zukunft ihres Kindes denken. Die Erziehung ist ein Unsicherheitsfaktor, denn sie ist nicht planbar und ihr Ergebnis nicht einsehbar. – Vor kurzem sprachen wir in einem kleinen Kreis über unsere Schwierigkeiten damals als Jugendliche mit unseren Eltern. Es ging um die erste Liebe, wann wir abends nach Hause zu kommen hatten usw. Nachdem sie lange geschwiegen hatte, sagte eine junge Frau, daß sie als Jugendliche mit ihren Eltern keine Probleme gehabt habe. Ihre Mutter habe sich wohl oft um sie geängstigt, aber ihr Vater habe dann gesagt: »Jetzt müssen wir Vertrauen haben zu unserer Erziehung.« – Ein wagendes Vertrauen höre ich aus Jesu Worten wie auch aus denen des Vaters heraus. Für alle entscheidenden Punkte unseres Lebens, die es lebenswert und menschlich machen, gilt: Es gibt keine planende Vorsorge, sondern nur wagendes Vertrauen. Dieses Vertrauen ist verankert in Gott. *JH*

Sorgt euch um nichts, sondern in allen Dingen laßt eure Bitten in Gebet und Flehen mit Danksagung vor Gott kundwerden (Philipper 4, 6)

Vielleicht eilen Ihre Gedanken diesem Tauftag Ihres Kindes voraus. Unwillkürlich fragen wir uns manchmal, was aus dem kleinen Wesen werden wird, das da noch ziemlich hilflos um uns ist. Und wie wird die Welt aussehen, die

wir ihm überlassen, wenn es so weitergeht mit dem Wettrüsten und mit der Zerstörung der Schöpfung?
Sorgende Gedanken: Grund für sie gibt es genug. Aber ohne Hoffnung kann wohl niemand die Sorge ertragen. »Sorgt euch um nichts,« sagt Paulus. Er möchte uns der Herrschaft der Sorge entreißen, die oft in resignierende Verzweiflung umschlägt. Unsere Sorge kann zur Bitte, zum Gebet, zum Flehen werden. Wir müssen sie nicht verdrängen. Wir können aussprechen, was uns bedrückt. Wir können es dem Gott sagen, der ein Gott der Hoffnung und des Lebens ist. Und so erfahren wir, daß wir trotz aller Sorge allen Grund zur Dankbarkeit haben: für das Geschenk des Lebens, für unsere Welt. Für jedes Gebet, das unsere Sorge in Hoffnung verwandelte.

Kind, du bist uns anvertraut. Wozu werden wir dich bringen? Wenn du deine Wege gehst, wessen Lieder wirst du singen? Welche Worte wirst du sagen und an welches Ziel dich wagen? Siehe auch EKG 294,2: »Mit Sorgen und mit Grämen...« *HDK*

Alle eure Sorge werfet auf ihn, denn er sorgt für euch (1. Petrus 5, 7)

Dies den Vätern, vor allem den Müttern zu sagen, die an ihren Sorgen, an ihren nicht enden wollenden schweren Gedanken tragen, ist gut, ist geradezu Beginn des Lebens, wie es Taufe zu schenken verheißt. Der alte Adam der Eltern, der älteren Generation wird damit ersäuft – Helfer-Syndrom ade, Gott befohlen, wie schön. Anlaß genug, die Taufe zu feiern. Gott beginnt schon, indem wir ihm unsern täglichen Kleinkram und die Sorgen um den Bestand der Welt anvertrauen, was sag ich, aufbürden, zumuten, aufladen, uns zu entlasten und damit für uns zu sorgen. Und indem er so anfängt, uns reden, gar beten und bei der Taufe um solche Entlastung bitten läßt, trägt er Sorge auch für uns als Gemeinde; denn wer so bittet, auch wenn er es sonst noch so wenig gewohnt sein mag, wird unter der Hand anfangen, den soeben wieder entdeckten Herrn des Lebens zu loben, und damit wegkommen von bloß moralisierenden, in Appellen verstärkten Vorstellungen vom Glauben. Also steckt in dem Vers auch eine elementare Erhellung für den Prediger, der sein Geschäft ernstnimmt und nicht nur sich selber... Lob als Kehrseite der Sorge; eine Umkehr, die Gott gefallen möchte. Daher, ihr Väter und Mütter: »Vater unser im Himmel, geheiligt werde dein Name, dein...«.

»Fürchte dich nicht, gefangen in deiner Angst, mit der du lebst. Fürchte dich nicht, getragen von seinem Wort, von dem du lebst...« (Beiheft '83) Inge Meidinger-Geise: »Gott nimmt uns nicht die Furcht, er gibt uns die Stimme, nach ihm zu rufen.« *JvSt-B*

Denn der Herr, dein Gott, ist ein barmherziger Gott; er wird dich nicht verlassen noch verderben, wird auch den Bund nicht vergessen, den er deinen Vätern geschworen hat (5. Mose 4, 31)

Mensch zu sein, heißt, verantwortlich zu sein; das heißt, Verantwortung zu tragen für sich selbst und andere. Das ist unsere Würde, aber auch unsere Not. Einerseits können, dürfen, sollen, müssen wir ständig Verantwortung übernehmen, andererseits belastet Verantwortung. Die Redewendung »Verantwortung tragen« kann ein schönes Bild sein für die »süße Last«, die uns erhebt und erdrückt. Immer droht auch das Scheitern. Manches wächst uns über den Kopf, wir verlieren den Überblick. Können wir unserer Verantwortung überhaupt gerecht werden? Diese Frage stellen sich nicht selten Eltern und Paten, während die Tauffrage an sie gerichtet wird. Bleibt ihnen nur die Angst, dereinst gnadenlos zur Rechenschaft gezogen zu werden (sich verantworten müssen!)? Gott hat seinen Bund nicht aufgerichtet, um uns dann hinzurichten. Er will unser barmherziger Gott sein, der uns die Verantwortung für unsere Kinder nicht alleine tragen lassen will!

Jesus wird tragen Freuden und Klagen, all eure Sorgen bringt vor ihn. All eure Sorgen heute und morgen. In: Liederheft für die Gemeinde, Ev. Presseverlag Bayern).

Liebe ist Verantwortung eines Ich für ein Du (Martin Buber). *HK*

Ein Mensch sieht, was vor Augen ist, Gott aber sieht das Herz an (1. Samuel 16, 7)

Ein Volk sucht »seinen« König	– Eltern wünschen sich »ihr« Kind
Repräsentativ, stark, erfolgreich soll er sein, all das, was das Volk immer schon sein wollte (und doch nie war!).	– Hübsch soll es sein und begabt, die Erwartungen der Eltern erfüllen (»ganz der Vater« – »ganz die Mutter«) – oder das, was beide wollten – und nie wurden
Gott weiß den Richtigen.	– Gott schenkt den Eltern ein Kind.
Ist er nicht zu unbedeutend?	– Ist es das Wunschkind?
Es wird sich zeigen, daß er hochbegabt ist,...	– Es hat viele Gaben (aber andre, als die Eltern dachten...)
und viele, viele Fehler hat.	– und: Es hat Schwächen und Fehler.

(Aber wer weiß, welche Begabungen ihm zur Gefahr werden und in welchen Schwächen Gottes Kraft mächtig wird?! – Gott weiß es!)

Samuel vertraut, daß Gott den Richtigen für sein Volk erwählt hat. – Eltern lernen vertrauen, daß Gott ihnen das »richtige« Kind geschenkt hat. Sie bringen ihr Kind zur Taufe.

Öl wird über den Kopf des Gottgewählten gegossen. – Wasser wird über den Kopf des Kindes gegossen.

Israel sagt: »Gottes Wahl soll unsere Wahl sein.« – Ihr Kind wird Gottes Kind und Gottes Kind wird »ihr« Kind! *KZ*

Es ist dir gesagt, Mensch, was gut ist und was der Herr von dir fordert, nämlich Gottes Wort halten und Liebe üben und demütig sein vor deinem Gott (Micha 6, 8)

Da sitzen sie beide vor mir. Selbst noch halbe Kinder. Kaum zwanzig Jahre alt. Sie wollen ihr Kind zur Taufe anmelden. Ja, gewünscht hätten sie es sich zu diesem Zeitpunkt nicht gerade. Aber nun sei es einmal da. Und wenn sie so die letzten Monate überdächten: Jetzt würden sie sich auch darüber freuen. Eine Familie zu sein. Das Kind zu erziehen. Die Verantwortung? Natürlich, die mache ihnen schon manchmal zu schaffen. Eigentlich hätten sie ja gar keine Erfahrung, und ihnen sei schon ein bißchen bange, daß ihnen da ein richtiges Menschenleben anvertraut sei, dessen gute Entwicklung weitgehend von ihrer Fürsorge abhängig ist. So etwas wie eine Richtschnur, eine Leitlinie müßten sie haben, an die sie sich bei dieser Aufgabe halten könnten. Mir fällt ein: Liebe üben und demütig sein vor deinem Gott? Fast schrecke ich zurück: Die »Demut« ist mit dem Bild eines sich ständig duckenden Menschen verbunden. Dabei will sie den Menschen ja gerade aus sklavischer Abhängigkeit befreien: Wer allein Gott als Herrn anerkennt, bereitet der Herrschaft von Menschen über Menschen ein Ende. Ob so nicht der Boden bereitet wird, auf dem Liebe wachsen kann? *GL*

Was du auch tust, so bedenke dein Ende, dann wirst du nie etwas Böses tun (Jesus Sirach 7, 40)

Über Folgen nachdenken tun wir ungern. Zu Beginn einer Sache gleich berechnen, wo das hinführt, das macht viel Kopfzerbrechen. Genieße den Tag, haben doch die alten Lateiner gesagt. Das gefällt uns besser. Aber ist das der Wirklichkeit nahe? Besteht nicht unser Leben aus einer Aneinanderreihung von Folgen? Alles was wir tun, hat Folgen für uns, für unseren Nachbarn, für unsere Kinder. Folgen haben auch unsere alltäglichen Entscheidungen: Moltex, Pampers oder doch besser Stoffwindeln? Kinder denken wenig an Folgen. Sie schlucken Herzpillen ihres Großvaters und denken, es seien Pfefferminzbonbons. Eltern haften für ihre Kinder. Sie tragen Verantwortung für das Tun der Kinder. Zu Beginn der Sache »Leben« denken Eltern für ihre Kinder über den besten Start ins Leben nach. Die Zielrichtung sollte stimmen. Aber das Nachdenken für die Kinder endet, wenn die Kinder selbst Verantwortung tragen, dann tragen Eltern und Kinder gemeinsam.

Gott steht am Anbeginn, und er wird alles enden. In seinen starken Händen liegt Ursprung, Ziel und Sinn (Gott hat das erste Wort, 832 Anhang 77).

Mensch werde wesentlich; denn wenn die Welt vergeht, so fällt der Zufall weg, das Wesen, das besteht (Angelus Silesius). *TB*

Seid so unter euch gesinnt, wie es auch der Gemeinschaft in Christus Jesus entspricht (Philipper 2, 5)

Was mag da auf uns zukommen? Noch sind die Kinder klein, und sie sagen uns, daß die Sorgen wie die Kinder größer werden. Schon jetzt ist es mir manchmal unklar, wie wir die Verantwortung für das Kind auf uns nehmen sollen. – So die ersten noch ungeklärten Reaktionen. »In diese Welt noch Kinder hineinzusetzen ...« – welch ein entsetzlicher Satz, und doch habe ich ihn mehr als einmal gehört. Wahr ist, eine Riesenaufgabe liegt da vor ihnen, und wenn der Vater und die Mutter sich untereinander nicht gut verstehen, ist sie schon deshalb zu schwer. Aber genau das ist ja oft genug der Fall. Hier kann Gemeinde ihre eigene Verantwortung in einer sich ständig wandelnden Welt nicht ernst genug nehmen. Ehe ich verantwortlich handeln kann, muß ich Grund unter den Füßen haben – frei sein, den andern wie mich selbst zu akzeptieren, Vergebung zu empfangen und gemeinsames Leben zu erneuern: Dies ist die Gemeinschaft, wie Jesus Christus sie gebracht hat, nicht in göttlicher Gestalt, sondern in menschlicher Weise, nicht von oben herab, sondern aus der Erniedrigung heraus. Ich sehe meine Grenzen und werde darum zuletzt mich, meine Kinder wie diese Welt im Gebet Gott überantworten.

Eugen Drewermann: »Es ist die Schattenseite aller sog. 'Verantwortung' und 'Sorge', daß sie die Freiheit des anderen bei allem guten Willen und Bemühen nicht freisetzt, sondern einengt.« *JvSt-B*

Ich nehme Himmel und Erde heute über euch zu Zeugen: Ich habe euch Leben und Tod, Segen und Fluch vorgelegt, damit du das Leben erwählst und am Leben bleibst, du und deine Nachkommen, indem ihr den Herrn, euren Gott; liebt und seiner Stimme gehorcht und ihm anhanget (5. Mose 30, 19+20)

Aus diesen Worten strömt eine wohltuende Freiheit, die besonders überrascht, weil es um das Gesetz, das Gebot Gottes geht. Eigentlich geht man davon aus, daß Gebote einengen. Ein Psychologe hat sich einmal das »Tagebuch eines Zweijährigen« ausgedacht und Erlebnisse im Laufe eines Tages aufgeschrieben, z.B. diese:
»8.10 Uhr: Kölnisch Wasser auf den Teppich gespritzt. Riecht fein. Mama böse. Kölnisch Wasser ist verboten. – 11.00 Uhr: Sollte Milch trinken. Wollte aber Wasser. Wutgeheul ausgestoßen. Prügel gekriegt. – 12.46 Uhr: Tunkte Händchen ins Töpfchen. Mama schrie pfui! Klaps auf das Händchen. – 14.50 Uhr: Nachgedacht. Festgestellt, daß alles verboten ist. Wozu ist man überhaupt auf der Welt?« – Hier hat das Gebot den Charakter des Drohenden, Unfreien, einer Verbotstafel, und die Erziehung sieht demgemäß aus. Anders ist es mit Gottes Erziehung: Seine Gebote sind An-Gebote des Lebens, des Glückes, des Segens. Ein offener Weg tut sich auf. Wir haben die Freiheit, das Leben zu wählen. *JH*

Redet so und handelt so wie Leute, die durchs Gesetz der Freiheit gerichtet werden sollen (Jakobus 2, 12)

Ein Kind, das einem anderen etwas von seinem Spielzeug schenkt, beweist ein hohes Maß an innerer Freiheit. Es kann das wohl nur, weil es sich primär in der Liebe seiner Eltern und Angehörigen geborgen weiß und deshalb unbewußt seine Spielsachen als eine schöne Dreingabe empfindet. Ein Kind wird durch die Taufe in die Gemeinde aufgenommen. Es soll glauben lernen können durch den Glauben seiner Bezugspersonen. Je mehr Liebe dabei im Spiel ist, umso mehr Freiheit wird herrschen. Je größer die Liebe ist, die das Herz erfüllt, desto größer wird die Freiheit sein, dem Gesetz des Herzens zu folgen, herzugeben, loszulassen, sich selbst zu geben, ohne Angst zu kurz zu kommen oder etwas falsch zu machen. Das ist Unabhängigkeit, wie Christus sie will, die dem Nächsten in Liebe verpflichtet ist und dafür keine Vorschriften braucht.

Laß uns ein weites Netz der Hoffnung binden von Herz zu Herz und um die ganze Welt, daß viele mit uns zu der Freiheit finden, die wie ein Glanz in unser Leben fällt (Detlev Block).

Lieber Gott, deine Gnade geht unserem Leben immer voraus. Das macht uns frei, ungezwungen zu leben. Wir danken dir dafür! *RG*

Was wird auf unser Kind zukommen? **Geborgenheit**

Sie überwältigten mich zur Zeit meines Unglücks, aber der Herr ward mein Halt (2. Samuel 22, 19)

Viele gute Wünsche begleiten den Tauftag Ihres Kindes. Mögen sie in Erfüllung gehen oder auch nicht. Eins steht nun unweigerlich fest: Ihr Kind ist getauft. Es hat Gott zum Vater und zur Mutter. Es hat einen Halt für sein Leben, Wärme und Geborgenheit. Es gehört zu Gott.
Wir wünschen diesem Kind Gutes – und wir wissen, daß unsere Wünsche niemanden vor Unheil und Unglück bewahren können. Wir möchten diesem Kind Liebe geben, Wärme und Geborgenheit. Was für ein Glück, daß wir das können! Aber wir erleben auch die Grenzen, die unserer Liebe gesetzt sind; wir erfahren unsere eigene Kälte, die selbst die manchmal erstarren läßt, die wir lieben.
Zeiten des Unglücks werden auch Ihr Kind überwältigen, und Sie können das oft nicht verhindern. Das können Sie tun: Ihrem Kind von dem Gott erzählen, der uns auch im Unglück Geborgenheit schenkt, der mit uns geht, durch Dick und Dünn, der uns niemals im Stich läßt; der auch dann noch bei uns ist, wenn wir wie Jesus am Kreuz meinen rufen zu müssen: »Mein Gott, mein Gott, warum hast Du mich verlassen?«

Wir gehören für immer dem Herrn, der uns liebt. Was soll uns auch geschehen, er nimmt und er gibt (L. Zenetti).

Das »Unerhörte«: in Gottes Hand zu sein (Dag Hammarskjöld). *HDK*

Meine Zeit steht in deinen Händen. Errette mich von der Hand meiner Feinde und von denen, die mich verfolgen (Psalm 31, 16)

Wenn jemand gestorben ist, dann sagt meine kleine Tochter: »Der kuschelt jetzt beim lieben Gott.« Und wenn sie in der Nacht von Eulen und Katzen träumt, die ihr so Angst machen, dann kommt sie in unser Bett und kuschelt sich eng an uns und wird ganz ruhig und schläft weiter. Kuscheln ist für sie der Inbegriff von Geborgenheit. In einem Lied von P. Janssens heißt es einmal: »meinen schweren kopf/ in einen leichten schoß zu betten/ meine stirn/

in eine kühle hand/ den kaputten tag/ in einen dunklen schrank zu legen/ meine traurigkeit/ in ein gesummtes lied/ meinen kinderwunsch/in gottes großes ohr zu flüstern...« Kuscheln kann ich nur bei jemanden, der mich birgt, z. B. aus einer Angst oder aus einer Traurigkeit, und der mir etwas borgt, z. B. seine Nähe und sein großes Ohr. Für Bergen und Borgen aber steht Gott in der Taufe ein. Wie er birgt und borgt, das hat er uns in Jesus Christus gezeigt. Und wenn hier von Händen die Rede ist, dann sollten wir ruhig an die Hände Jesu Christi denken. Hände, die sich ausbreiten: Du darfst zu mir kommen, du darfst bei mir kuscheln...

Was Jesus für mich ist? Einer der für mich ist. Was ich von Jesus halte? Daß er mich hält (Lothar Zenetti). *JH*

Siehe, Gott steht mir bei, der Herr erhält mein Leben (Psalm 54, 6)

Mit dem Mythos gehen Gefühl und Bewußtsein bürgerlichen Geborgenseins verloren. Was das 'Haus' nicht mehr hergibt, kann diese Welt nicht ersetzen – Ökologie wird gerade dann geboren, wenn die Biedermänner sich als Brandstifter erweisen. In diesen ganzen ängstigenden Prozeß ist die christliche Religion einbezogen, als Vorreiter oder Nachhut, wie immer (»die Mythe log«, diagnostizierte Dr. Gottfried Benn, der unnachsichtig gegen sich selbst zeitweise in totaler Doppelexistenz lebte und: eben doch schrieb). Also beginne ich wieder mit dem biblischen »Siehe«, sieh, wie Gott nicht Gefühl und Bewußtsein von etwas anderem ist, sondern dich zum Christen macht, dich tauft, dir beisteht auf dem Weg des Kreuzes; nicht so, wie du es dir gedacht haben magst, wohl aber so, wie er es meint. Wenn du siehst und hörst, wie Gott es gut mit dir meint, führt dich das auf die Spur zu sagen: Gott will mein Leben erhalten, trotz des Todes. Das allerdings führt in die Tiefe des Taufgeschehens: Schöpfung und Neuschöpfung, Kreuz und Auferstehung. Nicht weniger als das heute so schwierige personale Du wird nun das ebenso wenig selbstverständliche Du der Gemeinde in den Blick kommen – beide in der Taufe von Gott zusammengeschlossen.

»Du bist, Herr, mein Licht und meine Freiheit, du bist, Herr, die Burg, da ich mich berge. Vor wem mich fürchten, vor wem erschrecken, da deine Hände das Land bedecken rings um mich« (Kurt Rose, Kirchentag '83). *JvSt-B*

Von allen Seiten umgibst du mich und hältst deine Hand über mir (Psalm 139, 5)

Deine Arme, Herr, um unser Kind, damit es geborgen, beschützt sei – getragen von deinen Armen – umarmt, geliebt in deinen Armen. –
Deine Hand über unserem Kind, schützend wie ein bergendes Dach, es

behütend vor den Unwettern dieser und künftiger Zeiten, beschirmend vor den Hagelschäden des Lebens.
Deine Hand, Herr, segnend über ihm, es mit (Tauf-)wasser benetzend, Wasser, das Leben, Wachstum, Gedeihen, Fruchtbarkeit und Segensfülle verspricht. –
Deine Hand über unserem Kind, – ausgestreckt nach ihm, damit es deine Hand fasse – ausgestreckt, daß du es herausziehest aus allen bedrohlichen Wassern, wie den Noah aus der Sintflut oder Petrus, den Kleingläubigen, Sinkenden – »Aus-der-Taufe-gehoben-sein«: Bild und Verheißung deiner Hand, die unser Kind aus allen Tiefen retten will, in denen es untergehen könnte...

»Gelobt sei deine Treue, die alle Morgen neue, Lob sei den starken Händen, die alles Unheil wenden« (EKG 42, 7) oder: »Nimm mich freundlich in die Arme, Herr, erbarme dich in Gnaden...« (EKG 48, 4).
KZ

Siehe, in die Hände habe ich dich gezeichnet. Deine Mauern sind immerdar vor mir (Jesaja 49, 16)

Es gibt Menschen, die in den Händen anderer lesen können. Sie erkennen darin wesentliche Merkmale einer Person, Zeichen für Lebenserfahrungen und voraussichtliche Entwicklungen. Die Taufe setzt für einen Menschen ein wesentliches Lebenszeichen. Gott läßt diesem Menschen zusagen: Mit diesem Zeichen binde ich mich an dich, wie sich ein Hirte an die von ihm gezeichneten Tiere bindet oder wie ein Ring an der Hand das Zeichen der Verbundenheit zweier Menschen ist. Ich bin dir in Liebe verbunden. Du darfst dich für dein Leben auch an mich binden. Dann wirst du wissen, was der Sinn deines Lebens ist. Bei dem, was du planst und schaffst, in allem, was dir gelingt oder nicht gelingt, in deinen Fortschritten und in deinen Frustrationen darfst du dich an mich wenden. Du bist getauft. Ich kenne dich und habe dich lieb.

Von guten Mächten wunderbar geborgen erwarten wir getrost, was kommen mag. Gott ist mit uns am Abend und am Morgen und ganz gewiß an jedem neuen Tag (Dietrich Bonhoeffer).

Herr, schicke, was du willt, ein Liebes oder Leides; ich bin vergnügt, daß beides aus deinen Händen quillt (E. Mörike).
RG

Hebe Deine Hände zu ihm auf um des Lebens Deiner jungen Kinder willen, die vor Hunger verschmachten an allen Straßenecken (Klagelieder 2, 19)

Vor Hunger verschmachtende Kinder – um sie zu sehen, muß ich nicht in Elendsviertel und Katastrophengebiete fahren. An den Straßenecken unserer zivilisierten Welt entdecke ich Kinder, die nach Liebe, Geborgenheit, beschützter Entfaltung hungern. Grund zur Klage ist genug: »Kinder unerwünscht«, »Ballspielen verboten«, jedes hundertste Kind in der westlichen Welt wird mißhandelt: Die Gründe sind oft Hilflosigkeit, das Gefühl der Sinnlosigkeit. Unsere Resignation und der Umgang mit unseren Kindern hängen direkt zusammen. – Gegen alle Resignation gibt Gott in der Taufe jedem von uns seinen Segen, jeder hat bei ihm seinen unschätzbaren Wert: das schafft Vertrauen. Gott will auch unsere Kinder mit Zutrauen und Geborgenheit satt machen – durch unsere Hände.

Wir danken, Herr, daß Du uns kennst, und einzeln uns beim Namen nennst. Weil wir in Deinem Schutze stehen, müssen uns Angst und Furcht vergehen. Wir danken, Herr, daß Du uns kennst (Dieter Trautwein, April 1984).

Jedes Kind bringt die Botschaft, daß Gott die Lust am Menschen noch nicht verloren hat (Tagore). *JK*

Wer ist unter euch Menschen, der seinem Sohn, wenn er ihn bittet um Brot, einen Stein biete (Matthäus 7, 9)

Statistik belegt, Abwehr bezeugt, Hilflosigkeit erklärt (zu einem Teil): Kinderfeindlichkeit gibt es bis hin zur Kindesmißhandlung. Wenn auch Kinder heute nicht mehr in Bergwerken arbeiten müssen, so sind die Strukturen unserer Tage gegen die Anfänger im Leben nicht weniger lieblos: In der »Dritten Welt« gibt es die Kinderarbeit nahezu überall, die erste Welt zeichnet sich durch Dauerkonsum, Medientotalität und erfahrungsreduzierende Wohnformen aus. In diese Zeit hinein werden die Kinder geboren – und wenn die Taufe einen Beginn markiert, dann den: Betet, bittet darum, daß die Erwachsenen, wir, ich, mit den Kindern zusammen leben lernen; so wie man nicht einfach Mutter oder Vater ist, sondern erst lernen muß, auf die Töne, die Worte, die Sätze zu achten, die ausgestreckte Hand, das abgewiesene Essen, das verweigert-erbetene Gespräch – all dies zu verstehen als Schritte ins eigene Leben. Nein, Steine geben statt Brot will niemand, auch nicht Steine in den Weg legen. Fundamente für unseren Weg, das brauchen Kinder wie wir Erwachsenen.

M. Luther (im Großen Katechismus, nachdem er zuvor die Stellung der Eltern »neben Gott« ausführlich eingeschärft hat): »(Gott) will nicht Buben noch Tyrannen zu diesem Ampt und Regiment haben, gibt ihm auch nicht darümb die Ehre, ... daß sie sich anbeten lassen, sondern denken, daß sie unter Gottes Gehorsam sind, ... ihre Kind allermeist zu Gottes Lob und Ehre aufzuziehen.« *JvSt-B*

Aber Jesus rief die Kinder zu sich und sprach: Laßt die Kinder zu mir kommen, hindert sie nicht, solchen gehört das Reich Gottes (Lukas 18, 16)

Wer will schon noch Kinder! Kinder machen Lärm, kosten zuviel Zeit und Geld. Gelegentlich versteckt sich unsere Kinderfeindlichkeit hinter moralischem Pathos: »Wie kann man heute überhaupt verantworten, Kinder in die Welt zu setzen!« – Eltern bringen ihr Kind zur Taufe. Auch dazu gehört Mut; denn nicht nur Kinderfremde, auch ernstzunehmende Christen melden Bedenken an und raten: »Warte ab! Laß Dein Kind später selbst entscheiden!« – Gute Gründe gegen die Kindertaufe oder versteckte Kinderfeindlichkeit, die das Erwachsensein, Verstehen-, Sichentscheidenkönnen überbewertet und Kindsein, Sichbeschenkenlassenmüssen abwertet? – Jesus sagt: »Laßt sie kommen, zur Welt, zu Euch, zu mir; gerade solchen wie ihnen, die noch nicht stark, erfahren und entscheidungsfähig, sondern auf Liebe und Beschenktwerden angewiesen sind, steht mein Reich offen.« Jesus ist auf Seiten der Kinder. Unsere Kinder werden die Eltern und unsere Gemeinde immer wieder auf harte Geduldsproben stellen, uns Konflikte zumuten – dennoch wollen wir sie an **uns** heranlassen und sie zu **Jesus** bringen, damit er sie liebevoll umarme, segnend beschenke und im Innersten anrühre. *KZ*

Was wird auf unser Kind zukommen? **Krankheit**

Gelobt sei der Herr, denn er hat seine wunderbare Güte an mir erwiesen in einer festen Stadt (Psalm 31, 22)

Ihr Kind ist getauft. Damit haben Sie kein christliches Sittensoll erfüllt. Damit ist etwas an Ihrem Kind und an uns allen geschehen: Die Taufe Ihres Kindes verbindet uns mit dem Gott, dessen Güte wir auch noch in der Tiefe loben können. Die feste Stadt: Das ist ja nicht nur eine antike und mittelalterliche

Sehnsucht. Sie alle kennen wahrscheinlich die Bilder dieser Städte: die Wälle, die dicken Mauern und Türme, mit denen Menschen sich vor dem Unglück zu schützen versuchten. Und dann wurden die Städte doch erobert. Mauern schützten niemanden mehr.
Wir wünschen Ihrem Kind, daß es behütet sein möge und beschützt. Wir denken und sagen's oft: Hauptsache Gesundheit! Das ist das Wichtigste! Aber auch Ihr Kind wird Krankheiten durchmachen müssen. Und die Krankheit zum Tode steckt in uns allen. Da helfen keine Mauern und keine Medikamente. Unsere Taufe verbindet uns mit dem Leben, mit seinem Ursprung und Ziel. Gott baut keine Mauern, um uns zu schützen. Er ist bei uns mit seiner Liebe. Möge Ihr Kind den Schutz der Geborgenheit erfahren, den die grenzenlose Liebe Gottes uns gibt in Gesundheit und Krankheit! Mögen wir gemeinsam mit Ihrem Kind den Gott loben lernen, dessen Güte bei uns ist!

Die Schwäche der Kraft besteht darin, nur an die Kraft zu glauben (P. Valéry).

HDK

Gott, tröste uns wieder und laß leuchten dein Antlitz, so genesen wir (Psalm 80, 4)

Nein, erspart bleiben wird Kranksein auch diesen Kindern nicht. Die aufregenden Wochen nach der Geburt sind oft genug schon von Sorgen um das (noch zu) kleine Kind, mindestens aber von der krisenhaften Umstellung in der Familie bestimmt. Und was kommt auf die Eltern zu, deren Kind behindert oder auf Dauer krank ist! Hat Gott sich abgewandt? Ein erster Trost für den, der damit konfrontiert wird, ist es, daß die Betroffenen viel tiefer reagieren und nicht im Lamentieren (das höchste Gut unserer Zeit ist »Gesundheit«!) steckenbleiben. Mehr noch, von wenigen Menschen erfahre ich so viel über die Kraft des Glaubens wie von denen, die wirklich krank sind und mit Tod und Leben ringen müssen. »Keine Energie geht verloren«, sagte mir eine Frau im Krankenhaus. Sie meinte die Energie der Glaubenden und die Hoffnung, daß Gott Leben erhält – über den Tod hinaus. Wenn das eine Grenze unserer Vorstellungskraft berührt, so wird zu sagen sein: Ja, Krankheit ist nicht nur Einbuße, Verlust und Niederlage; sie führt vor Gott, und wer ihn bittet, wie der Psalmist, dem wird er sich zuwenden. Das wird uns lebendig machen, neu leben, genesen lassen.

»Sein Heil und Gnaden, die nehmen nicht Schaden, heilen im Herzen/ die tödlichen Schmerzen, halten uns zeitlich und ewig gesund.« EKG 346, 8

Ulrich Bach: »Gott will, daß dieses Leben im Rollstuhl mein Leben ist.« *JvSt-B*

Weinen hat seine Zeit und Lachen hat seine Zeit, Klagen hat seine Zeit und Tanzen hat seine Zeit (Prediger 3, 4)

Ob ich den denn überhaupt taufen könnte, so wurde ich gefragt. Das sei doch sinnlos. Marc war damals acht Jahre alt. Geistig und körperlich behindert seit dem zweiten Lebensjahr, als er eine Murmel verschluckte und daran beinahe erstickt wäre. Einer, der nie lernen wird, zu sprechen und zu gehen, der nie wird tanzen können und dessen Klage immer unartikuliert bleibt. Weinen konnte er und von Herzen lachen, das habe ich erlebt. Marc ist ein Kind, das sich nie wird verhalten können zu seiner Taufe. Das in unserer rationalistischen Welt weder ein Glaubensbekenntnis sprechen noch sich verweigern kann. Ob ich Marc taufen durfte? Welche Frage! Wenn nicht ihn, wen dürfen wir dann überhaupt taufen? Gott macht sich uns zum Bruder und zur Schwester. Er tut das nicht, weil wir uns diesen Anspruch verdient hätten, sondern allein aus Gnade. Im Vertrauen auf diese Zusage taufen wir. Wir taufen Kinder, deren Lebensweg wir nicht vorherplanen können. Wir dürfen hoffen, daß sie gesund und lebensfroh werden, selbständig und kräftig. Aber wir dürfen wissen, daß sie auch in Krankheit und Leid, ja selbst im Tod nicht allein gelassen sind. Daß auch eingeschränktes Leben sinnvolles Leben ist, darin will uns die Taufe gewiß machen. *GL*

Was wird auf unser Kind zukommen? **Schutz gegen Böses**

Auf dich habe ich mich verlassen vom Mutterleib an; vom Mutterschoß an bist du mein Schutz. Dich rühme ich immerdar (Psalm 71, 6)

Der alte Beter hat Zuflucht gefunden im Heiligtum. Hier steht er unter dem Schutz Gottes. Hier ist er gefeit vor denen, die ihm Böses tun wollen. – Mein Kind wird in einer Kirche getauft: ein Ort, in dem ich mein Kind geschützt weiß. Draußen aber ist es anders. Da lauern Gefahren, da gibt es Krankheit und falsche Freunde, da wird geschlagen, getreten, gequält, gebeugt. »Sind so kleine Hände, winz'ge Finger dran. Darf man nie drauf schlagen, die zerbrechen dann. – Sind so kleine Seelen, offen und ganz frei. Darf man niemals quälen, gehn kaputt dabei.« (B. Wegner). – Wie ist das mit dem Schutz für mein Kind draußen? Der alte Beter ist von draußen gekommen, hat Böses erfahren. Mich überrascht es, wenn er dennoch mit großer Gewißheit sagt, daß sein Leben vom Augenblick der Geburt an in Gottes Hand steht. Für ihn gibt es den verläßlichen Schutz! Einem Zweifler würde der alte Beter vielleicht dieses erzählen: »Ein Mensch ging mit Gott am Strand spazieren. Er blickte zurück und sah Gottes Fußspur und seine. Nur manchmal sah er nur seine. Da sagte er zu Gott: 'Wo warst du da? Da hätte ich dich so gebraucht!' Und Gott sagte: 'Du, da habe ich dich getragen, nur du hast es nicht gemerkt.'« *JH*

Er hat seinen Engeln befohlen, daß sie dich behüten auf all deinen Wegen (Psalm 91, 11)

Das wünschen wir uns zur Taufe, daß Gott seine guten Geister sende, die unser Kind behüten mögen. Es können anscheinend gar nicht genug Schutzengel sein! (»Abends wenn ich schlafen geh, 14 Engel um mich stehn...«). Er befiehlt seinen Engeln, daß sie unser Kind behüten; die Zusage gilt – aber sie kann zur Versuchung werden: der Versucher hat sich Jesus gegenüber auf dies Wort berufen, um ihn an der Erfüllung seines Lebens zu hindern: »Laß dich behüten!« – Auch für Eltern ist es eine Versuchung, ihr Kind um alles in der Welt behütet aufwachsen lassen zu wollen, ihm jede Gefahr, Belastung, Opfer, Schmerz ersparen zu wollen. Ein total behütetes Leben aber könnte verfehltes Leben sein. – Wir wollen unser Kind dem Schutz Gottes anvertrauen und bei unserem Kind Vertrauen zu Gott wecken, ein Vertrauen aber, das nicht aus Ängstlichkeit geboren ist, sondern zum Lebensmut, zur Selbstpreisgabe freimacht. Christus hat die Nähe der Engel Gottes auch auf dem Wege zum Kreuz erfahren. Aber dort (in Gethsemane) hat ihn der Engel nicht vor dem Leiden behütet, sondern zur Selbstpreisgabe **gestärkt!**

»Von guten Mächten wunderbar geborgen...« (Bonhoeffer) – vorher aber steht die Strophe von »dem schweren Kelch, dem bitteren des Leids...« *KZ*

Der Herr behüte dich vor allem Übel; er behüte deine Seele (Psalm 121, 7)

Das ist sicher ein schönes Wunschwort für den Tauftag Ihres Kindes – und für alle seine Lebenstage! Wir möchten, daß dieses Kind vor allem Übel behütet und bewahrt bleibt. Aber wir wissen, wie begrenzt unsere Möglichkeiten sind, Ihr Kind vor Bösem zu schützen. Wir taufen Ihr Kind heute: Wir stellen es unter Gottes Schutz. Auch getaufte Kinder müssen Unheil, Unglück und Krankheiten durchmachen und ertragen. Aber sie haben die Zusage, daß Gott immer bei ihnen ist und bei ihnen bleiben wird, was auch geschehen mag. Eltern und Paten, wir alle können Ihr Kind zu dem Gott hinführen, der uns im Schutz seiner Liebe geborgen sein läßt, der uns auch in bösen Tagen mutmachende Hoffnungskräfte schenkt. Wir taufen Ihr

Kind heute. Sein Leib und seine Seele stehen nun unter Gottes Schutz. Er behüte die Seele Ihres Kindes: Er gebe ihm ein mutiges, festes Herz! Denn unter Gottes Schutz geht niemand verloren, was auch immer er verlieren mag.

Wir bitten deine Güte, daß sie hinfort behüte uns Große mit den Kleinen; du kannst's nicht böse meinen (EKG 227,7).

Ich glaube, daß Gott uns in jeder Notlage soviel Widerstandskraft geben will, wie wir brauchen. Aber er gibt sie nicht im voraus (Dietrich Bonhoeffer). *HDK*

Der Herr ist treu, der wird euch stärken und bewahren vor dem Bösen (2. Thessalonicher 3, 3)

Von Gottes Treue leben wir. Punktum. Das gibt uns Mut, die Kinder im Vertrauen darauf zu taufen und damit von Gott in dieses Leben einbezogen zu wissen. 2. Punkt. Darum kann das Böse böse und der sündigende Mensch gerecht genannt werden. 3. Punkt. Wem das zu dogmatisch wird, der bleibe trotzdem bei dieser Reihenfolge. Denn sonst wird zu leicht ein Ethisieren und Projektieren daraus – mitten in der allerchristlichsten Gemeinde und Predigt. Das Böse (in mir) sind die andern, und der Glaube ist nicht jedermanns Sache, also sind wir die besseren Christen und nur durch den allgemeinen Abfall ist die Welt so schlecht, wie wir sie sehen... Nein, nein, Gott in seiner Treue hält sogar zu dieser so gefährdeten Welt, allerdings auch, indem er sich verborgen hält und den Menschen nur noch sich selbst sehen läßt. Daß Gott sich treu bleibt, ist der ganze Grund seiner Zuwendung und bestärkt uns in aller Hoffnung und aller Liebe, die wir als Glaubende in diese Zeit hineingeben können. Dadurch werden auch die Kinder erfahren, wer in der Gefährdung zu ihnen hält und sich so erweist als der, der er ist: der treue Gott.

»Er spricht wie an dem Tage, da er die Welt erschuf. Da schweigen Angst und Klage; nichts gilt mehr als sein Ruf! Das Wort der ewgen Treue, die Gott uns Menschen schwört, erfahre ich aufs neue so wie ein Jünger hört« (J. Klepper). *JvSt-B*

Was wird auf unser Kind zukommen? **Zukunft**

Der Herr wird's für mich vollführen. Herr, deine Güte ist ewig. Das Werk deiner Hände wollest du nicht lassen (Psalm 138, 8)

Ein kleiner Junge geht zum ersten Mal zum Einkaufen. Er traut sich aber nicht recht und bittet seinen Freund, daß er mitgeht. Und der tut das selbstverständlich, wie es sich unter Freunden gehört. Alles klappt bestens. Als das

Wechselgeld zurückgegeben ist, fragt der Verkäufer den Freund: »Na, und du Kleiner, was möchtest du?« Darauf die Antwort: »Gar nichts, ich bin nur mit.«
Ich bin nur mit! Der Junge kauft nicht für seinen Freund ein. Er nimmt ihm seine Arbeit nicht ab. Er geht einfach nur mit. Und dadurch bekommt der andere Mut...
Am Tauftag weiß keiner, was aus dem Kind einmal wird. Es wird lernen, seinen Lebensweg selbst zu finden. In eine Zukunft, die vielen von uns bedrohlich erscheint. Wie viele Umwege erforderlich sind, wie viele Sackgassen betreten werden, wer wagt das schon vorauszusagen?! Zusagen dürfen wir dem Täufling, daß er auf diesem Weg nicht allein gelassen ist. Gott ist mit! Das macht das Leben nicht leichter und leidensfreier. Aber diese Zusage macht Mut, Schritte in eine ungewisse Zukunft zu wagen. Wie sonst sollte Leben gelingen?

Ich möcht', daß einer mit mir geht, der's Leben kennt, der mich versteht, der mich zu allen Zeiten kann geleiten. *GL*

Ich will ihnen einerlei Sinn und einerlei Wandel geben, daß sie mich fürchten ihr Leben lang, damit es ihnen wohlgehe und ihren Kindern nach ihnen (Jeremia 32, 39)

Eltern und Paten schenken ihrem Kind zur Taufe Gaben, die auf Zukunft ausgerichtet sind (Besteck für Aussteuer, ein Sparbuch). Auch Gott will in der Taufe unserem Kind etwas schenken, das Zukunft eröffnet, damit es ihm lebenslang wohlgehe und den Kindern dieses Kindes auch noch! – Seltsames Taufgeschenk: »einerlei Sinn und einerlei Wandel«! – keine uniformierte Einheitsgesinnung, kein normiert eintöniger Lebenswandel, sondern der reiche Geschenkkorb des Christusgeistes und des Christussinns, der eine Fülle von Gaben enthält, vielfältig, wie es auch die Schöpfungsgaben Gottes sind. Zukunftsversprechend ist dieser »einerlei Sinn«, weil er ein Geist des Füreinanders ist, »einerlei Wandel«, weil es ein Weg des Miteinanders und keine Aufmarschstraße des Widereinanders ist, eine Gesinnung, die durch Verzeihen verstellte Wege wieder gangbar macht. – Zu all dem gehört, daß unser Kind lernt – und wir dürfen ihm dabei helfen –, Gott zu achten (»zu fürchten«), seine Geschöpfe, die er so sehr liebt, zu achten und seiner schönen (gefährdeten!) Schöpfung achtsam und ehrfurchtsvoll zu begegnen.

Lied: »Was sollen wir dir wünschen?« (M.G. Schneider, Sieben Leben). *KZ*

Es soll meine Freude sein, ihnen Gutes zu tun, und ich will sie in diesem Lande einpflanzen, ganz gewiß, von ganzem Herzen und von ganzer Seele (Jeremia 32, 41)

Wir haben Ihr Kind eben getauft. Nun ist es für immer und ewig mit Gott verbunden. Nun haben wir die Gewißheit, daß es Gott eine Freude sein wird, ihm Gutes zu tun. Freude empfinden wir über das Geschenk des Lebens, das Ihnen und uns allen mit Ihrem Kind anvertraut ist. Aber wir denken auch weiter, über diesen Tag hinaus. In was für eine Welt wird Ihr Kind hineinwachsen, wenn es so weiter geht: Hochrüstung, Kernkraftkatastrophen und Umweltzerstörung? Wie wird sich das Leben Ihres Kindes entfalten? Wie wird seine Zukunft sein? Es gibt soviel Bedrohliches! Die Sorge redet uns in unsere Freude hinein. Gott will, ganz gewiß, von ganzem Herzen und von ganzer Seele, daß Ihr Kind eingepflanzt bleibt in unsere Welt, daß es in Gottes guter Schöpfung Raum zum Leben, zum Wachsen, zum Gedeihen, zum Blühen und zur Freude findet. Das macht mir Hoffnung und gibt mir Mut, den lebensbedrohenden Kräften zu widersprechen, die unsere Welt, die Gott auch für unsere Kinder und Kindeskinder geschaffen hat, zu verderben drohen. Gott schenkt uns eine Zukunft, die Leben heißt: Ihrem Kind und uns allen. Wir brauchen uns nicht mit dem Tod und der Sorge zu verbünden. Ihr Kind ist getauft. Wir sind es auch.

HDK

Ich bin derselben guten Zuversicht, daß, der in euch angefangen hat das gute Werk, der wird's auch vollführen bis an den Tag Jesu Christi (Philipper 1, 6)

Aller Anfang ist schwer. Das wird auch dieses kleine Kind erfahren. Laufen lernen ist schwer, sprechen lernen ist schwer. Die Eltern müssen es mitansehn, wie Kinder sich abmühen. Eltern können zwar helfen, einen Rat geben und begleiten. Aber die Klassenarbeiten schreibt das Kind selbst. Gott hat schon einen Anfang gemacht mit dem Kind. Er wollte, daß es lebt. Er sagt ja zu ihm, bevor es selbst ein einziges Wort sagt. Dieser Anfang gibt Hoffnung auch für die Zukunft. Wer in diesem kleinen, winzigen Menschen entdeckt, daß Gott bereits etwas angefangen hat, wird auch die Zukunft in dessen Hände legen können. Gott macht keine halben Sachen. Er beginnt nichts, was er dann liegen läßt. Seine Werke sind alle gut. Am Anfang schuf Gott Himmel und Erde. Alles, was er begonnen hat, will er zum Ziel führen. Zukunft heißt, Gottes Weg wagen.

Ausgang und Eingang, Anfang und Ende liegen bei dir Herr, füll' du uns die Hände (Jochen Schwarz).

Denen, die Gott lieben, verwandelt er alles in Gutes, auch ihre Irrwege und Fehler läßt Gott ihnen zum Guten werden (Aurelius Augustinus).

EB

Die Guttaten des Herrn sind noch nicht aus, ja, sie sind noch nicht zu Ende. Jeden Morgen neu ist sein Erbarmen, und groß ist seine Treue (Klagelieder 3, 22).

Ein Kind, das sein Leben noch vor sich hat, das sich noch nicht auf eingefahrenen Geleisen bewegt, das noch nicht etikettiert und eingeordnet ist. Die Eltern legen das Fundament, damit das Kind möglichst viele Chancen wahrnehmen kann. Andererseits wissen die Eltern um die Bedrohungen, denen das menschliche Leben ausgesetzt ist – um das, was das Kind als Einzelwesen und um das, was es als Mitglied verschiedener Gruppen zu bestehen und zu überstehen haben wird. Sie wollen ihm Halt und Stütze sein. Gott hat zugesagt, daß er ihnen in Vorsorge und Bewahrung treu zur Seite stehen und mit seinen Guttaten und seinem Erbarmen das Seinige beisteuern will.

Laß uns dem Leben trauen, weil wir es nicht allein zu leben haben, sondern Gott es mit uns lebt (Alfred Delp).

Von guten Mächten treu und still umgeben, behütet und getröstet wunderbar, so will ich diese Tage mit euch leben und mit euch gehen in ein neues Jahr (Dietrich Bonhoeffer).

BR

Konfirmation

Einführung

Wie Pfarrerinnen und Pfarrer die Konfirmation auch immer gestalten – sie begleiten damit Eltern und Jugendliche an einem wichtigen Abschnitt ihres Lebens und Zusammenlebens und stellen diese Zeit mit dem, was sie sagen und tun, unter das Wort Gottes.

Für Eltern und Kinder markiert die Konfirmation, unbeschadet ihrer sonstigen Deutungen, den Übergang von der Kindheit in das Jugendalter. In den Gesichtern der Eltern, in den Gedanken und Wünschen, mit denen sie ihre Kinder an diesem Tag begleiten, schimmert viel von dem durch, was sie im Rückblick auf die vergangenen gemeinsamen Jahre empfinden. Die Erwartungen an die Zeit, die vor den Jugendlichen liegt, ist für viele Eltern heute angstbesetzt. Die Hoffnung auf ein geglücktes Leben ihrer Kinder verbindet sich bei vielen mit dem Wissen um die Gefährdung dieser No-future-Generation. Viele Jugendliche sind zur Zeit der Konfirmation sehr mit der eigenen Entwicklung beschäftigt. Sie versuchen, zu sich selbst zu finden, und wissen gleichzeitig, daß sie noch auf Jahre hinaus von ihren Eltern abhängig sein werden. Das macht sie verletztlich und empfindsam gegenüber jeder Form von Fremdbestimmung. Nicht wenigen Familien wird an diesem Tag eine schmerzliche Seite ihrer Familienbiographie bewußt: Die Zahl der Jugendlichen nimmt zu, deren Eltern geschieden, wieder verheiratet oder alleinerziehend sind. Auch ein unbefriedigend gewordenes Verhältnis zur Kirche kann an diesem Tag belastend wirken. Die Konfirmation als öffentliches Ereignis erfordert viel Verzicht auf Privatheit bei den Familien der Konfirmanden.

Am Konfirmationstag steht deshalb in sehr komplexer Weise auch die Frage nach dem Sinn des Lebens zur Diskussion. Konfirmation ist nicht zuletzt der Versuch, diese Frage in einer bestimmten lebensgeschichtlichen Situation vom christlichen Glauben her aufzunehmen und so zu beantworten, daß Eltern und Jugendliche Deutungen und Perspektiven im Horizont des Christlichen gewinnen. Es geht um den Zuspruch der Kraft, die der menschenfreundliche Gott Jesu Christi uns in Lebenskrisen gibt. Um die Treue, die er uns hält bei allen Wandlungen, die wir durchmachen. Und um die Hoffnung auf ein Zusammenleben im Geist des Friedens.

Die Entwürfe dieses Kapitels lassen sich hier einordnen. Die Autorinnen und Autoren greifen Fragestellung auf, die im Schnittpunkt von Tradition und Situation deutlich werden. Sie markieren mit wenigen Stichworten einen ganzen Horizont oder beschreiben ausführlich einen Aspekt. Dies spiegelt unterschiedliche Arbeitsweisen und kommt den Interessen derer entgegen, die diese Skizzen benutzen. So lassen sich diese Entwürfe auch mit Deutungen der Konfirmation in Verbindung bringen, die an anderer Stelle im Konfirmationsgottesdienst anklingen.

Das Kapitel ist, ohne systematisch-theologischen Anspruch, eher assoziativ unterteilt:

Unter »Wachsen wie ein Baum« finden sich Skizzen, die bei der Situation des Erwachsenwerdens ansetzen und Fragestellungen aufnehmen, die sich von daher mit der Konfirmation verbinden, und Vertrauen in Gottes gute Schöpfung konkretisieren.

Das Lied »Ich möcht', daß einer mit mir geht...« kommt dem Lebensgefühl vieler Jugendlichen im Konfirmandenalter entgegen. Es deutet hier die Möglichkeit an, Konfirmation mit der Identitätsproblematik in Verbindung zu bringen angesichts der Ablösung vom Elternhaus, bei der Suche nach dem eigenen Weg, in der Auseinandersetzung mit den Weggefährten, im Scheitern und Hoffen... Dabei geht es für manche Konfirmanden auch um die Gewinnung einer eigenen Identität im Bekenntnis zu Jesus Christus.

Unter »Der Himmel geht über allen auf« sind Entwürfe zusammengestellt, die Nähe zu parochialen Motiven bei der Konfirmation haben und Orientierung im Horizont der Gemeinde anbieten.

Daß Konfirmieren nicht nur den punktuellen Akt im Konfirmationsgottesdienst meint, wird in diesem Kapitel ebenfalls deutlich: Rund ein Drittel der Skizzen bezieht sich auf Situationen außerhalb des Konfirmationsgottesdienstes.

RS

Hinweise zu den Liedern

Im Kapitel Konfirmation ist auch auf Lieder außerhalb des EKG hingewiesen. Diese Lieder sind hier in alphabetischer Reihenfolge aufgeführt. Die Angaben zum Fundort beziehen sich auf folgende Beihefte und Liederbücher:

Anhang 77:	Anhang 77, Neue geistliche Lieder, Hänssler-Verlag Neuhausen-Stuttgart 1977 (für Baden und Pfalz).
SC:	Singe, Christenheit – Beiheft zum Evang. Kirchengesangbuch für die EKHN und EKKW, Bärenreiter-Verlag Kassel, 1981.
Liederheft:	Liederheft für die Gemeinde – Auf und macht die Herzen weit (Bayern), Evang. Presseverband München 1982.

Kirchentag 83: Kirchentagsliederheft '83 – Umkehr zum Leben, zugleich Beiheft zum EKG Ausgabe Niedersachsen, Hänssler-Verlag Neuhausen-Stuttgart 1983.

Beiheft 84: Singt und dankt, Beiheft '84 zum EKG für die EKiRh, Bärenreiter-Verlag Kassel 1984.

Mein Liederbuch: Mein Liederbuch – für heute und morgen, tvd-Verlag GmbH, Parkstr. 20, 4000 Düsseldorf 30, Notenausgabe.

Mein Kanonbuch: Mein Kanonbuch, tvd-Verlag (wie oben) 1986.

Andere Fundorte sind einzeln bei den Liedern ausgewiesen.

Danke für diesen guten Morgen..., Anhang 77, 808; SC 729; Liederheft 689; Beiheft 84, 723; Mein Liederbuch B 1.

Das eine Brot..., SC 650; Kirchentag 83, 670.

Das wünsch' ich sehr... (Kanon), Mein Kanonbuch 56.

Der Himmel geht über allen auf..., (Kanon), Liederheft 673;
Mein Liederbuch B 61; Mein Kanonbuch 207.

Du bist da, wo Menschen leben..., Kirchentag 83, 699.

Du hast uns, Herr, gerufen..., Anhang 77, 813; SC 663; Liederheft 600; Beiheft 84, 640.

Entdeck bei dir, entdeck bei mir..., Mein Liederbuch B 88 (Melodie: P. Janssens), B 89 (Melodie: O.G. Blarr).

Freunde, daß der Mandelzweig..., Kirchentag 83, 701; Mein Liederbuch B 127.

Gebet nicht auf in den Sorgen dieser Welt... Vers 3 von: Halleluja, hallelu – Halleluja, Mein Liederbuch B 20.

Herr, deine Liebe ist wie Gras und Ufer..., Anhang 77, 836; SC 756; Liederheft 662; Beiheft 84, 710; Mein Liederbuch B 14.

Herr, zeige uns den Weg..., Kirchentag 83, 704

Hilf, Herr, meines Lebens..., Anhang 77, 616; SC 760; Liederheft 715; Beiheft 84, 713.

Ich kenne eine Straße..., Mein Liederbuch B 52.

Ich lobe meinen Gott..., Liederheft 622; Mein Liederbuch B 102.

Ich möcht', daß einer mit mir geht..., Liederheft 671; Beiheft 84, 664; Mein Liederbuch B 4.

Ich möchte Hoffnung sein..., Kirchentag 83, 711.

Ihr werdet die Kraft des Heiligen Geistes..., Anhang 77, 645; SC 643, Kirchentag 83, 654; Beiheft 84, 627.

Im weiten Bogen Zeit..., Materialheft 46/47 der Beratungsstelle für Gestaltung, Eschersheimer Landstr. 565, 6000 Ffm, S. 344f.

In deinen Augen kann ich schöner werden..., Materialheft 46/47 der Beratungsstelle für Gestaltung Frankfurt (s.o.), S. 343.

In Gottes Namen wolln wir finden..., in: Ich liebe das Leben, P. Janssens Musikverlag Telgte.

Komm, bau ein Haus..., SC 822; Liederheft 744; Mein Liederbuch B 83.

Komm, Herr, segne uns...; Liederheft 652; Kirchentag 83, 661; Beiheft 84, 652; Mein Liederbuch B 84.

Komm, sag es allen weiter..., Anhang 77, 852; SC 700; Liederheft 654.

Laßt uns gehn in unser Land..., Anhang 77, 855; SC 782.

Neue Hoffnung, neues Leben..., Mein Liederbuch B 103

O Herr, mach mich zu einem Werkzeug deines Friedens..., Anhang 77, 619; SC 681; Kirchentag 83, 612; Mein Liederbuch B 11.

Segnet doch die, die euch fluchen..., Materialheft 46/47 der Beratungsstelle für Gestaltung Frankfurt (s.o.), S. 338f.

Selig seid ihr..., Kirchentagsliederheft Hamburg 1981 (vierstimmiger Satz), Liederheft 684 (vierstg. Satz), Mein Liederbuch B 97.

Tragt in die Welt nun ein Licht..., W. Longardt, Spielbuch Religion, Benzinger Verlag/Kaufmann Verlag, Zürich/Lahr, 1974, 6.105 u.ö.

Unser Leben sei ein Fest..., SC 784; Liederheft 745; Kirchentag 83, 756; Mein Liederbuch B 37.

Vertrauen wagen..., Kirchentag 83, 604.

Von guten Mächten wunderbar geborgen..., Anhang 77, 876 (Melodie: Abel); Liederheft 659 (Melodie: S. Fietz); Kirchentag 83, 677 (A.); Beiheft 84, 615 (A.); Mein Liederbuch B 76 (F.).

Wir haben Gottes Spuren festgestellt..., Mein Liederbuch B 80.

Wo ein Mensch Vertrauen gibt..., Liederheft 717, Kirchentag 83, 723

Geschichten – Textnachweise

Im Kapitel Konfirmation wird auf Texte und Geschichten aus folgenden Publikationen hingewiesen:

Das Hemd des Glücklichen, hg. von D. Steinwede, Gütersloh 1977.

Das Menschenhaus – ein Lesebuch für den Religionsunterricht, hg. von H. Halbfas, Zürich, Stuttgart, Düsseldorf 1975. Dein Glaube ist wie ein Baum – ein Jugendkatechismus, von W. Armbrüster, Burckhardthaus-Laetare Verlag, Offenbach 1985

Gebete zum Frieden, hg. von U. Seidel und D. Zils, Jugenddienstverlag Wuppertal/Gelnhausen.

Himmel ist überall, GTB 760, Gütersloh 1985.

Die Kurzgeschichten »Wir verkaufen keine Früchte, wir haben nur den Samen...« und »Der Vogel Merops« finden sich in: Die Blumn des Blinden, kurze Geschichten zum Nachdenken, hg. von L. Graf, U. Kabitz u. a., München 1983, Nr. 146 und Nr. 177.

Die »Lebensregeln für ältere Menschen im Verhältnis zu jüngeren« stehen in: Späte Freundschaft – Carl Zuckmayer/Karl Barth in Briefen, TVZ Zürich 1978, S. 56–57.

»Herr, ich werfe meine Freude wie Vögel an den Himmel...«: Das ganze Gebet findet sich u. a. in Fritz Pawelzik, Ich werfe meine Freude... – Gesammelte Gebete aus Afrika, Aussaat-Verlag Wuppertal 1977, S. 9ff, die Vertonung (Kanon) von Fritz Baltruweit in Mein Kanonbuch Nr. 187.

Und der Herr sprach zu Abram: Geh aus deinem Vaterland und von deiner Verwandtschaft und aus deines Vaters Haus in ein Land, das ich dir zeigen will (1. Mose 12, 1)

Wie unbekanntes Land liegt das Leben vor Konfirmanden. Was werden sie entdecken: Dürre Wüste, frische Quellen, tiefe Täler, hohe Berge, schützende Höhlen? – Abschied und Aufbruch: heraus aus dem bergenden Nest der Kindheit. –
An alle, die es gut mit mir meinen: Laßt mich aufbrechen in mein eigenes Leben. Gebt mir Spielraum. Ich bin anders. Ich wünsche mir, daß ihr euch darüber freut. Eure Freude wird mich umhüllen. – Gott gibt Mut, das Land des eigenen Lebens zu entdecken: den eigenen Körper, die eigenen Gefühle, Begabungen, Freunde. Nicht alles bringt weiter. Lerne unterscheiden. Auch Umwege haben ihren Sinn. Du kannst zum Blühen bringen, verdorren lassen. – Gott will Begleiter sein. Geh in das Land deines Lebens. Wenn du gehst, wirst du ankommen. Wenn du redest, wirst du deine eigenen Worte finden. Wenn du fragst, wirst du Antwort entdecken, die weiterführt. Wenn du deine Gefühle wahrnimmst, wirst du verborgene Kräfte in dir spüren. Wenn du probierst, wer du sein könntest, wirst du reich bleiben an Möglichkeiten. Du selbst, mein Kind, bist das spannende Land. Ich will mich an dir freuen. Gott segne dein Gehen und Ankommen. –

Lied: Laßt uns gehn in unser Land… *ISch*

Ahmt nun Gott nach als die geliebten Kinder (Epheser 5, 1)

Jung sein: Sich auf das Leben einspielen. Den Konfirmierten ist zugetraut: Spielt Gott nach. Probiert euch darin aus. – Auf der Suche nach dem eigenen Selbst das Bild Gottes in sich entdecken: Wer bin ich? Wer kann ich sein? Wie kann mein Leben gelingen? Wie lebe ich so, daß ich nicht gelebt werde? Familie, Schule, peergroup, Gesellschaft – sie binden und formen, tragen und schützen, aber sie engen auch ein, entstellen und beschädigen. – Konfirmation: zu Gott gehören, geliebt sein. Bestätigung erfahren in aller Unzulänglichkeit; sich nicht minderwertig fühlen (müssen), sich selbst lieben und annehmen können: 'ich bin wertvoll – ich bin ganz – ich bin schön' (auch in der drängenden Körperlichkeit). Zeit haben, um sich auszuprobieren. Nachahmen dürfen, ohne ausgelacht zu werden: Kleidung, Frisur, Bewegen und Reden. Sich orientieren am Denken, Fühlen und Gesinntsein anderer. Entdecken, was zu einem selbst paßt und was nicht – an Traditionen, Erfahrungen und Werten. Den eigenen Entscheidungen trauen. Und: Grenzen akzeptieren lernen. – In Einklang sein mit sich selbst, mit Gott. Das Anspruchsvolle nicht meiden. Berührung mit Fremden und Ungewöhnlichem wagen. Darin Gott spüren.

Lied: Alles ist an Gottes Segen… (EKG 300, 1–4)

»Das Beste bekommt man umsonst« (D. Sölle). *ISch*

Gott hat euch zur Freiheit berufen (Galater 5, 13)

Die Konfirmandenzeit ist zu Ende: Endlich frei! – Oder doch nicht? Welches Maß an Freiheit haben die Jugendlichen in der Gemeinde erlebt? Will ich, kann ich die Konfirmand(inn)en wirklich freigeben? – Wozu? Wohin?
Am intensivsten lernen wir durch Erleben, durch Nachmachen oder Vermeiden, durch alltägliche und nicht alltägliche Vorbilder. Welche Freiheit sehen die Jugendlichen bei mir? Bei den Erwachsenen? Erleben sie Menschen, die sich alle Freiheit(en) herausnehmen, ansonsten aber ängstlich darauf bedacht sind, daß möglichst alles geregelt wird? Schließlich kann doch nicht jede(r) machen, was er (sie) will! – Oder erfahren sie: Beweglichkeit, Offenheit, Verzicht auf »angeborene« Rechte, Großzügigkeit, Freisetzung, Einsatz für Befreiung? Diese Sprache ist deutlicher als jedes Wort. Jesus hat einen Maßstab für die Freiheit gesetzt, besser noch: verkörpert. Er hat seine Qualitäten (in allem Gott gleich zu sein), seine Möglichkeiten nicht für sich behalten, sondern freiwillig aufgegeben, um anderen damit zu dienen. »Er wurde ein Mensch in dieser Welt und teilte das Leben der Menschen« (Phil 2). Das ist sein Vorbild. Auch für die Jugendlichen. In unserm Land.

Lied: Herr, deine Liebe ist wie Gras und Ufer *FS*

Gott hat euch zur Freiheit berufen (Galater 5, 13)

Menschen haben für Menschen Gefängnisse eingerichtet, sichtbare aus Stein und unsichtbare aus Meinungen, Moral, Verhältnissen. Menschen sind eingesperrt in soziale, ökonomische und politische Strukturen. Ich bin es auch. Jeder Eingriff in die Freiheit des Menschen ist aber eine Beleidigung Gottes. Ein wesentliches Element des christlichen Glaubens ist die Befreiung des Menschen. »Herr, es gibt überall Gefängnisse, und ich weiß, daß du das nicht liebst. Es gibt Gefängnisse, die sich nicht verbergen… und solche, die unsichtbare Gitter haben, die man nicht erfassen und an denen man nicht vor Wut rütteln kann… Es gibt Gefängnisse, in denen die Henker wüten ... und solche, die man anders nennt: Elendswohnung, Stadt, Fabrik, Ball, Disco, Regime, System, AG, Vertrag, Gesetz, Verfügung. Gefängnisse, die der Mensch Schritt für Schritt eingerichtet hat aus Egoismus, Stolz und Habsucht. Herr, du bist es nicht, der sie erfunden hat.« (nach Michel Quoist) Die unsichtbaren Gefängnisse sind es, die verwunden. Sie löschen die Freiheit aus, die wahre Freiheit... »Wohlan, Kind, unterschreibe, marschiere, demonstriere, schlage dich, damit alle Gefangenen der unsichtbaren Gefängnisse frei werden. Denn ich, euer Gott, habe euch frei geschaffen.«

FS

Alles, was ihr tut, das tut von Herzen als dem Herrn und nicht dem Menschen (Kolosser 3, 23)

'Über den Wolken kann die Freiheit grenzenlos sein' (R. May) – Grenzenüberschreitende Freiheit. 'Mit der Leichtigkeit der Vögel'. Hochfliegende Träume, die ins Grenzenlose entschwinden? – Konfirmiert werden – Spannung zwischen Freiheit und Begrenzung ausprobieren, aushalten lernen. Selbst bestimmen können, was man braucht, will, mag. Sich nicht immer nur nach anderen richten müssen, danach, was die denken, tun und sehen wollen – die Eltern, Lehrer und die anderen Leute. – Das eigene Leben entdecken und spüren. Leben mit ganzem Herzen und allen Sinnen. Nicht halbherzig, in Gedanken bei dem, was in den Medien als das große Leben vorgespielt wird. Selbst leben! – Freiheit ausprobieren und die Haut als Zeichen der eigenen Begrenzung spüren. Sich bewußt im eigenen Körper erleben. Darauf bauen, daß man sich nicht auflöst, verflüchtigt. Lebendigkeit in sich fühlen: Freude und Trauer. Sich darauf verlassen können. Nicht ständig 'aus der Haut fahren', high sein müssen. Sich in den eigenen Begrenzungen auch geborgen wissen. Glauben, daß hier der Ort ist, wo Gott mir begegnet. – Erfahrungen einer schwarzen Sängerin: 'Gott ist nichts, was du von was anderem getrennt angucken kannst, einschließlich dir selbst... Gott ist in dir drin und in jedem anderen auch. Du kommst schon auf die Welt mit Gott. Aber nur, wer innen sucht, findet es... Gott mag die ganzen Gefühle. Das ist was vom Besten, was Gott gemacht hat. Und wenn du weißt, daß Gott sie mag, hast du einen Haufen mehr Spaß dran. Dann kannst du einfach loslassen und laufen mit allem, was läuft, und Gott damit preisen, daß du magst, was du magst.' (Alice Walker, Die Farbe lila, rororo neue frau 5427, S. 140f). – Neues und Überraschendes erfahren. Grenzen immer wieder überschreiten. Erfahrungen damit machen. Zu den Erfahrungen stehen können. Unabhängig werden von Anerkennung oder Ablehnung, auch der eigenen Gruppe. Stellung beziehen, 'nicht nur Ja und Amen' sagen in der Schule, Familie, Gesellschaft. – Orientierung auf den Herrn hin: Alles, was du tust, tu mit der Güte, Aufrichtigkeit und Gelassenheit Jesu. Nicht Herr, sondern Bruder und

Freund, der sich mit jedem leidenden Menschen identifiziert. – Freisein in der Sprache Jesu: 'Selig seid ihr, wenn ihr einfach lebt, ..., Lasten tragt, ... lieben lernt, ... Güte wagt, ... Leiden merkt, ... ehrlich bleibt, ... Frieden macht, ... Unrecht spürt.' (Barth/Horst). Sich zu den Menschen wenden, sich von ihnen und ihrem Schicksal anrühren lassen. Unter den Wolken kann die Freiheit nicht grenzenlos sein. Grenzen achten, wo die Freiheit anderer Menschen in Gefahr kommt. *ISch*

Wachsen wie ein Baum **Geduld lernen**

Ein Geduldiger ist besser als ein Starker, und wer sich selbst beherrscht, besser als einer, der Städte gewinnt (Sprüche 16, 32)

Zwei Hände formen eine Mulde, gefüllt mit Erde, daraus wächst ein zartes, kräftiges Pflänzchen – ein Poster von BROT FÜR DIE WELT. Ein Bild für uns Menschen: Wir haben Leben in der Hand. Was lassen wir daraus hervorgehen? Wir haben Menschen in der Hand: Lassen wir sie wachsen? Geduld gibt dem anderen eine Chance, läßt ihm Raum, sich zu entfalten, läßt ihn sein, wie Gott ihn gedacht hat. Sich beherrschen: nicht über andere bestimmen. So können Beziehungen wachsen, Glaube kann wachsen, eigene, unmittelbare Gotteserfahrung kann gedeihen.
Geduld miteinander, Selbstbeherrschung, Geduld mit mir selbst – das kann ich mir leisten, weil Gott mit mir Geduld hat. Er hält mich mit allem, was mein Leben ausmacht, in seinen Händen. In geduldiger Gelassenheit können wir Ausschau halten nach den Zeichen seiner wachsenden Herrschaft unter den Menschen.

Du schenkst mir täglich so viel Schuld,/ du Herr von meinen Tagen;/ ich aber sollte nicht Geduld / mit meinen Brüdern tragen, / dem nicht verzeihn, dem du vergibst; / und den nicht lieben, den du liebst? (EKG 509,4. Ausgabe Rheinland, Westfalen, Lippe).

(Konfirmanden-Eltern-Wochenende) *EJ*

Wachsen wie ein Baum **Glücklich sein**

Psalm 1

Gott bittet dich am Konfirmationstag um dein Vertrauen. Auch wenn du Zweifel hast, ob es Gott überhaupt gibt, kommst du an der Frage nicht vorbei, auf

welcher Seite du stehen und wofür du Partei ergreifen wirst. Auch in dir ist die Bitte lebendig, nicht allein zu stehen und Freunde zu finden, Menschen, die ja zu dir sagen.
In einem schönen Bild der Bibel wird von dem gesagt, der sich auf Gottes Seite stellt,der sein Glück mit Gott verbindet: Er ist wie ein Baum, gepflanzt an Wasserbächen, seine Blätter verwelken nicht, und was er tut, gibt einen Sinn.
Vor Jahren habe ich ein kleines Büchlein gekauft: Glücklichsein ist... Darin gibt es eine ganze Sammlung vom Glücklichsein – mit drei Freunden im Sandkasten spielen ohne zu streiten / im eigenen Bett schlafen / barfuß durchs Gras gehen usw. usw....
Glücklichsein – nicht da sitzen, wo die sind, die sich über alles lustig machen, die Schadenfreude für die einzig echte Freude halten, die sich nur auf Kosten anderer freuen können. Glücklichsein – dort heimisch werden, wo für Gott Partei ergriffen wird unter den Menschen. Wo Glücklichsein heißt: einander sagen: »Es ist gut, daß es dich gibt!« – Glück: Das Leben bejahen. *GF*

Ich danke Dir dafür, daß ich so wunderbar gemacht bin (Psalm 139, 14)

Ein afrikanischer Junge spricht aus, was die Erkenntnis des Psalmbeters für ihn bedeutet. Analog kann auch eine Konfirmationspredigt die einzelnen Strophen des Staunens und Dankens (Dasein, Körper – trotz Beeinträchtigung –, Schöpfung, verläßliche Treue Gottes) nachzeichnen.

»Herr, ich werfe meine Freude wie Vögel an den Himmel.
Die Nacht ist verflattert, und ich freue mich am Licht.
So ein Tag, Herr, so ein Tag.
Die Sonne hat den Tau weggebrannt vom Gras und von unseren Herzen.
Was da aus uns kommt, was da um uns ist, das ist Dank.

Herr, ich danke Dir für das, was ich bin:
für meinen Körper, der hoch und breit wächst,
trotz der mageren Kost und obwohl Vater keine Arbeit hat.
Der wächst und wächst, auch mit Malaria im Blut.

Herr, Du kannst mich hochsteigen lassen, doch ich weiß,
höher als Deine Bäume kann ich nicht wachsen.

Herr, ich freue mich an der Schöpfung. Und daß Du dahinter bist,
und daneben und davor und darüber und in uns.
Du zählst jeden Tag wie die Kräusel auf meinem Kopf.
Hallelujah, Herr, Hallelujah, durch Jesus Christus. Amen« *FS*

Darum pries ich die Freude, daß der Mensch nichts Besseres hat unter der Sonne, als zu essen und zu trinken und fröhlich zu sein. Das bleibt ihm bei seinem Mühen sein Leben lang, das Gott ihm gibt unter der Sonne (Prediger 8, 15)

Das ist nicht die Lebensperspektive von 15jährigen (wenn sie nicht von furchterregender Senilität sind), und sie sollen auch nicht überredet werden zu dieser skeptischen Sicht der Dinge. Sie kann warten. Wichtiger scheint mir, daß der Prediger an der Glücksfähigkeit des Menschen festhält. Unsere Kräfte sind klein, wir verstehen den Lauf der Welt nicht (V. 17) und haben es lebenslang mit Dummheit und Bösartigkeit zu tun (9,3), aber dennoch ist es möglich, daß wir uns arglos und aufrichtig des Lebens freuen, Brot und Wein genießen. Der Sinn aller Arbeit, auch der des Widerstandes gegen die Zerstörung des Lebens, liegt darin, daß es uns möglich bleibe, glücklich zu sein.

»Den Wein von heute trinke ich heute; das Leid, das morgen kommt, werde ich morgen tragen« (Chinesisches Sprichwort).

»Unser Leben sei ein Fest. Brot und Wein für unsere Freiheit...« (Aus: Peter Janssens, Wir haben einen Traum, 1972).

(Andacht mit Konfirmandeneltern) *KE*

Wachsen wie ein Baum **Im Glauben wachsen**

Zu Psalm 1,2 f.

»Wachsen wie ein Baum« – ist das den Mund nicht zu voll genommen? Schwierigkeiten zu wachsen fallen mir ein, auch wie weh das tut, so, daß manche irgendwann zu wachsen aufhören, weil sie den Schmerz nicht mehr ertragen. Auch daß nicht jeder Baum groß wird und schön und einladend, unter ihm auf der Wiese zu liegen und durch die Blätter in die Sonne zu blinzeln! Und doch, wie wohltuend ist das Bild...
(Ich hatte die Konfirmanden bei der ersten Zusammenkunft in der Woche zuvor gebeten, Äste eines Baumes – Holzpfahl mit vorgebohrten Löchern und Ligusterzweigen, steht im Altarraum – mit nach Hause zu nehmen und auf Blätter und Früchte ihren Namen zu schreiben und das, was ihnen beim Wachsen hilft. – Ich fordere die Konfirmanden auf, begleitet von Orgelmusik, diese Zweige zum Baum zu bringen, damit er ganz werde und schön anzuschauen: Baum des Lebens? Der Gemeinde? Des Christus?... Ich greife einige Aufschriften auf und lese diese Wachstumshilfen aus der Sicht der Konfirmanden).
Zu Beginn des Gottesdienstes haben wir Psalm 1 gemeinsam gebetet. Ein wenig zugänglicher übersetzt heißt es da: »Glücklich ist, wer seine Hoffnung

setzt auf Gott, / wer Lust gewinnt an der Sache Gottes. / Der ist wie ein Baum / am Wasser gepflanzt, / der Frucht bringt, wenn es an der Zeit ist./ Seine Blätter werden nicht welk. / Und was er tut, macht einen Sinn.« – Wenn ich an die bevorstehende Konfirmandenzeit denke, könnte das für mich heißen:

- Ich möchte mit euch zusammen das Bäumchen stützen, damit es sich entfalten kann und nicht gleich beim ersten Windstoß umgeknickt wird.
- Ich möchte mit euch zusammen die Quelle entdecken, die das Wasser hervorbringt, den Baum zu nähren. Sie reicht tiefer als alltägliche Sorgen und Pflichten und läßt Menschen leben im Strom der neuen Welt Gottes.
- Ich möchte mich mit euch zusammen daran erinnern, daß die Verse des Psalms keine Bedingungssätze sind: Wenn du deine Hoffnung auf Gott setzt, dann...! Sondern: Gott hat seine Hoffnung gesetzt auf uns, er traut jeder und jedem von uns zu, zu wachsen und zu reifen im Glauben und Leben.
  Ich sehe das Bäumchen wachsen – anmutig und von einladender Gestalt.

Kurzgeschichte dazu: „Wir verkaufen keine Früchte, wir haben nur Samen..."

(Gottesdienst zu Beginn der Konfirmandenzeit) *ML*

Wenn Ihr Glauben habt wie ein Senfkorn, so wird euch nichts unmöglich sein (Matthäus 17, 20)

Einigen unter euch 15–, 16jährigen müßte man das nicht sagen; ihr tretet ohnehin so auf (und scheint auch davon überzeugt zu sein), daß euch »nichts unmöglich« ist. Es wird sich herausstellen, daß dieses Selbstbewußtsein nicht zu halten ist. – Anderen von euch würde ich gern etwas von dieser Zuversicht vermitteln: daß ihr große Kräfte habt und etwas ausrichten könnt! Nicht für die Ängstlichen, sondern für jene, die ihre eigenen Möglichkeiten überschätzen, hat Martin Luther gesagt: »Mit unsrer Macht ist nichts getan...« – Glauben heißt für Jesus: Gott etwas zutrauen, und: sich selbst etwas zutrauen. Glaube ist der Widerspruch gegen Sätze wie: »Man kann ja doch nichts machen.« »Was können wir schon ausrichten.« »Es geht nicht«. Der Glaube ist die Kraft Gottes in uns, die uns große Ansprüche stellen läßt (nicht nur für uns selbst, sondern für alle Menschen): Wir können etwas ausrichten gegen »Sachzwänge«, gegen die Herrschaft des Todes.

»Ins Wasser fällt ein Stein, ganz heimlich still und leise; und ist er noch so klein, er zieht doch weite Kreise. Wo Gottes große Liebe in einen Menschen fällt, da wirkt sie fort in Tat und Wort hinaus in unsre Welt« (Siebald). *KE*

... damit wir etwas seien zum Lob seiner Herrlichkeit (Epheser 1, 12)

»Ich bin die Herrlichkeit Gottes.« Sagen Sie das zu sich selbst, hat der Abt eines Klosters einem Mann geantwortet, der ihn fragte, wie er Gott in seinem

Leben verherrlichen könne. Wir sind nach dem Bild Gottes geschaffen, seine Herrlichkeit ist uns ins Gesicht geschrieben. Die Vielfalt des Lebens ist Spiegel und Lob der Herrlichkeit Gottes; er hat Lust, Menschen zu »machen«; in jedem von ihnen kommt er »zur Welt« und freut sich an jedem Menschen-Gesicht. Es ist nicht anstrengend, »etwas« zu sein »zum Lob seiner Herrlichkeit«: Wir sind es, einfach weil es uns gibt.
Aber: Wir können die Herrlichkeit Gottes, die wir sind, unkenntlich machen, verderben, zerstören. Indem wir unsere guten Möglichkeiten unterdrücken. Indem wir das Leben (von Menschen, Tieren, Pflanzen...) nicht schützen, sondern beschädigen. Indem wir nur eigene Interessen im Blick haben. Indem wir der Faszination der Gewalt erliegen. Die Herrlichkeit Gottes in uns wird nicht durch unsere geringen Möglichkeiten verdorben, sondern dadurch, daß wir nicht tun, was uns zu tun möglich ist »zum Lob seiner Herrlichkeit«.

Lied: »Laß uns deine Herrlichkeit...« (EKG 218, 6). *KE*

Wachsen wie ein Baum **Lebensziele**

So mache dich auf und richte es aus! Der Herr wird mit dir sein (1. Chronik 22, 16 b)

Da ist eine Konfirmandengeschichte zu erzählen: die von dem Jungen Salomo, der heranwächst im Schatten des erfolgreichen, mächtigen, kriegerischen Vaters und der allmählich seinen eigenen Lebensstil entwickelt: Seine Sache ist nicht, Völker zu unterwerfen und Kriege zu führen, sondern Diplomatie, Wissenschaften, Kunst. Er wird nicht durch sein Großreich von sich reden machen, sondern durch den Tempel, den er baut: für Jahwe, der ebenso sein wie seines Vaters Gott ist. Und der Vater ermutigt ihn ausdrücklich zu eigener Lebensprägung, weist ihn hin auf Gemeinsamkeiten (die Schätze, die er ihm vererbt) und Unterschiede zwischen ihnen und findet beides förderlich für Salomos Lebenswerk: den Tempelbau.
Ein gutes Elternwort auch fürs Loslassen der Kinder: Mache dich auf, entdecke dein Leben, Begabungen hast du genug; und: Gott selber wird dich begleiten, auch da, wo wir nicht mehr mitkönnen.

»Ich möchte Hoffnung sein und selber Hoffnung sehen. Um andern Halt zu sein, muß ich selbst sicher gehen... Herr, gibt du mir die Kraft, gib Menschen mir zur Seite, damit auch andre ich aus dieser Kraft begleite« (Kirchentagsliederheft '83, 711).

(Andacht mit Konfirmandeneltern [Wochenende]) *RG-B*

Was nützt es dem Menschen, wenn er die ganze Welt gewinnt, aber seine Seele verliert? (Matthäus 16, 26)

Die Welt für sich zu gewinnen (im doppelten Sinn des Worts!) ist eine Aufgabe, die die Konfirmand(inn)en bei ihrem Erwachsenwerden gerade in Angriff nehmen müssen. Für diese Aufgabe gebe ich ihnen dieses Jesuswort mit: wie den wunderbaren Stein, der im Märchen dem Helden geschenkt wird und ihn stets begleitet, auch wenn er ihn zeitweise vergißt; aber wenn er sich seiner wieder erinnert, so zeigt ihm der Stein, in welcher Gefahr er sich befindet und was seine Aufgabe ist. »Gewinne die Welt für dich und verliere dich nicht in ihr«, leuchtet der Stein, »verzettele dich nicht in all den verlockenden Möglichkeiten und Aufgaben, laß dich nicht gefangennehmen und fesseln von den sogenannten Zwängen des Handelns, höre nicht auf, in allem zu fragen nach deinem gottgewollten Leben.« Praktisch heißt das mit V. 25: »Halte nicht fest am einmal Erworbenen, bleibe offen für die vielen Lebensmöglichkeiten, wage den Wandel, zu dem immer auch das Opfer gehört.« Die Lebensgeschichte einer Konfirmandin, als Konfirmationspredigt: Was sagt ihr der Jesusstein, als sie ihren Beruf ergreift, heiratet, Kinder bekommt, erziehen und wieder hergeben muß...

Wir müssen täglich sterben, damit wir nicht sterben, wenn wir sterben (Inschrift im Schleswiger Dom).

RG-B

Denkt daran: Wer spärlich sät, wird nur wenig ernten. Aber wer mit vollen Händen sät, auf den wartet eine reiche Ernte (2. Korinther 9, 6)

Es geht um's Geld. Eine Kollekte ist angesagt. »Man soll eurer Spende anmerken, daß sie aus dankbarem Herzen kommt...« (V. 5).

Bei uns geht's auch um's Geld. Im Kleinen wie im (ganz) Großen. Jedoch nicht um's Abgeben, sondern um's Absahnen. Je mehr, desto besser. Auch bei der Konfirmation. Und möglichst: Ohne großen Einsatz. Abstaubermentalität. Im weltweiten Zusammenhang: Gewinn auf Kosten der Hilfsbedürftigen und Machtlosen, Ausbeutung. Kein Herz für die Armen. Ergebnis: Die Schuldnerländer stellen ihre Zahlungen ein. Auch da bewahrheitet sich: Spärliche Saat, ohne Herz, wenig Ernte. Und: Menschen gehen daran zugrunde.
Wo sind die, die's anders versuchen? Mit dem neuen Lebenseinmaleins? »Gott hat in euch seinen Samen gegeben und wird ihn wachsen lassen, damit eure Wohltätigkeit eine reiche Ernte bringt... Ihr könnt freigebig sein.« (V. 10f). Das fängt am Konfirmationstag an: Kollekte. Mit verschenktem Geld beginnt die Aussaat, die reiche Ernte einbringt. Güte ist das Herzstück der Gerechtigkeit.

Gebet: Herr, ich bin reich. Laß mein Herz nicht hart werden, damit ich zu teilen lerne mit denen, die das gleiche Recht auf Brot haben. *FS*

Ich vermag alles durch den, der mich mächtig macht, Christus (Philipper 4, 13)

Wir wollen etwas erreichen im Leben: Gesundheit ist wichtig, eine Arbeitsstelle, Harmonie in der Familie. Erfolg in der Schule, im Beruf. Anerkennung brauchen wir. Woher nähren sich unsere Wünsche? Was zieht uns an? Was gelingt oder mißlingt, hängt nicht nur von uns ab. Ein Unfall stellt die Weichen anders; ein Mensch, der mich beeindruckt, läßt mich neu nachdenken ; wir sind den selbstgestellten Ansprüchen nicht gewachsen. Was aus mir wird, wird genährt von dem Boden, auf dem ich aufwachse, ob es mehr Licht- oder mehr Schattensein gibt in meinem Leben, ob es Menschen gut meinen mit mir oder mich fallen lassen.
Die Stärke Jesu war es, daß er sich Ziel und Weg von Gott vorgeben ließ. Gott war seine Stärke. Nicht aus eigener Kraft sein Leben zu meistern, das hat ihn wohl nicht das Ziel erreichen lassen, das er sich dachte. Aber er hat dennoch erlebt: Gott hat sein Ziel mit mir erreicht, mein Leben hatte Sinn. Das Bekenntnis des Paulus berechtigt uns zu der Hoffnung, daß uns solche Erfahrung nicht verschlossen bleiben wird.

Lied: Neue Hoffnung, neues Leben kann uns Gott alleine geben...

(Abendmahlsgottesdienst am Ende der Konfirmandenzeit) *EJ*

Wachsen wie ein Baum — **Liebe**

Wenn ich mit Menschen- und mit Engelszungen redete und hätte die Liebe nicht, so wäre ich ein tönend Erz oder eine klingende Schelle (1. Korinther 13, 1)

Dies Wort, soll's nicht als Gebimmel, (jaja, christliche Nächstenliebe – kennen wir schon!) verhallen, braucht liebe-vollen Umgang: Zeit, Offenheit, Konkretionen, nicht Heiligen- sondern Konfirmandengeschichten! – Spielszenen für Konfirmanden und Eltern: Aneinandervorbeitönen / liebevolle Alternativen dazu? Oder: Bilder zum Lied »Herr, deine Liebe ist wie Gras und Ufer« für einen Gottesdienst (ich verstand nie, warum Konfirmanden dies Lied so liebten – bis sie einmal Bilder dazu malten und erklärten). – Als Korrektiv gegen bürgerliches Liebesklischee Kurt Martis »hohelied der liebe nach emma goldmann«:

... heute freilich / in Lebensformen die alle verzwergen / bleibt liebe den meisten fremd / so schluchzt so weint sie / und leidet mit allen / die ihrer bedürften / doch keine kraft mehr haben / um ihre gipfel ersteigen zu können... Aber einst werden Männer und Frauen... erreichen das ungebrochene licht der liebe: willig zu geben und willig zu empfangen und willig miteinander zu teilen.

(Konfirmanden-Eltern-Nachmittag/Familiengottesdienst) *RG-B*

Wachsen wie ein Baum **No future?**

Ich weiß wohl, was ich für Gedanken über euch habe, spricht der HERR: Gedanken des Friedens und nicht des Leides, daß ich euch gebe Zukunft und Hoffnung (Jeremia 29, 11)

Es gibt keine Beweise für die Zuverlässigkeit der Hoffnung, keine Garantie auf die Zukunft. »Es ist klüger, pessimistisch zu sein« (Bonhoeffer), und jeder weiß, warum. Tatsächlich aber sind wir nicht ohne Hoffnung; wenn wir sie in uns finden, hören wir die Stimme Gottes zu uns sprechen. Tatsächlich glauben wir, daß wir noch eine Zukunft haben; wenn wir sie ins Auge fassen, nehmen wir die Verheißungen Gottes beim Wort. Vielleicht ist es unklug, aber es ist nun einmal so. Der Glaube an Gott ist keine Sache der Argumente, sondern des Lebenswillens.

»... daß ich euch gebe Zukunft und Hoffnung«: Vielleicht bedeutet das Festhalten daran nicht mehr, als daß wir uns der Hoffnungslosigkeit nicht fügen und die Parole »no future« nicht bestätigen. Der angemessene Ausdruck dafür wäre das »Steht noch dahin« der Marie Luise Kaschnitz: »Ob wir davonkommen ohne gefoltert zu werden, ob wir eines natürlichen Todes sterben... oder zugrunde gehen am hundertfachen Atomblitz, ob wir es fertigbringen mit einer Hoffnung zu sterben, steht noch dahin, steht alles noch dahin.«

Lied: »Freunde, daß der Mandelzweig« (Schalom Ben-Chorin). KE

Zerbrecht euch nicht den Kopf wegen morgen; der morgige Tag wird für sich selber sorgen (Matthäus 6, 34)

Ursprünglich handelt es sich bei diesem Text um eine »Jüngerinstruktion« für ihren Weg im Dienste Jesu. In der Situation sind die Jugendlichen nicht. Matthäus benutzt das Wort zur Auslegung, besonders der vierten Bitte des Vaterunsers. Das ist anregend für die Konfirmationspredigt.

Die entscheidende Frage ist: »Worauf ist der Mensch aus?« Von seinem Ziel ist er bestimmt im Denken, Wollen und Handeln. Er wird keine Mühe scheuen, es zu erreichen. Mondlandung, SDI...

Viele Menschen sind so besetzt von der Sorge um das Tägliche, daß sie sich nicht ausstrecken können nach dem, was Gott ihnen täglich an Freude anbietet. Die Sorge, zu kurz zu kommen, nimmt sie gefangen. Jesus meint, Christen brauchen keine Angst davor zu haben, daß sie zu kurz kommen. »Sorget nicht« heißt: Nimm, was du bekommst, als Geschenk, freu' dich darüber und laß andere an deiner Freude Anteil haben. Schenke weiter. Wer so lebt, wird die richtige Haltung haben, kann sich »sorgen« um den Hunger in den Entwicklungsländern und das Recht diskriminierter Rassen, Solidaritätsmaßnahmen unterstützen...

Lied: Gehet nicht auf in den Sorgen dieser Welt... *FS*

Wer seine Hand an den Pflug legt und sieht zurück, der ist nicht geschickt für das Reich Gottes (Lukas 9, 62)

»Ich muß dich noch etwas fragen«, sprach ein junger Adler zu einem tiefsinnigen, grundgelehrten Uhu. »Man sagt, es gäbe einen Vogel mit Namen Merops, der, wenn er in die Luft steigt, mit dem Schwanz voraus, den Kopf gegen die Erde gekehrt, fliegt. Ist das wahr?« »Ei nicht doch!« antwortete der Uhu. »Das ist eine alberne Erdichtung des Menschen. Er mag selbst ein solcher Merops sein, weil er gern in den Himmel fliegen möchte, aber sich von der Erde nicht lösen will.«
Sich nicht lösen können, sich von all den Abers und Es-war-schon-immer-so und Man-muß-doch und Man-kann-doch-nicht lähmen, festhalten lassen. Konfirmationssegen wie der Taufsegen: Eine Freisprechung unter dem Wort Gottes auf dem Weg in die Zukunft, getragen von den Träumen vom Reich Gottes. Träume, die Bilder malen zu dem Leben von Menschen miteinander. Die Gesetze der Erde zu kennen, heißt nicht, sich an sie zu verkaufen. Diesen Gesetzen die Träume vom Leben entgegenzusetzen, gestärkt von der Gemeinschaft derer, die dieselben Träume träumen.

Vgl. dazu auch: Das Hemd des Glücklichen, S. 114 ff. *GF*

Ich bin darin guter Zuversicht, daß der in euch angefangen hat das gute Werk, der wird's auch vollenden bis an den Tag Christi Jesu. (Philipper 1, 6)

Nicht alles selbst leisten müssen, – ein beruhigender, ein entlastender Gedanke. – Fast zwei Jahre haben wir darüber nachgedacht, was der Glaube für unser Leben bedeuten kann. Gemalt, gedichtet, diskutiert, gesungen und gespielt haben wir, um dem auf die Spur zu kommen. Daß Ihr 'Heilige' seid, hat euch zum Lachen gebracht. Aber es steht wirklich in der Bibel. Getauft seid Ihr, Geistträger, Heilige. Gut ausgestattet für die Zukunft, in die Ihr geht. Ein Stück des Weges sind wir gemeinsam gegangen, Spuren haben wir gefunden und gelegt. Ein Weg oder viele Wege liegen vor Euch. Weil Ihr diesen Weg mit dem Segen Gottes geht, braucht uns die Sorge nicht zu drücken, was daraus wird. Es gehört zu jenem Glauben, dem wir auf die Spur zu kommen versuchten, daß er von der Zuversicht getragen ist, daß der Segen Gottes Euch Augen, Ohren, Herzen und alle Sinne öffnet für das, was euren Weg ausmacht, für die Menschen, denen Ihr begegnet, daß ihnen ihr Gesicht nicht genommen wird und daß Ihr Euch euer Gesicht nicht nehmen laßt, denn es trägt die Züge Gottes.

Lied: »Vertrauen wagen...« (Umkehr zum Leben 604).

(Kurzaussprache im Vorstellungsgottesdienst) *GF*

Christus spricht: Siehe, ich habe vor dir eine Tür aufgetan, und niemand kann sie zuschließen (Offenbarung 3, 8b)

(Aufrecht sitzen, aus der Hand legen, was jetzt nicht gebraucht wird, entspannen – usw.) ... Du bist heute durch Türen gegangen – Geh' sie noch einmal durch – erinnere, was du gesehen hast: Menschen, Hände, Gesichter – Geh zu der Tür, an der du freudig überrascht warst – fühl noch einmal, wie das war – Geh nun zu der Tür, die du geöffnet hast, die sich dir geöffnet hat, und du warst vielleicht enttäuscht – Denk an die Tür, die du heute am liebsten verschlossen gesehen hättest – und an die, die dir verschlossen blieb – Laß nun die Türen von heute. Welche werden dich morgen erwarten? – Laß dich auf sie ein, auch auf das, was dich zögern macht – auf welche Tür bist du gespannt, auf welche freust du dich? – In deine Erinnerung an heute und für morgen gebe ich dir ein Wort des lebendigen Christus: (Zitat Offb 3,8b) – Beweg diesen Satz bei dir, wenn du die Musik hörst (meditatives Orgelspiel). Und wenn sie ausklingt, dann öffne deine Augen und sei mitten in dieser Kirche. Beweg diesen Satz bei dir, auch in seiner Bedeutung für morgen (rep. Offb 3,8b) ...

Lied: Geht in die Nacht.

(Abendgottesdienst zum Konfirmationstag) *ML*

Wachsen wie ein Baum **Sinn des Lebens**

Wenn ich sehe den Himmel, deiner Finger Werk, den Mond und die Sterne, die du bereitet hast: Was ist der Mensch, daß du seiner gedenkst, und des Menschen Kind, daß du dich seiner annimmst? (Psalm 8, 4f)

Ich habe Konfirmanden gebeten, Themen für die gemeinsame Zeit auszuwählen. Die meisten Stimmen bekam: Was ist der Mensch wert? Begründet wurde die Wahl: Was bin ich eigentlich wert? Kann man mich für Geld kaufen? Kann mich jemand an jemanden verkaufen – für Geld vielleicht? Ich möchte etwas wert sein, was es nicht für Geld gibt. – Es gibt Situationen, in denen ich mir klein vorkomme, austauschbar, ersetzbar, wenig wert. Schlimm, so klein zu sein. Da ist es gut, daß ich mich an meine Taufe erinnere: Gott hat mich bei meinem Namen gerufen. Ich bin nicht austauschbar, auch nicht für Geld aufzuwiegen. Gott sei Dank! Es gibt aber auch gute Situationen, in denen ich mir klein vorkomme: angesichts des Schöpfungswerkes Gottes, in dem ich ein Teil – ein wichtiger Teil – bin. Am besten vergleichbar mit der Erfahrung, am Fuße eines schneebedeckten Berges zu stehen. Die Sonne scheint, der Himmel ist blau. Dazuzugehören: Ein wirklich gutes Kleinsein. Kind Gottes sein.

Lied: Ich singe dir mit Herz und Mund... *GF*

Mein Plan mit euch steht fest: Ich will euer Glück und nicht euer Unglück. Ich habe im Sinn, euch eine Zukunft zu schenken, wie ihr sie erhofft (Jeremia 29, 11)

Erwartungen an die Zukunft hängen oft mit Erfahrungen der Vergangenheit zusammen. Es gibt Jahre, auf die wir gern zurücksehen, Zeiten, die wir in vollen Zügen erlebt haben, Erfahrungen, die Kraft geben, Vertrauen wachsen lassen, Hoffnung groß machen. Und es gibt Jahre, die Kraft kosten, Krisen und Zerreißproben, die Wunden hinterlassen, Zeiten, die Angst machen vor dem, was kommt.
Wie es an Tiefpunkten weitergeht, verdanke ich Menschen, die sich Zeit nehmen, mir zuhören, mir das Gefühl geben: Ich bin ihnen wichtig. Sie wollen nichts, sie geben mir. Sie halten mein Leben damit zusammen. Und ich mache gute Erfahrungen mit Worten und Geschichten von Gott und von Jesus. Sie lenken meine Aufmerksamkeit auf das, was weiterhilft, sie machen meine eigenen Probleme etwas kleiner. Sie lassen mein Vertrauen wachsen. Eines dieser Worte: »Ich will euer Glück und nicht euer Unglück...«

Entdeck bei dir, entdeck bei mir, den nächsten Schritt, der weiterführt, den nächsten Schritt zum Leben...
Schenk der Hoffnung langen Atem, Schenk der Liebe große Augen, Schenk dem Glauben starke Arme.

(Andacht mit Konfirmandeneltern) *EJ*

Christus spricht: Wen da dürstet, der komme zu mir und trinke! Wer an mich glaubt, von dessen Leib werden Ströme lebendigen Wassers fließen (Johannes 7, 37b + 38)

Wenn die Bibel von Wasser erzählt, redet sie davon, wie wenig selbstverständlich, wie kostbar es ist. (Wir beginnen allmählich selbst, seine Kostbarkeit zu erahnen.) Sie erzählt davon, wie Menschen durch die Flut bedroht und gefährdet sind, mehr noch aber davon, wie sie gerettet werden. Sie kann sogar sagen: Gott ist die Quelle lebendigen Wassers – und Menschen beten: Meine Seele dürstet nach Gott. – Zwölf Konfirmanden in diesem neuen Kurs – wie wird das mit uns werden? Wird das Wasser, das wir erkunden, schal sein und abgestanden? Oder wird es lebendig sein und fließen, den Geschmack auf der Zunge, wie Leben schmeckt? – Ich hatte jede/jeden von euch Konfirmanden gebeten, eine Landschaft zu zeichnen, die von Wasser lebt, eine Landschaft, in der ihr euch wohlfühlt, und euch an die Stelle zu zeichnen, an der ihr euch am wohlsten fühlt. Der Tropfen über dem Taufstein wartet darauf, daß ihr ihn mit euren Zeichnungen belebt. (Konfirmanden heften ihre Zeichnungen an den Tropfen, Durchmesser ca. 1 m, aus Sperrholz gesägt und bemalt, über dem Taufstein hängend.) – Der Tropfen ist belebt. Zwölf Zeichnungen, so verschieden gestaltet wie Menschen eben sind und die Landschaften ihrer Seelen, zwölf Namen mit den unterschiedlichen Lebensgeschichten, für die sie stehen – auf einem Tropfen vereint. Nun scheint ein Tropfen – im Gegensatz zu den Strömen von Wasser – verschwindend klein und kaum bemerkbar zu sein. Nicht umsonst gibt es diese Redewendung, daß etwas wie ein Tropfen auf einen heißen Stein sei. Aber doch auch die andere Art zu reden, wie ein steter Tropfen den Stein höhlt. – Ich möchte darauf vertrauen, daß in jedem Tropfen verborgen der Strom fließt und die ganze Fülle lebendigen Wassers – und wir entdecken sie. So könnte ich euch als Konfirmandengruppe und mich (auch uns alle als Gemeinde) verstehen: jede und jeder ganz unverwechselbar sie und er, und immer mehr ihre und seine Einzigartigkeit entfalten; gemeinsam wie ein steter Tropfen, der die Kraft in sich birgt, lebendig zu machen, was am Verdorren ist, zu bewässern, was sich nach Feuchtigkeit sehnt, weil er immer tiefer erkundet, wie sehr er ein Teil ist der Quelle lebendigen Wassers. Und so könnten wir erfahren, daß Gott uns zutraut; Menschen zu sein, von denen Ströme lebendigen Wassers ausgehen und Landschaften zum Blühen bringen, auch weit entfernte.

Lied: Wo ein Mensch Vertrauen gibt./EKG 230,2 – Aus Psalm 42f.

(Einführungsgottesdienst der Konfirmanden) *ML*

Wachsen wie ein Baum **Was gut ist**

Es ist dir gesagt, Mensch, was gut ist und was der Herr von dir fordert, nämlich Gottes Wort halten und Liebe üben und demütig sein vor deinem Gott (Micha 6, 8)

So einfach ist das! Zu einfach? Gemeinhin zögere ich, wenn Leute mir sagen, sie wüßten, wo's lang ginge, was gut sei, was gar für mich gut sei. Als ob ich das nicht selbst herausfinden könnte! Und wenn mich jemand dabei begleitet, so ist das schön, aber es muß schon einer sein, dem ich vertrauen kann und der mir den Raum läßt, selbst darauf zu kommen, was gut sei. Ob dieser Vers bei Micha ein solcher Begleiter sein könnte? Hans Walter Wolff übersetzt: »Es ist dir gesagt, Mensch, was gut ist und was der Herr bei dir sucht: Recht üben, Gemeinschaftssinn lieben und wachsam leben mit deinem Gott.« So nehme ich diesen Satz wahr wie das Wort eines Freundes, bereit, auf es zu hören, mit einem gewissen Maß an Verlockung gar, darauf zu hören, was er mir sagt, was gut für mich sei und für die, die mit mir leben. Verlockend deswegen, weil ich längst nicht immer weiß, was gut für mich ist und für die Menschen, die mit mir in Beziehung leben, weil ich oft lange nicht weiß, ob die Entscheidungen, die ich treffe, richtig sind oder nicht, geschweige denn, ob sie gut oder böse sind, weil ich auch im Erleben dessen, wie sich andere verhalten, das längst nicht immer weiß ... – »Gemeinschaftssinn lieben« ist hier als **ein** Maßstab dafür genannt, was gut sei. Ich denke, wir werden in den nächsten Tagen viel Gelegenheit haben, uns an diesem Maßstab zu erproben. Die Gemeinschaft auf Zeit, die wir hier bilden, wird davon leben, daß wir uns aufeinander einlassen, von unserer Bereitschaft, aufeinander zu hören, uns in unseren je verschiedenen Eigenarten wahrzunehmen und darin verstehen lernen. Dazu gehört, daß ich mich auch zurückziehen kann, in Ruhe gelassen werden will, um mich dann erneut mit anderen zusammenzutun. Ich habe einen Raum für mich, den ich gestalte, und wir haben einen Raum gemeinsam, in dem wir zusammen leben – »wachsam leben mit Gott«.

»Wenn erziehung ein kauf ist / dann kannst du zurücktreten / die ware wird vergütet / nichts ist geschehen. // Wenn erziehung eine selbsterziehung ist / dann kannst du fortgehen / ohne erklärung / du bist verantwortlich. // Die erziehung die wir hier versuchen / ist anders / du bist ein teil von uns allen / du bist ein moment im prozess / du schuldest dich uns allen. // Wir brauchen nicht nur deine freude / und deine intelligenz / wir sind alle verarmt / wenn dein schmerz uns fehlt.« (Dorothee Sölle: Als jemand die klasse verließ und nicht wiederkam).

(Zu Beginn einer Konfirmandenfreizeit) *ML*

Ich möcht, daß einer mit mir geht **Abschied von den Eltern**

Geh aus deinem Vaterland und von deiner Verwandtschaft und aus deines Vaters Hause in ein Land, das ich dir zeigen will (1. Mose 12,1)

Eine Aufforderung zwischen Abenteuer und Angst. Ich möchte bleiben, wo ich mich auskenne. Ich möchte losgehen, auf eigenen Füßen stehen, Verantwortung übernehmen. Ich merke, daß andere mir das noch nicht zutrauen. Ich bin nicht sicher, wieviel ich mir selbst zutraue. Manche Versuche werden übelgenommen. Verbote häufen sich, Mißverständnisse zuhause. Das tut weh, ärgert auch. Schwer, erwachsen zu werden, als erwachsen anerkannt zu werden. Gut ist, daß da etwas versprochen wird: Ich zeige dir das Land. Du gehst nicht allein, mein Segen geht mit, mein Schutz.

(Ich erzähle die Geschichte vom jungen Krebs. Fundort: H. Halbfas, Hg., Das Menschenhaus, S. 100. Den Schluß verändere ich, so:)

»Guten Tag«, sagte der junge Krebs. Der Alte betrachtete ihn lange, plötzlich ging ein Lächeln über sein Gesicht: »Ich freue mich, daß ich dich auf meine alten Tage noch treffe. Ich hab' es auch einmal versucht, das Vorwärtsgehen. Aber... du siehst, ich hab nicht durchgehalten. Dir wünsche ich alles Gute, Glück und Segen. Such dir Freunde, gute, verläßliche Freunde. Es ist nicht gut, allein zu gehen. Dann kannst du es schaffen. Ich begleite dich in meinen Gedanken und Gebeten.« Voll Zuversicht machte sich der junge Krebs auf den Weg.

(Für ein Seminar mit Konfirmanden und Eltern) *GF*

Du sollst deinen Vater und deine Mutter ehren, auf daß du lange lebest in dem Lande, das dir der Herr, dein Gott, geben wird (2. Mose 20, 12)

Du bist nicht allein auf der Welt; Du hast Eltern und Großeltern; sie haben vor Dir gearbeitet, geliebt und gelitten, gebaut und abgerissen. Sie überliefern Dir Deine Welt. Auch wenn Du alles anders machen willst, kannst Du auf ihre Erfahrungen nicht verzichten.

Sie sind nicht deine Vorbilder, und Du sollst nicht werden wie sie. Ob es etwas gibt, wofür Du ihnen danken kannst, entscheide selbst!

Ob es etwas gibt, was Du von ihnen lernen kannst, bringe selbst in Erfahrung! Ob es etwas gibt, womit Du ihnen beistehen kannst? Laß sie nicht aus den Augen!

Das Land ist von Generationen vor Dir bebaut und zerstört, vergiftet und bewahrt worden. Sicher weißt Du vieles besser als sie; aber bist Du deshalb klüger? Wenn Du selbst das Land bebaust, Deinen Beruf hast, Kinder zeugst und zur Welt bringst, bist Du immer noch ein Kind ihrer Liebe.

(aus: Dein Glaube ist wie ein Baum, S. 30)

Ich möchte die Geschichte vom Elefanten Kaito erzählen. Kaito ist der Elefant, der singt. Die erwachsenen Elefanten sind entsetzt, werden bitterböse. Ein Elefant singt nicht. Aber Kaito kann nicht anders. Die jungen Elefanten mögen Kaito. Sie hören ihm zu. Da spricht der Leitelefant sein Machtwort: Kaito wird vertrieben. Ein Elefant der singt, gehört nicht dazu. Traurig folgt Kaito der Herde. Er ist einsam. Nur leise und traurig sind seine Lieder. Aber die jungen Elefanten hören noch immer auf das Singen. Sie protestieren. Kaito muß wiederkommen, sonst gehen wir auch. Sie haben Erfolg. Kaito wird zurückgeholt. Doch die Unruhe geht weiter. Vertreib den Leitelefanten, sagen die anderen. Er ist sowieso zu alt. Nein, sagt Kaito. Das mache ich nicht. Der Leitelefant hat Erfahrung, er weiß, wo die Wasserlöcher sind und vieles mehr. Wir haben dafür die besseren Augen und Ohren. Laßt uns zusammen gehen. Und das taten sie.

(Nach: Der Elefant der sang, in: Das Hemd des Glücklichen, S. 117 ff)

(Für ein Seminar zum 4. Gebot mit Konfirmanden und Eltern) *GF*

Zu Lukas 15, 11–32: Vorurteilslose Liebe

Konfirmation hat zwei Seiten, eine kirchliche und eine familiäre. In dieser Geschichte kommt beides vor: Jesus zeigt, wie Gott ist: Er verliert einen Menschen, der sich von ihm abwendet, nicht aus dem Gedächtnis. Er eilt dem entgegen, der zu ihm umkehrt. Und, wie nebenbei, hält er Vätern und Müttern einen Spiegel vor: Wie haltet ihr's mit euren verlorenen Söhnen und ausgeflippten Töchtern? – Der Abschied vom Elternhaus braucht vorurteilslose Liebe, ohne Mißtrauen, auf beiden Seiten. –

Karl Barth: Du sollst dir klarmachen, daß die jüngeren, dir verwandten oder sonst lieben Menschen beiderlei Geschlechts ihre Wege nach ihren eigenen (nicht deinen) Grundsätzen, Ideen und Gelüsten zu gehen, ihre eigenen Erfahrungen zu machen und nach ihrer eigenen (nicht deiner) Façon selig zu sein und zu werden das Recht haben… Du sollst sie unter keinen Umständen fallen lassen, sollst sie vielmehr, indem du sie freigibst, in heiterer Gelassenheit begleiten, im Vertrauen auf Gott auch ihnen das Beste zutrauen, sie unter allen Umständen lieb behalten und für sie beten. (aus: Lebensregeln für ältere Menschen im Verhältnis zu jüngeren).

Lied: Ich möcht', daß einer mit mir geht.

(Elternabend vor der Konfirmation) *RS*

Wenn ihr in ein Haus kommt, sagt zuerst: 'Gottes Friede sei mit diesem Haus' (Lukas 10, 5)

Verschlossene Türen, Spione, Sprechanlagen – ein Haus kann Bild für einen Menschen sein: sich absichern, verschließen, schützen vor Fremden (Menschen, Eindrücke, Erfahrungen). Offen sein ohne Angst, Neuem zugewandt, zutrauend, – das scheint mehr und mehr gefährlich zu sein. Sich cool geben. Reden mit taktischer Bedachtsamkeit. Sagen, was Nutzen bringt. Hören, wo es sich lohnt. – Konfirmandenzeit: Die Sache Jesu als Schlüssel, mit dem die eigenen Fragen nach dem Sinn des Lebens sich erschließen? – Als Konfirmierte offen anderen Menschen begegnen, sie aufsuchen in ihren 'Häusern', wo sie sich vertraut bewegen mit ihren Stärken und Schwächen, wo sie zuhause sind mit ihrem Leben und Glauben. – Der Friedensgruß – kein 'Sesam-öffne-dich', sondern ein befreiendes Angebot: Zwischen dir und mir kann Gutes und Heilendes sich erschließen. – Es braucht Mut, darin erste Schritte zu tun: Friedenszeichen setzen, geben, tragen und sich darauf ansprechen lassen. –

Gebet: Ich bin unterwegs, aber ich möchte nicht allein sein. Ich brauche dich und dich, euch alle zur Ermutigung und Stärkung auf unserm Weg des Friedens... (Gebete zum Frieden, 110).

Lied: Ich kenne eine Straße, die führt mich in die Zukunft... *ISch*

Weise mir, Herr, deinen Weg, daß ich wandle in deiner Wahrheit; erhalte mein Herz bei dem einen, daß ich deinen Namen fürchte (Psalm 86, 11)

Kinder gehen verloren, verlaufen sich, finden nicht heim. Mit dem Vertrauen, daß die Eltern sie im Auge behalten, machen sie sich auf den Weg, um die Welt zu entdecken. Das geht nicht immer gut. Später müssen sie ihre eigenen Wege gehen, müssen ein eigener Mensch werden, ihren Stil finden, ihr Ziel suchen. Mancher wird sich in Sackgassen wiederfinden, manches wird sich als Irrweg erweisen. »Dein Weg«, Gottes Weg sind alle unsere Wege. Auf jedem Weg begleitet er uns. Er behält uns im Blick. Aber nicht alle Wege lohnen sich. Sinn hat mein Leben, wenn ich konstruktiv mitwirke an der Zukunft. Liebe, Gerechtigkeit, Frieden sind Bausteine, aus denen Gott die Zukunft baut. Dafür unter den Menschen Zeichen zu setzen, ist sinnvoll. – Der Psalmvers ist ein Gebet: Diesen sinnvollen Weg zu finden, verdanken wir nicht uns selbst. Damit wir nicht irre gemacht werden, müssen wir ihn hereinrufen in die Situationen.

Lied/Gebet: Hilf, Herr meines Lebens, daß ich nicht vergebens hier auf Erden bin. *EJ*

Einen jeglichen dünken seine Wege rein, aber der Herr prüft die Geister (Sprüche 16, 2)

Unser Lebens-Weg als Geister-Bahn? So abwegig erscheint der Vergleich bei näherem Hinsehen nicht: Zerrspiegel, die uns riesengroß oder zwergenhaft erscheinen lassen, Stimmen, die uns Furcht einjagen, schreckenerregende Gestalten, die erst verschwinden, wenn wir tapfer auf sie zugehen; schon die Konfirmanden können dazu Geschichten aus ihrer Lebenserfahrung erzählen. Kein Weg, und scheint er noch so klar vor uns zu liegen, ist frei von Geistern – bösen wie guten. Sie wahrzunehmen: die Einflüsse nicht nur konkreter Bezugspersonen, sondern auch der »Strömungen, die in der Luft liegen«; sie im Blick auf die eigene Lebensgestaltung zu prüfen – das ist eine lebenslange Aufgabe. Und »Wer vermag schon per Hochrechnung oder per Blickkontakt zum Allerhöchsten sicher zu sein, daß seine Praxis unmißverständlich, der Sache Jesu gemäß ist?!« (G.M. Martin). Den Gott, der nicht nur Geister unterscheiden, sondern Lebens-Geister wecken und Todes-Geister vertreiben kann, brauchen wir darum, nicht als Kontrolleur, sondern als Begleiter und Helfer, dem wir (V. 3!) unsere »Werke befehlen« und ihn bitten: »Führe mich, o Herr, und leite meinen Gang nach deinem Wort. Sei und bleibe du auch heute mein Beschützer und mein Hort.« *RG-B*

Du bist unser Herr. Zu wem sonst sollten wir gehen? Deine Worte bringen das ewige Leben (Johannes 6, 68)

Unter den Anhängern Jesu hoffen einige auf ein bequemes Leben unter einem irdischen König Jesus. Der Kontext (u.a. das Wort vom Brot, das Leben gibt) macht das Mißverständnis deutlich. Aber viele seiner Anhänger sagen auch: Was er da redet, geht zu weit! So etwas kann man nicht mit anhören (V. 60) – und gehen. Die engsten Freunde, die Jünger, bleiben. Sie haben erkannt: »Deine Worte bedeuten/bringen Leben, das nicht vergeht.« – Wo Christen (die Kirche?) heute eindeutig Stellung beziehen, wo sie – in prophetischer Weise – Zeichen der Zeit erkennen und deutlich sagen, was dem Leben dient (Gerechtigkeit, Frieden, Bewahrung der Schöpfung), da scheiden sich die Geister. Die einen sagen: »Das ist zu politisch!« und wenden sich ab, laut oder leise. Die anderen nehmen das Risiko auf sich und bleiben. – In der Konfirmation will ich die Jugendlichen nicht zum Bleiben nötigen. Viele sind auf Wunsch der Eltern da oder »weil die anderen auch da sind«. Jesus beschwatzt keinen Austrittswilligen zum Bleiben. Es geht ums Leben. Da sind deutliche, klare (nicht ausgewogene) Worte am Platz. Anschließend steht es jedem frei, zu gehen oder zu bleiben. *FS*

Jesus Christus spricht: Ich bin der Weg und die Wahrheit und das Leben: niemand kommt zum Vater denn durch mich (Johannes 14, 6)

Ein Kind wird geboren. Jungen, Mädchen werden konfirmiert. Fahrer besteigen Lastwagen, um Lebensmittel in Flüchtlingslager zu bringen. In Südafrika werden Menschen auf Lkw verladen und in eine neue »Heimat« gebracht. Menschen unterwegs, mit verschiedenen Zielen, auf unterschiedlichen Wegen, aus nicht vergleichbaren Anlässen. Mit dem Bild des Weges verbinden wir Vergangenheit und Zukunft, Niederlage und Aufstieg, beglückende Stunden, dunkle Zeiten. Welcher Weg lohnt sich? Welches Ziel? Der christliche Glaube ist nicht der einzige Weg zum Glück. Jesus Christus bietet sich selbst an. Was ihn attraktiv, glaubwürdig macht: sein Angebot ist gedeckt durch sein Schicksal. Er hat ausprobiert, was er anbietet. Es gibt einen Weg in die Zukunft. Unser Leben ist nicht ausweglos. Wer bei Problemen, Belastungen, dunklen Zeiten nicht gleich in Betäubungen flieht, wer den Weg mit Jesus geht, wird aus dem Tal mit neuen Lebenschancen herauskommen. Mögt ihr Jesus-Menschen finden, die kritische Zeiten, schmerzliche Stunden mit euch aushalten, das Leiden unter anderen, an euch selbst, an den Zuständen dieser Erde!

Lied: Befiehl du deine Wege (EKG 294). *EJ*

Ein Mensch sieht, was vor Augen ist. Der Herr aber sieht das Herz an (1. Samuel 16, 17b)

Sehen und gesehen werden am Konfirmationstag. Eine gute Figur machen. Nach dem Aussehen eingeschätzt werden, einschätzen. Sehen wir in andere hinein, was wir sowieso schon über sie denken? – Einer hat seine Axt verloren. Er beobachtet den Sohn eines Nachbarn: Wie der aussieht, wie der redet, wie der geht – genau wie ein Axtdieb. Der Mann gräbt in seinem Garten und findet zufällig die Axt. Am anderen Tag sieht er den Nachbarsjungen wieder: Seine ganze Art hat nichts mehr von einem Axtdieb an sich. (nach: 'Himmel ist überall', S. 56). – Ein guter Zufall, daß sich der Blick dieses Menschen ins Positive umgekehrt hat. – Ein Mensch macht Erfahrungen, mit sich selbst, mit anderen. Das beeinflußt sein Denken, Handeln und Glauben. Was sieht er in andere hinein? Was aus ihnen heraus? Die Erfahrungen seines Herzens sehen mit. – Jesus hat mit gütigem Herzen angesehen, auch das Verborgene im Menschen: Enttäuschung und Wut, Angst und Versagen und nimmt es an. So können wir es auch annehmen und damit leben. Wer sich selbst mit Güte betrachtet, sieht auch andere mit Güte. *ISch*

Gott läßt seine Sonne aufgehen über Böse und Gute und läßt regnen über Gerechte und Ungerechte (Matthäus 5, 45b)

Stimmt! Und im selben Augenblick werde ich ärgerlich: Daß Gott das tut! Kann er nicht klare Verhältnisse schaffen? – Wir haben in den vergangenen

Tagen zusammen gespielt, gegessen, gearbeitet und gesungen, wir haben unter dem offenen Himmel getanzt.. Ich möchte euch erinnern an die Stille hier in dieser Kapelle, die vielen Begegnungen in der Gruppe, schöne und hilfreiche, und welche, die weniger schön waren, die belastet haben, einzelne von uns, die ganze Gruppe. Wenn Jesus in der Bergpredigt sagt, daß Gott seine Sonne aufgehen läßt über Böse und Gute, dann könnte mir das helfen zu begreifen: Wenn einer mich enttäuscht, dann tut mir das weh, aber ich muß mich nicht einfach von ihm abwenden – ich kann mich auch mit ihm auseinandersetzen, um zu verstehen, wie er das mit mir gemeint hat. Ich könnte gar begreifen, daß das, was mir wehtut, nicht nur bei ihm liegt, sondern auch bei mir und in mir. Dann wird dieser ärgerliche Satz gar tröstlich: Auch ich darf, mit allem, was in mir sich widerstreitet, wachsen und reifen. –

Kanon: Du bist da, wo Menschen leben.

(Am Ende einer Konfirmandenfreizeit) *ML*

Wenn ihr den Menschen ihre Übertretungen vergebt, so wird euch euer himmlischer Vater vergeben (Matthäus 6, 14)

Unbestreitbar die Lebenslogik dieses Satzes: Vergebung erfahre ich in dem Maß, in dem ich selber vergeben kann, und umgekehrt: Wo ich andere festlege, behafte bei ihren Übertretungen, da tu ich mich selber schwer mit dem Neuanfang, dem getrosten Schritt in eine andere Richtung. Unbestreitbar – aber für die Konfirmand/inn/en (die mir öfters versichern: »Uns muß der liebe Gott nicht viel vergeben!« – zu Recht, weil das Bewußtsein von Schuld eine Lebenserfahrung und -reife voraussetzt, die mit 15 Jahren kaum gegeben ist) noch fern und abstrakt. Nachvollziehbar und damit auch erinnerbar wird die Bedeutung des Satzes in A. Goes' »Das Sterben der Bäuerin«, etwa wenn diese dem Pfarrer »die merkwürdigen Dinge«, sagt, »sie sei ein paarmal in ihrem Leben recht sehr in schlimme Dinge hineingekommen, sie hätte darunter zu leiden gehabt, aber so sei es wohl gekommen, daß sie in ihrem ganzen Leben nicht hart geworden sei... Sie habe später, als die großen Stürme sich gelegt hatten, Furcht gehabt vor dem Hartwerden gegenüber fremdem Unrecht: denn es sei ja so, daß die Leute, die sich nichts Offenkundiges vorzuwerfen hätten, in dieser Gefahr ärger schwebten als die anderen.«

Lied: Herr, deine Liebe ist wie Gras und Ufer (V. 4!). *RG-B*

Nehmt einander an, wie Christus euch angenommen hat zu Gottes Lob (Römer 15, 7)

Eine Gruppe von Konfirmanden hat das für sich so verstanden: »Wir sollen unsere Mitmenschen akzeptieren, ohne daß äußerliche wie innerliche Fehler ausschlaggebend sind, wie auch Gott uns angenommen hat und uns nicht nach arm oder reich, krank oder gesund, schuldig oder unschuldig einstuft.« 'Akzeptieren' meint: annehmen, in Empfang nehmen, sich geben lassen, auf (sich) nehmen. Und der Appell meint wohl auch Menschen, mit denen ich mich schwer tue, und die gibt es! Was Paulus zu diesem Appell treibt, ist die Erfahrung, daß Menschen sich nicht annehmen, sondern aufgeben. Was ihn bewegt, ist die Vorstellung einer Gemeinde, in der wir Freude teilen, Trauer, Enttäuschungen und Erwartungen. Da spüre ich in diesem Appell den Schmerz über eine oftmals bedrückende Wirklichkeit, gepaart mit einem guten Stück Ungeduld: Sollten wir als Christen nicht glaubwürdiger einander begegnen können, so, daß man uns glauben kann, daß Christus uns angenommen hat mit seiner ganzen Schöpfung, und deshalb jede/jeder von uns sich auf den Weg machen kann, sich selbst und andere anzunehmen, auch wo ich mich selbst oft nicht leiden kann? Da könnte die Ungeduld zur Tugend werden.

Lied: Fürchte dich nicht, du gehst nicht verloren. *ML*

Ich möcht, daß einer mit mir geht **Erfahrungen mit Gott**

Mit meinem Gott kann ich über Mauern springen (2. Samuel 22, 30)

Auch das Gegenteil kann von Gott gesagt werden: »Er hat mich ummauert, daß ich nicht heraus kann, und mich in harte Fesseln gelegt« (Klagelieder 3, 7). In beiden Fällen handelt es sich um überaus (be)zwingende Gottes-Erfahrungen. Ich kann Gott als den erleben, der mich aus Zwängen erlöst – und ich kann es mit ihm zu tun haben, wenn ich »nicht aus noch ein weiß«. Er zwingt mich in die Enge – und er »reißt mich heraus« (2. Sam 22, 20). Er wirft mich auf mich selbst zurück – und er »führt mich hinaus ins Weite« (ebd.). Gott scheint in den Knotenpunkten des Lebens zu stecken, nicht in den glatten Verläufen. Am Schluß seiner Kindheitserinnerungen (»Marcel«) erzählt Marcel Pagnol, wie sein Freund Lili gestorben ist.: »1917 hat eine Kugel in einem dunklen Wald des Nordens ihn mitten in die Stirn getroffen und sein junges Leben ausgelöscht«, und rückblickend urteilt er: »So ist das Leben der Menschen. Einige Freuden, durch unvergeßlichen Kummer schnell zerstört.« Ist so das Leben? Sollte es nicht möglich sein, daß wir mit der Kraft Gottes in uns Mauern überwinden, die uns – solange wir in ihnen gefangen bleiben – »unvergeßlichen Kummer« bringen?

Lied: »Ich lobe meinen Gott, der aus der Tiefe mich holt« (Netz). *KE*

Das Leben eines Menschen Gott abzukaufen, ist unmöglich; auch sein eigenes Leben kann keiner bezahlen. Der Kaufpreis für ein Menschenleben ist hoch (Psalm 49, 8+9)

Prominente lassen sich manchmal in Gold aufwiegen. Ein Gefühl von hohem Wert. – 1.000 bis 4.000 DM zur Konfirmation. So viel ist ein junger Mensch der Familie und Bekanntschaft wert, immerhin. – Die Versicherung rechnet 4.000 DM für ein Auge, 1 Million für das Leben, Ablösungssumme für einen Spitzenfußballer. Menschen werden eingekauft, – geopfert: dem Verkehr, dem Konsum, dem Krieg. Verkauf dich nicht unter Wert! Blicke taxieren, Worte klingen abschätzig: 'Nicht geeignet'. Oder sie heben auf, zärtlich, wärmend: 'Unbezahlbar, du Schatz'. Wie gut das tut. – Eine Liebeserklärung Gottes an uns Menschen sind die Psalmworte. Bei Gott stehen wir hoch im Kurs, sind unbezahlbar, kostbar, sein Schatz. Ein Tip: In die Tiefe gehen. Fündig werden bei uns selbst, aufspüren, was drinsteckt, was hineingelegt ist: Gott. Verborgen unter vielem. – Junge Menschen mit dem liebevollen Blick Gottes betrachten. An den 'Schatz im Acker' glauben. Vertrauen in die verborgenen Kräfte. Hände, die bisher gehalten und geführt haben, öffnen sich liebevoll. Geh deinen Weg mit Gott. –

Lied: In deinen Augen kann ich schöner werden… *ISch*

Das geknickte Rohr zerbricht er nicht. Den glimmenden Docht löscht er nicht aus (Jesaja 42, 3)

Das Bild fasziniert: Der Mensch als Schilfrohr im Wind. Es beugt sich, richtet sich wieder auf, ohne Schaden zu nehmen. Sein Mäntelchen nach dem Wind der Politik, der Trends, der Moden zu hängen? Ohne Spannweite und Elastizität hält der Mensch den Belastungen des Lebens kaum stand. Leiden an Erkrankungen des Rückgrats. Schilfrohr ist widerstandsfähig, läßt sich schwer aus seinem Wurzelgrund reißen. Es eignet sich für Schreibfedern (gute Gedanken mitteilen), Meßstäbe (Maßstäbe finden und vermitteln), Rohrflöten (Ausdruck finden für hohe und tiefe Töne der Seele), Dächer (Schutz finden und geben), Pfeile (Aggressionen loswerden, sich wehren können, Ziele treffen). Anregungen zu vielen guten Wünschen für diesen Tag des Segnens.

Der Mensch als Schilfrohr – er kann geknickt werden durch Krankheit, Kummer, Einsamkeit, Frust, Armut, Versagen. Angst, den hohen Ansprüchen nicht gewachsen zu sein. Abgestempelt zu werden, zertreten von Stiefeln der Gewalt, durch scharfe Worte zerschnitten. Wenn Leben gelebt wird, hinterläßt das Spuren: Schrammen, Knicke, Brüche. Sie zulassen können bei sich selbst und bei anderen. Es tut gut, wenn da immer wieder einer sagt: 'Das geknickte Rohr...' Auch das Bild vom Docht besagt viel für solchen Tag: Da verwandelt sich träges Öl in Wärme und Helligkeit. Verwandeln lernen! Ein hoher Anspruch. Der Docht braucht seine Nahrung. Umhüllt vom Licht ist er doch anfällig, verletzlich. Druck löscht ihn aus, Overprotektion nimmt ihm die Luft. Im scharfen Zugwind weicht die Flamme aus, flackert, schwindet. Lebensgefühl auf Sparflamme. Manchmal nur noch ein glühender Funke Hoffnung. Dann ist es gut, wenn einer da ist und sagt: 'Den glimmenden Docht...' – 'Ich möchte mich an die Leute wenden, die nicht hübsch, nicht kräftig, nicht besonders auffallend sind: Ich meine, daß ihr, obwohl ihr im Dunkeln steht, zu den Liebsten gehört', schreibt eine Konfirmandin an andere in ihrer Gruppe. Vgl. 1. Kor. 1, 26 ff.

Lied: In Gottes Namen wolln wir finden, was verloren ist /
in Gottes Namen wolln wir suchen, was verirrt ist /
in Gottes Namen wolln wir heilen, was verletzt ist/
in Gottes Namen wolln wir stärken, was geschwächt ist /
in Gottes Namen wolln wir hüten, was lebendig ist –
wie einen Augapfel / wie mein Kind / wie eine Quelle /
in Gottes Namen. Amen (Barth/Horst).

ISch

Liebe deckt alle Übertretungen zu (Sprüche, 10, 12b)

Je länger ich lebe, desto genauer lerne ich meine Schwächen kennen, die Ängste, die mich handlungsunfähig machen, die Schatten in mir. – Je länger und dichter ich mit einem Menschen zusammenlebe, desto genauer lerne ich kennen, was mir an ihm Probleme schafft: ein schlechtes Gedächtnis, die manchmal zu laute Stimme, seine Ungeduld. Es ist gefährlich, so viel über sich selbst und über einen anderen Menschen zu erfahren: Es kann einem die Lust nehmen, noch mit sich, mit ihm zu tun zu haben. Was ich über mich weiß, kann mich depressiv machen; was ich über einen anderen weiß, kann mich ihm gegenüber aggressiv werden lassen.

Lieben bedeutet: ja sagen zum Leben, wie es ist. Mich selbst annehmen, wie ich mich kenne. Andere annehmen, ohne sie auf die Bilder festzulegen, die ich von ihnen habe. Aufhören zu beurteilen, zu verurteilen. Es gibt Menschen, die noch ihr genaues Wissen über einen anderen zum Instrument der Liebe machen. Zu ihnen möchte ich gehören, so daß ich sagen kann: Alles, was ich mit dir erlebe und von dir erfahre, läßt meine Liebe zu dir wachsen. Und ich wünsche mir, daß ich an Menschen gerate, die so mit mir umgehen, daß ich nicht auf »Übertretungen« festgelegt werde.

Lied: »Herr, deine Liebe ist wie Gras und Ufer«. *KE*

Die Liebe erträgt alles, sie glaubt alles, sie hofft alles, sie duldet alles (1. Korinther 13, 7)

Stimmt das? Wir machen andere Erfahrungen: Auch wenn wir meinen, einander zu lieben, verlieren wir die Nerven, hat unser Vertrauen Grenzen, geben wir auf, verlieren wir die Geduld. Wenn wir daran unsere Liebe zueinander messen, als Ehepartner, als Eltern und Kinder, dann ist es oft nicht weit her damit.

Paulus redet von der Liebe wie von einer Person. Ich denke an Jesus, in dem Gottes Liebe Gestalt annahm, persönlich wurde. Von Gottes Liebe ist hier die Rede: Gott erträgt uns mit all unseren Fehlern und Eigenarten, er vertraut uns immer neu trotz aller Enttäuschungen, er gibt die Hoffnung nicht auf, seine Geduld mit uns nimmt kein Ende. Er möchte uns als Mitarbeiter an seinem Reich oder ganz einfach als Bürger darin. Er möchte, daß wir Zukunft erleben.

Die Liebe Gottes im Sinne Jesu kann es sich leisten, die Tür zu gemeinsamer Zukunft offenzuhalten: einander zu ertragen, auch im Leid, neu Vertrauen zu wagen, ineinander Hoffnung zu setzen, Versuchungen standzuhalten.

Gebet/Lied: O Herr, mach mich zu einem Werkzeug deiner Liebe.

(Konfirmanden-Eltern-Wochenende) *EJ*

Nun aber bleiben Glaube, Hoffnung, Liebe, diese drei: Aber die Liebe ist die größte unter ihnen (1. Korinther 13, 13)

Mutter Theresa, 1910 in Skopje geborene Nonne, wirkt in Kalkutta/Indien. Die Straßen dieser Stadt werden von vielen »Hölle auf Erden« genannt. Dort, mitten im Elend der Armen, sieht sie ihre Aufgabe. Ihre ganze Liebe, Fürsorge und Kraft schenkt sie den Ausgestoßenen, den Kranken, den Alleingelassenen, den Unerwünschten, Kindern, Sterbenden, um die sich niemand kümmert. Sie hat sich vorgenommen, daß keiner, dem sie begegnet, ungeliebt und von allen verlassen sterben soll. Den Friedensnobelpreis hat sie bekommen. Niemand soll ohne Liebe sterben. Niemand soll ohne Liebe leben. Liebe ist wie Brot zum Leben. Eine Lebensaufgabe, sich dieser Liebe zu verschreiben. Sie gehört zum Menschsein. Aber sie ist ein Geschenk. Man kann sie nicht verdienen. Wir müssen sie uns schenken lassen. Wenn wir versuchen, sie einzuklagen oder sie festzuhalten, werden wir sie verlieren. Sie weitergeben heißt, sie neu zu gewinnen. Wie die Sonne, die am Ende des Tages ihre Strahlen zählt: Obwohl sie den ganzen Tag Wärme verschenkt, fehlt am Abend kein Strahl.

»Der Mensch ist so viel Mensch und so groß Mensch, wie er liebt« (Alfred Delp SJ).

Lied: EKG 246. *GF*

Furcht ist nicht in der Liebe, sondern die vollkommene Liebe treibt die Furcht aus (1. Johannes 4, 17 f.)

Gibt es das: »eine Welt ohne Angst« (K. Marti)? Jedenfalls wissen wir, daß Liebe »die Furcht austreibt«: Wenn wir geliebt werden, werden unsere Ängste kleiner und fangen an zu lächeln. Als der 1. Johannesbrief geschrieben wurde, war »Gott« eher etwas zum Fürchten als zum Lieben. Man mußte sich in acht nehmen vor ihm, mußte seine Strafe fürchten, war seiner Willkür ausgeliefert. Johannes sagt: Das sind eure Bilder von Gott; Gott ist anders. Gott ist Liebe, und in der Liebe kommt Angst nicht vor; wenn ihr vor Gott Angst habt, dann kommt sie aus euch selbst und nicht von ihm. (Gott ist nicht die Stimme des Über-Ich!)
Der Brief spricht immer von Gott und den »Brüdern« (und Schwestern!) zusammen. »Wenn wir uns untereinander lieben, so bleibt Gott in uns,und seine Liebe ist in uns vollkommen« (V. 12). »Eine Welt ohne Angst« könnte es geben, »wenn wir uns untereinander lieben«. Es hat sich einmal ganz unglaublich angehört, daß man Gott nicht fürchten müsse. Genauso unglaublich klingt es heute, daß die Menschen einander lieben und so die Angst voreinander verlieren könnten. Geht das? Probiert es aus!

Kanon: Das wünsch ich sehr... *KE*

Ich möcht, daß einer mit mir geht **Nicht verloren gehen**

Zu Lukas 15, 11–32: Predigtskizze

Fast eine Allerweltsgeschichte: ein Mann mit zwei Söhnen, eine Familie mit zwei Kindern. Der eine will auf eigenen Füßen stehen, sich selbst verwirklichen, eine Existenz gründen. Erstaunlich: Der Vater macht keinen Versuch, den Sohn zu halten, trotz vieler Gründe. Er achtet seinen Entschluß, traut ihm eigene Wege zu, hat überhaupt viel Vertrauen, auch in die eigene Erziehung. Er zahlt ihn aus wie einen Partner. – Der Sohn macht sich selbständig, flippt aus – und macht bankrott. Aus der Traum. Das kommt in der besten Familie

vor. Das vielleicht nicht: Als er zurückkommt, mit leeren Händen, das Erbe vertan, wie Perlen vor die Säue geworfen, gibt ihm der Vater ein Fest. Kein Vorwurf, keine Rechthaberei, sondern: Du bist mein Kind, trägst meinen Namen. Mein Haus ist dein Haus. Brief und Siegel darauf.
Verständlich, daß der ältere Bruder sich verweigert. Wer freut sich schon an einer gescheiterten Existenz, an krummen Touren. Auch ihm geht der Vater entgegen: Du bist immer bei mir. Was ich habe, ist so gut wie dein Eigentum. Dein Bruder beginnt heute ein neues Leben. Der »verlorene« Sohn? – Verlieren kann man nur, was man zuvor besessen hat. Und Kinder sind kein Besitz. Eltern auch nicht. – So ist Gott, sagt Jesus. Er läßt dir die Entscheidung über deinen Weg. Er gibt dich frei, damit du dich selber erfahren kannst. Aber er verliert dich nicht aus dem Gedächtnis. Das Siegel ist die Taufe. Wenn du zurückkommst, steht dir sein Haus offen: Abendmahl – das Fest der Heimgekehrten, das Ende aller Umwege. Welche Wege und Umwege ein Mensch in seinem Leben machen wird, weiß am Konfirmationstag niemand. Gut, daß es diese Geschichte gibt, für Eltern und Kinder. Gut zu wissen, daß es auch eine Geschichte von Gott ist, der niemand verloren gibt.

Gott, dein Name hat in mir ein vertrautes Echo, es antwortet in mir: meine Einsamkeit, meine Verlorenheit, meine Schuld. Frage ich nach mir, so stoße ich auf dich, verliere ich mich, so fehlst du mir. Ich bin nicht ohne dich.

Keinen Tag soll es geben, an dem du sagen mußt: ich halte es nicht mehr aus. Keinen Tag, an dem du sagen mußt: es ist keiner da, der mir aushilft und mit mir geht. Der Gott des Friedens bewahre dich, deine Gedanken, deine Seele, deine Gesundheit, wo immer du lebst (nach U. Seidel).

RS

Ich möcht, daß einer mit mir geht — **Taufe**

So spricht der Herr: »Fürchte dich nicht, denn ich habe dich erlöst; ich habe dich bei deinem Namen gerufen; du bist mein!« (Jesaja 43, 1b)

In manchen Kalendern gibt es vorne eine Seite für persönliche Daten. Da kannst du eintragen, was wichtig ist. Dein Alter etwa. Aber: Ob dreizehn oder 33 oder 73 Jahre entscheidet nicht darüber, wie alt oder jung oder wie erwachsen eine ist. Wichtig auch: deine Größe, dein Gewicht. Ohne deinen Körper wärst du nicht, die du bist. Dennoch sind Größe und Gewicht nicht wirklich ausschlaggebend. Dein Name ist wichtig, natürlich. Er ist am wichtigsten. Der Vorname bezeichnet dich als die unverwechselbare Susanne, die es nur einmal gibt. Der Nachname weist dich aus als Mitglied der Familie, aus der du stammst. Dein Name begleitet dich dein ganzes Leben. Deshalb ruft Gott Menschen bei ihrem Namen und sagt: Du gehörst zu mir. Wenn wir dich heute taufen, so erhältst du einen weiteren Namen, der dich kennzeichnet als eine, die in der Gemeinschaft mit vielen andern zu Gott gehört: den Namen Christi. Und so wird ab heute noch ein entscheidendes Datum auf deiner Kalenderseite stehen: der Tag deiner Taufe. Weil es schön ist und gut und wichtig, sich zu erinnern.

Lied: EKG 152,1.

(Taufe einer Konfirmandin) *ML*

... und er zog fröhlich seines Weges (Apostelgeschichte 8, 26–39)

Wer als Kind getauft wurde, ist den Weg zur Taufe getragen worden oder ging ihn an der Hand der Eltern. Wer älter ist, kann ihn selber gehen, muß es auch. Immer liegt vor der Taufe ein Weg, ein Aufbruch, ein Entschluß – der Eltern, von uns selbst. Der Kämmerer: Was hindert's, daß ich mich taufen lasse ...? Der Weg zur Taufe ist Antwort auf Gottes Einladung zu einem neuen Leben. – Taufe aus Tradition? – Ja, auch das! Dein Weg ist nicht nur dein Weg. Er ist auch eine Fortsetzung der Wege derer, die vor dir getauft wurden. Das entwertet deinen Weg nicht. Es verbindet dich mit den vielen vor dir und neben dir, mit der weltweiten Gemeinschaft der Geschwister Jesu. Du kannst auf diesem Weg von Jesus lernen, daß du andere nicht klein machen mußt, um groß zu werden; daß du nicht groß sein mußt, damit dein Leben einen Sinn hat. Das Vertrauen in den Sinn deines Lebens kann dich stark machen, nicht nur für das eigene Leben zu leben. Taufe: nicht nur Ziel, auch Anfang eines Weges! (nach W. Armbrüster, Dein Glaube ist wie ein Baum, S. 49–52)

Ich setzte den Fuß in die Luft / und sie trug. H. Domin

Lied: Wir haben Gottes Spuren festgestellt ...

(Kurzansprache, Taufe im Konfirmationsgottesdienst) *RS*

So seid ihr nun nicht mehr Gäste und Fremdlinge, sondern Mitbürger der Heiligen und Gottes Hausgenossen (Epheser 2, 19)

Das ist ein toller Gedanke: Ich habe Hausrecht. Ich habe das Recht zu sein. Ich bin berechtigt, hier zu sein als der, der ich bin. Also: Ich bin nicht nur der Gast, der darauf angewiesen ist, eingeladen zu werden. Ich bin nicht der Ausländer auf der beschwerlichen Suche nach Asyl, das wir – schlimm genug – zu häufig nicht gewähren. Ich bin auch nicht das unmündige Kind, das einen Katalog von Verhaltensmaßregeln beachten muß, um erwünscht zu sein, oder das bei zu vielen Gelegenheiten darauf hingewiesen wird, daß das ja nicht sein Tisch sei, unter den es seine Füße streckt. Sondern: Ich bin berechtigt, hier zu sein. Mehr noch: Ich bin hier zuhause – mit andern zusammen in derselben Gemeinschaft. Gemeinschaft, in der jede/jeder sein darf, in der jede/jeder zu ihrem/seinem Recht kommt, in der jede/jeder den andern gelten lassen kann – verbunden durch das Wasser der Taufe, den lebendigen Christus, verbunden durch den Geist Gottes, der dieses Haus zur Wohnung macht für viele und die Hausgemeinschaft verläßlich. Wir gehören dazu.

Lied: Komm, bau ein Haus, das uns beschützt. *ML*

Ich möcht, daß einer mit mir geht **Versagen**

Das Gute, das ich will, das tue ich nicht; sondern das Böse, das ich nicht will, das tue ich (Römer 7, 19)

Was ist »das Gute«, was »das Böse«? »Es gibt nichts Gutes, außer man tut es«, sagt Erich Kästner. Also: Es genügt nicht, das Gute zu erkennen; man muß es auch verwirklichen. Paulus spielt auf die Differenz zwischen Erkennen und Verhalten an: Ich weiß ganz gut, was »das Gute« ist, sagt er – aber es kommt mir immer etwas dazwischen, so daß ich am Ende nicht Gutes, sondern Böses tue. So sind die Menschen eben, meint Paulus. Seine »Lösung« des Problems: Was wir schlecht machen (und wir können es nur schlecht machen), das macht allein Gott gut. (Diese Überzeugung taucht bei D. Bonhoeffer 1942/43 wieder auf: »Ich glaube, daß Gott aus allem, auch aus dem Bösesten, Gutes entstehen lassen kann und will.«)
Ich bin nicht so skeptisch wie Paulus. Ich halte die Menschen für fähig, eine weitgehende Übereinstimmung zwischen Einsicht und Verhalten herzustellen. Und ich halte es für notwendig, daß wir nicht in einem dauernden Widerspruch zwischen Wollen und Tun (in einer »kognitiven Dissonanz») leben. Es geht darum, daß wir die Kräfte in uns, die das Gute wollen (und können), nicht kleingläubig verkümmern lassen. *KE*

Ich möcht, daß einer mit mir geht **Zeit in seinen Händen**

Ich aber, Herr, hoffe auf dich und spreche: Du bist mein Gott. Meine Zeit steht in deinen Händen (Psalm 31, 15–16a)

Sie haben ihn aufgegeben. »Mit dem wird's nicht mehr«, sagen sie, »der ist doch nur noch ein Wrack!« Und sie meiden den Kontakt mit ihm, peinlich berührt, reden allenfalls noch über ihn. Und er selber sieht und fühlt sich dementsprechend: kraftlos, ausgebrannt, ohne jeden Antrieb. Getrübt seine Augen: dunkel ist es um ihn, keinen Weg, keine Möglichkeit sieht er für sich:

»Gib auf. Mach Schluß.« Aber etwas in ihm wehrt sich gegen das »Aus«, trotzt den richtenden Instanzen außen und innen, wendet sich an eine andere, an einen anderen: »Dir, Gott des Lebens, vertraue ich mich an. Bei dir sehe ich mein ganzes Leben aufgehoben – meine Schwäche und mein Scheitern jetzt ebenso wie den Neuanfang mit all den Möglichkeiten, die mir noch verborgen sind. Hilf mir, leuchte mit deinem Leben in meine Dunkelheit, damit ich mein Leben wieder neu entdecken und wagen kann!« Das Bild dieses Beters möchte ich zeichnen in der Predigt, sein »Ich aber, Herr...« den Konfirmanden ins Herz prägen: »Meine Zeit in deinen Händen« als Licht für die Zeit der Dunkelheit.

Herr meiner Stunden und meiner Jahre, ich bitte dich um Sorgfalt, daß ich meine Zeit nicht töte, nicht vertreibe, nicht verderbe... Segne du meinen Tag (J. Zink). *RG-B*

Wenn der Herr es will, werden wir noch leben und dies oder jenes tun (Jakobus 4, 15)

Eines Tages werde ich sterben. Jeder weiß das. Aber wir können nicht jeden Tag mit diesem Gedanken herumgehen. Wir sollen es auch nicht, das Leben ist nicht der Warteraum des Todes. Aber am Tod wird uns besonders deutlich: Wir sind mit unserem Leben auch von Faktoren abhängig, auf die wir keinen Einfluß haben.
Das erfahren wir mitten im Leben schon: eine Krankheit, Arbeitslosigkeit, der Tod eines Menschen, den wir kannten, eine Freundschaft zerbricht, die Reaktorkatastrophe – solche Ereignisse machen uns schlaglichtartig bewußt: Wir allein sind nicht Herr über unser Leben. Unser Selbstvertrauen leidet. Gott will unser Leben noch, trotzdem. Der Herr über den Tod ist nicht am Ende seiner Möglichkeiten, wenn wir an unsere Grenze kommen. Plötzliche Veränderungen zwingen uns, Pläne umzuarbeiten. Mag sein, daß Gott uns damit neue Lebenschancen eröffnen will. Es ist gut, sich jederzeit offenzuhalten, um neue Seiten des Lebens zu entdecken, um neue Seiten an Gotteserfahrung aufzuschlagen.

Lied: Von guten Mächten wunderbar geborgen.

Heute ist der erste Tag vom Rest meines Lebens.

(Für Konfirmandeneltern) *EJ*

Der Himmel geht über allen auf **Abendmahl**

Das große Abendmahl (Lukas 14, 15–24)

Manchmal hat die Stimme Jesu einen ungeduldigen, ja aufgebrachten, zornigen Klang. Dieser Ton gehört auch zu ihm, ganz ohne Zweifel, obwohl mancher nicht mehr hinhören mag, wenn sie so klingt. Am Anfang dieses Gleichnisses steht eine Einladung. Das große Abendmahl, die »Feier des Lebens« (F. Steffensky) ist angesagt, und »viele« sind dazu eingeladen. Aber die gebetenen Gäste kommen nicht, obwohl sie noch einmal erinnert werden. Am Ende sitzen an der Tafel ganz andere, nämlich jene, die jeder Gesellschaft eine Last sind und um deretwillen selten ein Fest gefeiert wird. Sie sind die Lieblinge Jesu; in fast allen seinen Geschichten findet man sie wieder. Auch hier wird die Rangordnung verdreht: »Die Letzten werden die Ersten sein . . .« Aber das Gleichnis hat noch eine andere Botschaft: Man kann das große Fest, man kann die Feier des Lebens verpassen! – wenn man so mit den laufenden Geschäften, mit dringenden Terminen, mit der »Sicherung der Zukunft« ausgelastet ist, daß man für die Stimme Jesu nicht mehr empfänglich ist, die das Besondere mitten im Alltäglichen anzettelt. »Kommt, denn es ist alles bereit!« – nicht irgendwann, sondern **jetzt!**

Lied: »Du hast uns, Herr, gerufen«.

KE

Jesus spricht: Ich bin das Brot des Lebens. Wer zu mir kommt, den wird nicht hungern (Johannes 6, 35)

Was meint Jesus, wenn er sich »das Brot« nennt? Offenbar nicht das, wovon Lk 4, 4 die Rede ist:
»Der Mensch lebt nicht vom Brot allein, er stirbt sogar am Brot allein, einen allgegenwärtigen, schrecklichen Tod, den Tod am Brot allein. Den Tod, bei dem wir noch eine Weile weitervegetieren können, weil die Maschine noch läuft. Den Tod der Beziehungslosigkeit: Wir atmen noch, konsumieren weiter, wir scheiden aus, wir erledigen, wir produzieren, wir reden noch vor uns hin und leben doch nicht.« (Dorothee Sölle, Die Hinreise)
Jesus **ist** anderes als das »Brot«, das zum Überleben notwendig ist. Seine Geschichten sprechen sich herum bis heute, stecken an wie eine um sich greifende Gesundheit, geben Menschen klare Ziele und lassen sie am Sinn ihres Lebens nicht mehr zweifeln, machen aus wenig viel, setzen große Wünsche und weitreichende Hoffnung in Bewegung, erlösen von Ängsten und machen beharrlichen Mut, sehen in allen Dingen, in allen Menschen nicht, was sie **sind,** sondern was Liebe aus ihnen machen kann. Es sind Geschichten gegen den »Tod der Beziehungslosigkeit«: Mit ihnen kann man nicht allein bleiben.

Lied: »Das eine Brot wächst auf vielen Halmen« (Umkehr zum Leben, 670).

(Für Konfirmandeneltern)

KE

Dankt Gott, dem Vater, zu jeder Zeit für alles im Namen unseres Herrn Jesus Christus (Epheser 5, 20)

Dieser Dank läßt sich nicht verordnen. Er kommt von innen heraus, aus dem »Urvertrauen«: Das Leben, eigenes und fremdes, und die Welt sind Gottes gute Schöpfung. Dank schimmert auch am Konfirmationstag durch: in den Gesichtern der Eltern, in den Gedanken und Wünschen, mit denen sie ihre Kinder begleiten, in der Bitte um Gottes Segen. – Ob sie vor Augen haben, was sie bisher gehalten hat und letzten Endes auch weiter tragen wird? Ob sie die Erfahrungen erinnern, von denen her Leben Zukunft gewinnt – als Gegenmelodie zu düsteren Zukunftsprognosen?

Max Frisch fragt (Tagebuch 1969): Warum gibt es eigentlich keine Instanz wie das Finanzamt, die einmal im Jahr eine Liste der Dankbarkeiten verlangt. Einmal wenigstens müßte man sich Rechenschaft ablegen, wem und wofür man dankbar ist, vor allem aber, ob durch diese Dankbarkeit etwas in Bewegung gekommen sei… – Zeit zum Nachdenken, meditative Musik.

Tag für Tag, Gott, trägst du die Welt und nährst sie, und tiefer, als wir wagen uns vorzustellen, bist du überall zugegen, wohin wir gehen.

Lied: Danke, für diesen guten Morgen… *RS*

Wenn ich bete, denke ich immer wieder an euch alle und freue mich über euch (Philipper 1, 3)

Was hat die gemeinsame Zeit mit den Konfirmand(inn)en bei mir in Gang gebracht? Welche Gabe(n) hat mir der gütige Gott in den Mädchen und Jungen entgegengebracht? – Sich als Pfarrer(in) für die Jugendlichen öffentlich bedanken: Für alle Bereitschaft zum Mitmachen, für Kritik, Offenheit und Phantasie, für Witz, Humor und die Gelegenheiten, ausgelassen zu sein, für alles Nachdenken, Mittun und auch allen Widerstand. – Will ich das? Kann ich das, echt und glaubwürdig? – Paulus umschließt mit seinem Gebet nicht nur besonders treue, aktive oder gläubige Menschen aus der Gemeinde, sondern auch die »Randsiedler«, die ihm Sorge machen, in besonderen Versuchungen stehen… Entsprechend verbietet sich an dieser Stelle die »Ehrung« einzelner ebenso wie pauschale Schönfärberei. – Aber einen Versuch ist es schon Wert, zu sagen: »Gott, ich danke dir

- für Peter: Er hat mich mit seinen Fragen immer wieder nach neuen Worten suchen lassen.
- für Susanne: Sie hat mich ständig herausgefordert mit ihrem verschlossenen Gesicht.
- Christa: Sie hat mit ihrem Lachen manche Müdigkeit durchbrochen.
- für Mark: Es war schön, seiner Bedächtigkeit zuzusehen…«

Konfirmation

Sie alle ließen sich von den Aposteln unterrichten und lebten brüderlich zusammen, teilten miteinander das Brot im Mahl Jesu und beteten gemeinsam (Apostelgeschichte 2, 42)

Urchristliches Leitbild von Gemeinde. Christen zum Spiegel. So könnte Gemeinde sich kleiden! Konfirmanden versuchen sich damit: Nicht ausgelacht werden. Beachten, was andere fühlen, denken, über ihren Glauben sagen, Miteinander teilen, nicht nur Brot, auch Sorgen und Freuden, Zuneigung und Zeit. Nach Zukunft, Tod und Leben fragen. Gemeinschaft erleben. – Auf diesem Wege machen sie kleine Schritte, scheitern, fangen an. In der Tradition der vielen, die es versuchen: im Mönchsgewand wie Franziskus, in Sozialgesetzgebung, in Entwicklungshilfe, in Basisgemeinden wie in Nicaragua. Verschieden in Prägung und Erfolg. Deutlich die Grundwerte des christlichen Glaubens: Parteilichkeit für Arme und Unterdrückte, Wertschätzung des Menschen trotz seiner Leistungsmängel (Gnade), Gastfreundschaft gegen Fremde. Ins Gebet nehmen, was bedrückt und freut. Folgen bedenken in Richtung weltweiter Geschwisterlichkeit und ökonomischer Vernetzung. – Das alte, neue Gewand von Gemeinde als Taufkleid tragen und benutzen. Erfahren, wie es Leben wandelt und trägt. Helfen wir dabei!

Lied: Wenn wir wie Brüder... (EKG 159, 2). *ISch*

Ihr seid nicht länger Fremde und Gäste. Ihr gehört mit zum Volk Gottes und seid in Gottes Hausgemeinschaft aufgenommen (Epheser 2, 19)

Zur Konfirmation sind unsere Wohnungen voller Gäste: Vertraute Gesichter sehen wir wieder, andere sind »pflichteingeladen«; so fühlen sich unsere Gäste sicher auch mit uns vertraut oder fremd. Wir haben es nicht leicht miteinander, wenn wir uns nach vielen Jahren zum ersten Mal wiedersehen. – In der Kirche, im Gottesdienst wird es vielen ähnlich gehen: sie fühlen sich dort nicht zu Hause. Die Worte, die Lieder, der Ablauf – das alles ist vielen fremd. Die Konfirmation als Gottes Bestätigung »Wir gehören untrennbar zusammen« macht geltend: Für Gott sind wir keine unbedeutenden Außenstehenden, keine Außenseiter, auch wenn wir uns in der religiösen Passivität so fühlen mögen. Jeder hat ein Anrecht, auf Gott zu hoffen, zu ihm zu kommen, auf ihn zu rechnen.

Dies Anrecht hat sich keiner erworben. Gott hat von sich aus seine Exklusivität aufgegeben. In seiner Barmherzigkeit ist ihm niemand egal. Als Schwestern und Brüder Jesu gehören wir in seine Familie. Vielleicht kann dieser Konfirmationstag ein neuer Schritt sein zu einem vertrauteren und vertrauensvollen Umgang mit Gott, in seiner Gemeinde.

Lied: Komm, sag es allen weiter

(Abendandacht am Konfirmationstag) *EJ*

Wenn ihr Glauben habt wie ein Senfkorn, so könnt ihr sagen zu diesem Berge: Hebe dich dorthin! So wird er sich heben. Und euch wird nichts unmöglich sein (Matthäus 17, 20b)

Träume sind Schäume, sagen die Realisten. Martin Luther King gehört zu denen, die gegen alle Einwände und Warnungen der Realisten geträumt haben. Sein Traum: Eine Welt, in der Menschen angesehen werden als von Gott geliebte Geschöpfe, als Schwestern und Brüder Jesu Christi. Unabhängig von Hautfarbe und Herkunft. Er hat diesen Traum festgehalten, auch nachdem jemand eine Bombe in sein Haus geworfen hat, die um ein Haar seine Frau und seine Kinder getötet hätte. Auch als die Ordnungskräfte der Mächtigen ihre Ordnung zu sichern begannen. Er hat geträumt und andere gewonnen, die mit ihm geträumt haben. Wer zählt die Stunden der Tränen, des Zweifels? Die bohrenden Fragen der Freunde: Ist das der richtige Weg? Warum nicht mit Gewalt gegen die Gewalt aufbegehren? Martin Luther King ist mit seinen Freunden wie der Vogel geblieben, der singt, wenn die Nacht noch dunkel ist. Gott kann Wege aus der Ausweglosigkeit weisen. Er will das dunkle Gestern in ein helles Morgen verwandeln – das ist gewißlich wahr.

»Glaube ist wie der Vogel, der singt, wenn die Nacht noch dunkel ist« (Rabindranath Tagore).

Lied: EKG 53. *GF*

Gott hat uns nicht gegeben den Geist der Furcht, sondern der Kraft und der Liebe und der Besonnenheit (2. Timotheus 1,7)

Einem jungen jüdischen Arzt gelingt die Flucht aus Nazideutschland. In New York findet er in einem Hochhaus ein Unterkommen. Bei Androhung der Ausweisung zurück nach Deutschland ist ihm die Ausübung seines Berufes verboten. Es wird so Gottes Wille sein, sagt sich der fromme Mensch. Und er akzeptiert die Regeln. Da erkrankt das Kind des Hausmeisters schwer. Schnelle Hilfe ist nicht zu haben. Die verzweifelten Eltern wenden sich an den Fremden. Er lehnt ab, hat eine plausible Begründung. Die Eltern bleiben beharrlich. Es gibt sonst keine Hoffnung mehr. Kurze Bedenkzeit erbittet sich der Arzt. Ein verzweifeltes Gebet stößt er heraus. Dann geht er in die Hausmeisterwohnung. Es gelingt ihm, dem Kind zu helfen. Seine Dankbarkeit faßt er in ein Gebet. Aber da sind auch die Neider. Erste Gerüchte. Die Anklage vor Gericht folgt. Klar und offen bekennt der Füchtling: »Ich mußte helfen. Ich könnte sonst nie mehr zu meinem Gott beten. Dann aber wäre mein Leben sinnlos.« Und er wird freigesprochen. Dank wird ihm ausgesprochen, er darf im fremden Land zu praktizieren beginnen. – Nicht der einfache Weg ist verheißen, aber ein Geist der Kraft und der Liebe und der Besonnenheit.

EKG 106

GF

Was ist der Mensch, daß du seiner gedenkst, und des Menschen Kind, daß du dich seiner annimmst? Du hast ihn wenig niedriger gemacht als Gott, mit Ehre und Herrlichkeit hast du ihn gekrönt (Psalm 8, 5–6)

Es gibt eine Theologie, die Gott auf Kosten der Menschen groß macht ; sie kann sich auf diesen Psalm nicht berufen. Gott ist nicht darauf angewiesen, die Menschen klein und erbärmlich zu machen, um selbst groß dazustehen. Uns ist die Herrlichkeit Gottes ins Gesicht geschrieben, es ist sein Atem, der uns belebt (Gen 2,7)! Gott hat die Menschen gemacht um seinet (Gottes) willen, weil er sich selbst nicht genug ist, verlockt von der Aussicht, sein eigenes Gesicht in den Gesichtern aller Menschen wiederzufinden. Dieser Psalm gibt uns eine unendliche, un-glaubliche Würde.
Wie sehen wir uns selbst an? Mit Lust an unserer Schönheit, mit Achtung vor unseren guten Möglichkeiten, mit Vergnügen an unseren Stärken und Sympathie für unsere Schwächen? Wie sehen wir andere Menschen an? Als Ebenbilder Gottes, darin uns gleich, gleich auch an Rechten und an Würde? Müssen wir andere klein machen, um selbst groß dazustehen?

Kanon: »Der Himmel geht über allen auf«

Gegen-Text zu Ps 8: G. Benns Gedicht »Die Krone der Schöpfung, das Schwein, der Mensch«

KE

Von allen Seiten umgibst du mich und hältst deine Hand über mir (Psalm 139, 5)

Durchaus nicht so positiv wie Luthers Übersetzung ist der hebräische Text dieses Verses: Du umschließt mich (so wie Feinde eine Stadt umschließen in der Belagerung), klagt der Psalmbeter, du legst deine Hand auf mich, niederdrückend, so daß ich mich nicht erheben kann... Darum sucht er nach Fluchtmöglichkeiten in allen Richtungen bis hin zur Flucht vor dem Leben selber (V. 11) – und entdeckt gerade da, im Zu-Grunde-Gehen, die fürsorgliche, Leben schenkende Gegenwart Gottes, die ihm die Angst nimmt vor diesen alles durchdringenden Augen: Den Gott, der seinem Leben Kraft und Klarheit gibt, entdeckt er als Wegbegleiter. Der in Ps. 139 beschriebene Prozeß entspricht dem der Pubertät: Das Sichlösenmüssen aus dem Umschlossensein von den Eltern führt zur Identität des Erwachsenen, der sich seiner Wurzeln dankbar bewußt ist. Die Entsprechung hilft mir, die Konfirmand/inn/en zu einem lebendigen Glaubensprozeß zu ermutigen, dessen verschiedene Erfahrungen mit Gott in das Bekenntnis münden: »Von guten Mächten wunderbar geborgen erwarten wir getrost, was kommen mag. Gott ist mit uns am Abend und am Morgen und ganz gewiß an jedem neuen Tag.« *RG-B*

Jesus spricht: Wer mich sieht, der sieht den Vater (Johannes 14, 9)

Gottesbilder in der Bibel: der alles sehende, alles wissende, alles prüfende Gott (Ps 139) – der autoritäre, unberechenbare Despot (Gen 22) – der nicht in den Naturgewalten, aber im »stillen, sanften Sausen« sich Verbergende (1 Kön 19) – der gute Hirte (Ps 23) – der, der alle Tränen abwischt und den Tod aufhebt (Apk. 21)... Woran können wir uns halten, welches Bild Gottes ist für uns »verbindlich«? Jesus-Geschichten, die wir uns vertraut gemacht haben:

- »Wer unter euch ohne Sünde ist, der werfe den ersten Stein« (Joh 8),
- »Ein Beispiel habe ich euch gegeben...« (Joh 13),
- »Er lief und fiel ihm um den Hals und küßte ihn« (Lk 15, 20),
- »gekommen, zu suchen, was verloren ist...« (Lk 19, 10),
- »Wer sein Leben erhalten will, der wird es verlieren...« (Lk 9, 24),
- »Frau, dein Glaube ist groß. Dir geschehe, wie du willst!« (Mt 15)

Haltet euch an die funkelnden Alltags-Geschichten mit ihrem Zorn auf die »Gerechten«, mit ihrer Leidenschaft für die Kleinen und Armen und ihrem Widerspruch gegen alles, was tötet: Dann habt ihr »das« Bild Gottes.

Lied: »Gleichwie mich mein Vater gesandt hat«.

(Kurzansprache im Vorstellungsgottesdienst zum Thema) *KE*

Niemand hat Gott je gesehen. Wenn wir uns untereinander lieben, so bleibt Gott in uns, und seine Liebe ist völlig in uns (1. Johannes 4, 12)

Sinn-voller als die revidierte ist die alte Lutherübersetzung: »uns untereinander lieben«: da sind Ich und Du zusammengeschlossen, keine, auch keine moralischen Trennungen kennt die Liebe Gottes. »Seine Liebe ist völlig in uns«: ganz, restlos und zugleich vollendet, an ihr Ziel gelangt – Liebe als Gottesbeweis, Gotteserfahrung, die keines Sehens mehr bedarf, die »völlig« genügt. Kurt Martis »nachapostolisches bekenntnis« beginnt: »ich glaube an gott / der liebe ist / den schöpfer des himmels und der erde« und entfaltet im 2. und 3. Artikel, wie solche Liebe sich verkörpert hat und verkörpert in dieser Welt, bis zur »erfüllung des lebens über unser leben hinaus«. Ich sehe dieses »bekenntnis« als hilfreichen Kommentar für die Konfirmationspredigt: Am Beginn steht uneingeschränkt: die Liebe, nach der die Konfirmand/inn/en sich sehnen, von der sie träumen, ist Geschenk und Kraft des »Schöpfers Himmels und der Erden«. Bleiben, auch in den Enttäuschungen, kann sie, wenn wir sie binden an die Liebe Jesu, der auferstand, »um weiterzuwirken für unsere befreiung/bis daß gott alles in allem sein wird.« *RG-B*

Ihr seid das Licht der Welt... So laßt euer Licht leuchten vor den Leuten, damit sie eure guten Werke sehen und euren Vater im Himmel preisen (Matthäus 5, 14–16)

Manchmal denke ich, Jesus hat sich da getäuscht, uns Christenleute Licht der Welt zu nennen. Dann hilft mir ein kleines Lied: »Tragt in die Welt nun ein Licht, sagt allen: fürchtet euch nicht!« Ein Mutmachlied, wie wir es brauchen. Denn wir müssen ja herausfinden, wie das mit dem Lichtsein geht. Rezepte? Er betrat einen Laden. Hinter der Ladentheke sah er einen Engel. Hastig fragte er ihn: »Was verkaufen Sie, mein Herr?« Der Engel gab ihm freundlich Antwort: »Alles, was Sie wollen.« Der junge Mann sagte: »Dann hätte ich gerne: Das Ende der Kriege in aller Welt, immer mehr Bereitschaft, um miteinander zu reden, Beseitigung der Elendsviertel in Lateinamerika, Ausbildungsplätze für Jugendliche, mehr Zeit der Eltern, um mit ihren Kindern zu spielen, und, und, und...« Da fiel ihm der Engel ins Wort und sagte: »Entschuldigen Sie, junger Mann, Sie haben mich verkehrt verstanden. Wir verkaufen keine Früchte hier, wir verkaufen nur den Samen.«

Lied: Komm, Herr, segne uns

(Zu Beginn der Konfirmandenzeit oder im Vorstellungsgottesdienst) *GF*

Ich bin das Licht der Welt, sagt Jesus. Wer mir nachfolgt, der wird nicht wandeln in der Finsternis, sondern wird das Licht des Lebens haben (Johannes 8, 12)

Eine Geschichte von Heinrich Lhotzky: In einem abgelegenen Winkel kauert dunkel, trotzig und verbissen, ohne Freude eine Finsternis, dick und furchterregend. Dieser Finsternis begegnet ein kleines Licht, ein bißchen schwach, aber es leuchtet. »Hier bleibe ich«, sagt das Licht. Die Finsternis hat nur ein wütendes Knurren für das Licht übrig. Einer der vorbeikommt, sagt zum Licht: »Es gibt bessere Orte zum Sein. Sei doch nicht dumm und geh weg von dieser ungastlichen Stelle. »Nein«, sagt das Licht, »ich bleibe gerade hier. Da, wo es besonders dunkel ist, da möchte ich leuchten. An einer anderen Stelle brauchen sie mich nicht so nötig.« Die düstere Finsternis versucht gegen das Licht vorzugehen. Aber das kleine, schwache Licht ist nicht auszukriegen. Gott sei Dank! Mit diesem Versprechen und den Geschichten von diesem Versprechen im Gepäck läßt es sich schon auf die Lebensreise gehen. Auch wenn nur ein kleines, schwaches Licht leuchtet, gegen das die Dunkelheit angeht mit all ihrer Macht: Das Licht bleibt stärker.

Lieder: Von guten Mächten wunderbar geborgen..., Tragt in die Welt nun ein Licht...

GF

Der Himmel geht über allen auf **Nachfolge probieren**

Da fragte Jesus die Zwölf: Wollt ihr auch weggehen? Da antwortete ihm Simon Petrus: Herr, wohin sollten wir gehen? Du hast Worte des ewigen Lebens (Johannes 6, 67f.)

Worte, die wirken (nicht nur tröstlich und ermutigend, sondern – V.60 – auch provozierend, zum Widerspruch reizend), Worte, die bleiben (lange nachhallen, immer wieder auftauchen, eigene Lebenserfahrungen erhellen und verdichten): Solche Worte ewigen Lebens sind Marksteine eines Weges, der nicht Nachahmung (darum verbietet sich zu diesem Text die vielgehörte Klage darüber, daß die Konfirmand/inn/en nach der Konfirmation sich so selten in der Kirche blicken lassen!), sondern Nachfolge heißt: zum eigenen, verantworteten Weg fordert Jesu Frage ja die Jünger heraus, nicht zum einfachen In-der-Herde-Bleiben. In R. Strunks Buch »Nachfolge Christi« erklärt Simon Petrus dem Thomas, wie ihn Jesu Lebens-Worte auf seinen Nachfolgeweg brachten, und schließt: »Unser Weg in die Nachfolge des Herrn, das ist der Weg mitten hinein in die Welt und zu den Menschen. Wo ich anfange, um Menschen besorgt zu sein, so wie ein Hirt um das Leben seiner Tiere besorgt ist, da folge ich dem auferstandenen Herrn nach.« –

Herr, zeige uns den Weg, den deine Liebe geht, daß wir den Spuren folgen, die du auf unsern Straßen hinterläßt, damit wir leben als Lebendige (Kirchentagsliederheft '83, 704).

RG-B

Ihr werdet die Kraft des heiligen Geistes empfangen, der auf euch kommen wird, und werdet meine Zeugen sein in Jerusalem, in ganz Judäa und Samarien und bis an die Enden der Erde (Apostelgeschichte 1, 8)

All jene, die damals wie heute in bequemer Erwartungshaltung fragen: »Herr, wirst **du** das Reich aufrichten?« (V. 6) ent-täuscht Jesus, indem er ihre Blickrichtung umkehrt: »**Ihr** werdet...« Dieses Wort nimmt die Konfirmand/inn/en in ihrem Wunsch nach Eigenverantwortung ernst. Die Einsegnung macht nicht nur hör-, sondern auch spürbar: »Gottes Geist wirkt in euch, wirkt Lebens-Kraft für euch und andere, wirkt gegen die »Wir-können-doch-nichts-ausrichten«-Kleinmacherei, befähigt euch dazu, Zeugen zu sein für die Gegenwart Jesu in dieser Welt.« Im Bild des Zeugen wird Nachfolge in ihrer Bestimmtheit und Vielfalt anschaulich: »Eure eigenen Worte, Erfahrungen, eure Überraschungen und Enttäuschungen in der Begegnung mit Jesus sind gefragt – keine vorformulierten Dogmatiksätze! Euer Leben wird **eine** Zeugenaussage sein auf die jahrtausendealte Frage nach Jesus!«

In Ruppels Vertonung von Apg. 1,8 ist die Zeugenvielfalt als Kanon gestaltet, umschlossen vom unisono »Ihr werdet die Kraft... empfangen«: Konfirmationslied zum Einüben für die ganze Gemeinde (Kirchentagsliederheft '83, 654). *RG-B*

Obwohl ich von allen Seiten bedrängt bin, werde ich nicht erdrückt. Obwohl ich oft nicht mehr weiter weiß, verliere ich nicht den Mut (2. Korinther 4, 8)

Edda, eine Krankenschwester aus Namibia, sagte kürzlich zu mir: Sie verfolgen uns. Sie reißen die Familien auseinander. Sie vertreiben uns. Sie nehmen uns die Heimat. Sie unterdrücken und foltern uns. Sie nehmen uns alles. Aber eins können sie uns nicht nehmen: unseren Glauben. 'Die Guttaten Gottes sind noch nicht aus. Sein Erbarmen ist nicht zu Ende. Sondern: wie die Sonne aufgeht, jeden Morgen, so ist Gott da, ganz verläßlich'. Das lasse ich mir nicht nehmen! – Edda kann das sagen, weil sie entschlossen ist, der Guten Nachricht von Gottes Liebe zu den Menschen zu trauen. Sie läßt sich nicht mehr gefangennehmen von dem, was andere ihr einreden, auferlegen oder antun. Hinter der satanischen Dunkelheit ihrer Umgebung sieht sie das Licht, das Gott in Jesus aufstrahlen ließ. Das nennt die Bibel: lebendigen Glauben. Die Lebendigkeit unseres (und der Jugendlichen) Glaubens erweist sich daran, wie sich dieses Licht in unserem (vom Tode bedrohten) Leben sichtbar auswirkt und wofür wir daraufhin eintreten: Partei ergreifen, handeln, tätig werden, trösten, heilen, anklagen, Zukunft eröffnen...

Lied: Ich weiß, woran ich glaube (EKG 278). *FS*

Ihr seid das Salz der Erde. Wenn nun das Salz fade ist, womit soll man salzen? (Matthäus 5, 13a)

Allerlei aus dem Garten: eine Handvoll Erbsen und Bohnen, Karotten, Kohlrabi… eine Prise Salz gibt dem Gemüseeintopf Geschmack. Von Gott her sind Konfirmanden dieser gute Geschmack für die vielfältig bunte Welt. – 'Salz der Erde' – eine Portion Überheblichkeit? – Eine Prise, um dem Leben in der Gruppe, in der Gemeinde, in der Welt Gottes guten Geschmack zu geben! Jugendliches Gespür für Gerechtigkeit. Sensibles Reagieren auf Strukturen, die dumpf machen. Provozierende Kritik, die aufrührt. Fragen und Einfälle, die in Bewegung bringen. Ein Quentchen Pepp! – Den guten Geschmack Gottes spüren, die Welt damit würzen: Eindeutig auf der Seite der Schwachen und Ohnmächtigen stehen. Sich für Frieden und Gerechtigkeit in der Welt einsetzen. Lebensprozesse durchdringen (in Arbeit und Politik). Faulendes nicht hinnehmen. Leben erhalten. Die Welt nicht verkommen lassen. – Salz soll man wie Brot keinem verweigern! – Eine alte Sitte (dem Täufling 'Salz der Weisheit' geben) aufnehmen und den Konfirmierten ein Säckchen Salz überreichen, auf dem steht: 'Ihr seid das Salz der Welt. Gebt den guten Geschmack Gottes weiter'.

Lied: Selig seid ihr, wenn ihr einfach lebt… *ISch*

Ich will dich segnen und dir einen großen Namen machen, und du sollst ein Segen sein (1. Mose 12, 2b)

Ich möchte gesegnet sein. Und ich möchte zum Segen werden. Aber was soll ich mit einem großen Namen? Allmachtsphantasien gehen mir durch den Kopf und wie die einen groß sind auf Kosten der andern! Dann entdecke ich den »großen Namen« als Bindeglied zwischen »gesegnet sein« und »zum Segen werden«. Das erinnert mich daran, daß jeder Mensch Gottes Ebenbild sei. Die Verheißung, einen solchen Namen zu bekommen, rückt mich in die Nähe der Freundlichkeit Gottes. Wenn Gott meinen Namen groß macht (mit der ganzen leid- und hoffnungsvollen Geschichte, die sich hinter meinem Namen verbirgt), brauche ich mich vor mir selbst nicht zu verbergen, als sei ich mit mir nicht einverstanden; muß ich mich vor andern nicht verstecken, als sei ich nicht schön genug. Mein Gesicht wird hell. Ich bewege mich meiner selbst gewiß auf andere zu, auch wo ihr Gesicht nicht strahlt und sie meinen, sich aufplustern zu müssen – wo doch Gott sie wie mich groß genug macht! –

»Gesegnet: Gott geleitet dich / Seine Stille umfängt dich / Sein Wort tröstet dich / Sein Lieben öffnet dein Herz / Sein Leiden ist deiner Verzagtheit nah / Sein Frieden ebnet deinen Weg / immer wieder«.

ML

Mich quält keine Sorge, wenn ich mich niederlege, ganz ruhig schlafe ich ein; denn Du, Herr, läßt mich in Sicherheit leben (Psalm 4, 9)

Sicherheit – das Wort hat magische, verführerische Kräfte. Wer sagt »Das ist für Deine Sicherheit!«, kann uns nahezu alles verkaufen: Versicherungen, Türschlösser, Alarmanlagen – für den Hausgebrauch. Nuclear(ABC-)Waffen, SDI, Ausspähung, Verhaftungen im staatlichen Bereich. Millionen von Vätern und Müttern und Kindern kommen durch diese »Sicherheitspolitik« um. Sie sterben am Hunger, an Gewalt, an großer Einsamkeit. Solche Sicherheit ist zum Gegenteil von Freiheit geworden. Der Psalmbeter weist auf die Sicherheit hin, die frei (sein) läßt. Trotz Enge und Unterdrückung, trotz erlittenem Unrecht und besudelter Ehre kann er sagen: »Mich quält keine Sorge...«, weil Gott da ist. Darauf kann ich trauen, mich verlassen. Das gibt in aller Unsicherheit Sicherheit. Nicht Bewahrung vor allem Übel, aber Begleitung in allen Nöten. »Du willst das Leben für mich, Gott, davon kann ich ausgehen. Darauf kann ich setzen. Das setzt (mich) frei – und läßt mich in allen Unruhen ruhig schlafen.«

Geht hin – im Segen. Ich versichere (konfirmiere) Euch. Meinen Segen (Schalom) habt Ihr im Rücken und vor Euch!, sagt Gott.

FS

Der Herr ist mein Begleiter, ich gehe nicht leer aus (Psalm 23, 1)

Der 23. Psalm ist weithin bekannt. Nicht überall jedoch kennt man Hirten. Wie liest sich »dunkle Täler« auf dem flachen Land oder in der Großstadt? – Was es bedeutet, in seinem eigenen Kontext zu glauben, wird manchmal bewußt durch eine »Neufassung« des altbekannten Wortlautes: Der Herr ist mein Begleiter, / ich gehe nicht leer aus. / Aus meiner Enge bringt er mich hinaus, / zu Menschen, Frauen und Männern, / Quellen des Erlebens, / und stellt mich wieder her / zu neuer Lebendigkeit. / Ihm gefällt es, / daß ich Gemeinschaft finde. / Mag dabei Dunkelheit mich überfallen, / hab ich doch keine Angst. /

Ich bin ja nicht allein. / Du hast mir eine Heimat gegeben, / mit andern zusammen, / und fängst meine Tränen auf. / Eine fröhliche Gemeinschaft hast du mir bereitet. / Andere sehen's und sind erstaunt. / Umarmung und Freundschaft hast du mir geschenkt, / mehr als ich es fassen kann. / Ich weiß jetzt, / was »deine Treue« ist. / Mein Leben lang geht sie mir nach. / In solcher Gemeinschaft will ich immer bleiben. /

Lied/Gebet: Von guten Mächten wunderbar geborgen... (Bonhoeffer) *FS*

Erforsche mich, Gott, und erkenne mein Herz (Psalm 139, 23)

Ein Vertrauensbeweis für Gott. Ein von Konfirmanden gerne gewählter Spruch zur Konfirmation. Bei den ersten Schritten auf dem eigenen Weg, nach den ersten tiefgehenden Enttäuschungen herrscht Unsicherheit: Ihr Verhalten wird häufig mißdeutet, mißverstanden. Wem kann ich mich anvertrauen? Wen in mich hineinschauen lassen? Wo ist einer, der Vertrauen nicht ausnützt, der mich nicht auslacht? Von Gott lasse ich mich gerne durchschauen. Menschen sind Jesus begegnet: Der kennt mich besser als ich mich selbst, der kennt die Wahrheit über mich, der nutzt meine Schwäche nicht aus, der moralisiert nicht, der weist auf neue Möglichkeiten hin. Solches Vertrauen wird bestärkt, wenn Erwachsene nicht in Jugendliche dringen wollen, Geduld haben, wachsen lassen, sie im Blick behalten ohne zu kontrollieren, sich selbst in Frage stellen lassen, gemeinsam vor Gott nach dem richtigen Weg miteinander suchen.

Herr, mein Gott! Keiner versteht mich. Ich verstehe mich selber nicht mehr.
Aber ich lasse mir sagen: Du verstehst mich. Verlaß mich nicht. Amen.

(Mit Konfirmandeneltern) *EJ*

Gott vertrauen heißt: sich verlassen auf das, was man hofft, und fest rechnen mit dem, was man nicht sehen kann (Hebräer 11, 1)

Die Straße führt auf eine Brücke zu. Ich weiß nichts über ihre Haltbarkeit. Aber je länger ich auf der Brücke fahre, desto mehr schwindet die Sorge, die Angst. Ich erfahre: sie trägt. Wir sind auf solche »Brücken« angewiesen auch in unserem Leben miteinander. Um weiterzukommen, um Hindernisse zu überwinden, um mit Tiefen in unserem Leben fertig zu werden, brauchen wir »Brücken«. Wir leben nicht nur davon, daß wir uns auf uns selbst verlassen. Wir brauchen Vertrauen zu anderen: Je mehr, je länger wir gute Erfahrungen machen, desto zuversichtlicher werden wir, daß wir auch zukünftige schwierige Situationen durchstehen werden. Wir erfahren so: Unsere Wirklichkeit ist umfassender, als wir sie mit unseren Sinnen wahrnehmen. Aber ohne das Wagnis, sich auf einander einzulassen, kann solche Erfahrung nicht wachsen. Das Wagnis Jesu, mit Gott selbst im Tod noch zu rechnen, und dann seine Auferweckung geben uns das gute Recht, von Gott für uns nicht weniger Tragfähigkeit zu erhoffen.

Lied: Wir haben Gottes Spuren festgestellt…

(Andacht am Abend des Konfirmationstages) *EJ*

Zu Psalm 139, 17f.: Spuren im Sand

Einmal Gottes Gedanken lesen können, begreifen mit Kopf und Sinnen. Wer bin ich im Gefüge der Welt? Wo geht es hin? Werde ich mich im Sand verlieren, der zwischen den Fingern zerrinnt? – Es gibt keinen Ort, an dem ich verloren bin. Kann ich diese Worte des Vertrauens nachsprechen? Jene traumhafte symbolische Sprache begreifen? Anderen mitteilen? 'Am Ende bin ich noch bei dir.' Morgens, wenn mich die Sorge drückt? Nachts, wenn ich nicht schlafen kann? – Gottes Gedanken sind nicht einzufangen in feste Bilder, in Begriffe oder den Katechismus. Unendlich sind sie. Wir werden wohl nie damit fertig. – Ich will glauben, daß auch ich ein guter Gedanke Gottes bin und meine Spur nicht im Sand verweht, und auch nicht die Spur derer um mich herum, mögen sie mir nun liegen oder nicht. – Aussprechen, was uns an Fragen umtreibt: Gott, wo warst du in Auschwitz, in Vietnam, wo in Beirut, in Tschernobyl? Wo, wenn das Leben junger Menschen zerrieben wird – durch Vermarktung ihrer Wünsche und Träume? – Gottes Sinnen ergreift uns in der Bitte jedes Asylanten… – 'Was hülfe es dem Menschen, wenn er alle Psalmworte betete und alle Geborgenheit fände und änderte nichts an seiner Welt?' (Sölle, Hinreise).

Im weiten Bogen Zeit / zum Augenblick gespannt, / geneigter Gott, / dir zu begegnen: Find uns bereit / mit unserem Leben / Hand in Hand / das Zeitliche zu segnen (Barth/ Horst). *ISch*

Ein jegliches hat seine Zeit und alles Vorhaben unter dem Himmel hat seine Stunde (Prediger 3,1–8)

Mein Lebensrad

»Der Augenblick entdeckt die Wahrheit. Der erfüllte, gesegnete Augenblick ist dem Menschen ebensowenig verfügbar wie der unerfüllte – beide sind in ihren eigentlichen Werten schwer erkennbar. Das in unserem Verständnis »gelungene« Leben lebt vor allem, von uns unerkannt, auch aus dem scheinbar mißlungenen.« (R.P. Litzenburger)

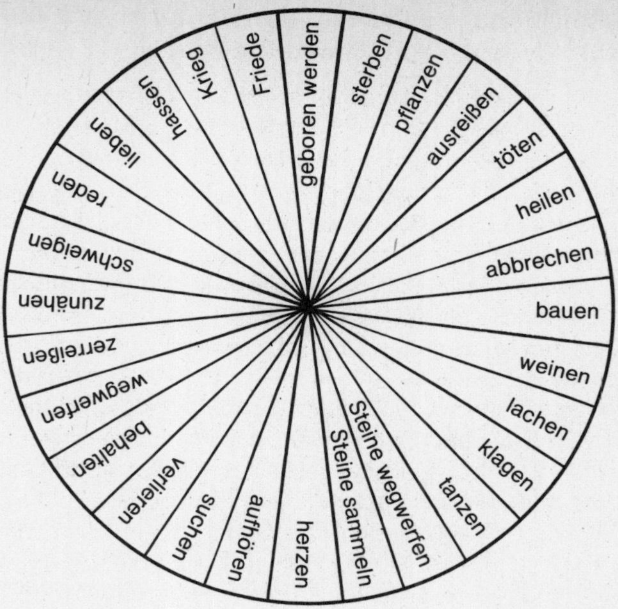

Kohelets Lebensrad brachte ich den Konfirmand/inn/en mit, bat sie, nach seiner Vorgabe ihr eigenes zu zeichnen. Das hatte weniger Speichen: »Was soll Krieg, Hassen, Töten in unserem Leben?« fragten sie mich empört. Und dann sagte Ute: »Ich hab immer gebetet, daß meine Eltern sich nicht scheiden lassen, aber es hat nichts genützt.« Jetzt hatte Schweigen seine Zeit. Und dann auch das Reden, betroffen. Mir war es wichtig, Gott nicht nur in den lichten, hohen Seiten des Lebens zu erkennen, sondern auch in den dunklen, tiefen. Und dann zu fragen: Wie lebe ich in der Zeit der Trennung? Wie gehe ich um mit meinem und fremdem Haß? Was kann da wachsen an Kräften des Verbindens, des Heilens? Für den Konfirmationsgottesdienst entwerfen wir gerade ein großes, bebildertes Lebensrad. Es bekommt zu den Speichen Kohelets zwei weitere: »nach Gott fragen – von Gott Antwort bekommen«.

Sprich Ja zu meinen Taten, hilf selbst das Beste raten, den Anfang, Mitt' und Ende, ach Herr, zum Besten wende. (Im Bach-Satz gesungen, in dem Kon- und Dissonanzen einander abwechseln wie die Speichen an Kohelets Lebensrad und dann – kein Zufall! – im Schalom: dem Gleichgewicht, zur Ruhe kommen.)

RG-B

Gott läßt seine Sonne aufgehen über Böse und Gute und läßt es regnen über Gerechte und Ungerechte (Matthäus 5, 45b)

»In der Sonne sieht die Welt viel schöner aus. Doch ein Mord bleibt auch bei Sonnenschein ein Mord. Auch Haß und Heuchelei weichen vor der Sonne keinen Zentimeter.« (Robert Long). Nach Harrisburg, Tschernobyl, der Vergiftung des Rheins... bleibt der Sonnenschein, als wäre nichts geschehen. Verdunkeln müßte sich die Sonne, die Erde schreien: Wo bist du, Gott? Lauter noch: Wo bist du Mensch, Vater, Mutter, Politiker? – Versteckt hinter kleinen Verpflichtungen und großen Worten. Versponnen in Schwarz-Weiß-Denken, Gut-Böse, West-Ost. – Menschen schaffen, die nicht anders können als lieb und gut sein, ordentlich, gehorsam? Programmiert, genetisch gesteuert? – Gott ist anders: Er gibt frei. Sich aufwärmen an dieser Großzügigkeit Gottes. Sich selbst annehmen mit den eigenen Sonnen- und Schattenseiten. Sich lösen von Vorurteilen und Richtigkeiten. Eis schmelzen lassen. Vertrauen wagen. Anderen die Sonne Gottes nicht vorenthalten. Anteil geben an der Lebendigkeit, an Lebensperspektiven, an Freundschaften. »Die Weite des Himmels atmen. Den Vollendeten nachahmen«. Dem Fluch widerstehen: »Segnet doch die, die euch fluchen. Denen tut wohl, die euch hassen. Betet für die, die euch kränken. Betet für die, die euch jagen« (Barth/Horst).

(Andacht am Abend) *ISch*

Trauung

Einführung

Nicht wenige Pfarrerinnen und Pfarrer erleben die Trauung als die problematischste Kasualie. In der Tat wird ja hier die viel beklagte und noch häufiger verfluchte »Palmkübelfunktion« des Pfarrers besonders deutlich – bis dahin, daß das Ritual als Vorlage für das Video-Heimkino herhalten muß. Dazu kommt die allgemeine Unsicherheit über den Sinn der Ehe in einer Zeit, die Partnerschaft durchaus auch anders definieren und leben kann und die von einer hohen Scheidungsziffer geprägt ist. Kaum eine Trauung, auf die nicht schon irgendein Schatten fällt. Wie oft mögen Pfarrerin oder Pfarrer bei sich denken: »Mein Gott, wenn das nur gut geht mit den beiden«? Dann lautet die Aufgabe: Hoffnung wecken und Zuspruch verkünden gegen den Augenschein. Die Rolle heißt: Narr in Christo. Aber ist die denn gar so schlecht? Anläßlich der Trauung reden, fordert viel: zum Beispiel eine große Entschiedenheit, sich nicht zum Schauspieler machen zu lassen; den Mut, nicht drum herum zu reden; die Kraft, zu sich selber und zum Auftrag der Evangeliumsverkündigung zu stehen; die Lockerheit, alles sozusagen auch wieder nicht todernst zu nehmen; die Entschlossenheit, nicht den Moralprediger zu spielen; vor allem: nichts persönlich zu nehmen.
Auf der anderen Seite ist der Pfarrer gerade anläßlich der Trauung bei dem Thema, das unmittelbar die Wirklichkeit Gottes beschreibt und das jedem Mann und jeder Frau vertraut ist und daher als Wort des Lebens und des Glaubens Vertrauen genießt: Liebe.
So ist es kein Zufall, daß die folgenden Bearbeitungen einen weiten Spannungsbogen ausfüllen. Sie sind von der Erfahrung und der Zuversicht geprägt, daß Partnerschaft erarbeitet werden muß und daß zum Gelingen Gottes Segen gehört.
Auf die Situation Wiederverheirateter ist vor allem unter »Ein Ende, ein Anfang« Rücksicht genommen.

ED

Nehmt einander an, wie uns Christus angenommen hat zu Gottes Lob (Römer 15, 7)

»Auch wir sind die Verfasser der anderen« (Max Frisch). Ein Satz, der noch immer richtig ist, wenn zwei erwachsene Menschen sich das Jawort geben: Zwei schon »verfaßte« Menschen lassen sich aufeinander ein. Wie viele Ehen sind daran gescheitert, daß die Partner sich ihre »Verfaßtheit« nicht zugestanden haben! Wie viele Ehen leiden unter einem »... bieg' ich mir schon hin«! Wie oft werden wir »Oberlehrer« aneinander schuldig! Das »Christus-Modell« setzt anders an: Annahme des Menschen »wie er ist«, »allein aus Glauben«. Daß er sich ändert, ist keine Voraussetzung der Rechtfertigung, sondern eine Konsequenz **solchen** Verfaßt-Werdens!

»Einziger Paragraph: Nur eines wird verboten bleiben – zu lieben ohne Liebe« (Thiago de Mello).

»Hier äußert sich eine großzügige Haltung, die über unsere Sorgen und Bedürfnisse kein Wort verliert, sondern an Gottes Ehre, an sein 'Lob' denkt. Paulus wußte noch nicht, daß er da eine Grund-Medizin gegen unsere Neurosen beschrieb: den Blick von uns selbst loszureißen und ihn uneingeschränkt auf den zu richten, der um seiner selbst willen angebetet und gepriesen werden soll« (W. Dirks). *DG*

Aber von Gottes Gnade bin ich, was ich bin (1. Korinther 15, 10)

Man denkt, man kennt einander – jedenfalls so gut, daß man meint, die Hochzeit, die Ehe wagen zu können. Auch von den Schwierigkeiten des anderen ist einem etwas vertraut geworden – trotzdem: Der/die andere ist Traummann/Traumfrau. Dann kommt der Alltag: Jeden Tag entdecken, erfahren wir Neues über den anderen. Mit einigem haben wir Schwierigkeiten. Wie soll damit umgegangen werden? Soll ich mich anpassen, nachgeben, den anderen so sein lassen wie er ist, oder soll ich mit ihm reden, mich immer wieder mit ihm auseinandersetzen? Und wie geht der betroffene Ehepartner damit um? Trumpft er/sie auf: Ich bin so, wie ich bin, finde dich damit ab? Von Gottes Gnade bin ich, was ich bin – das nimmt diesem Ich-sein die Härte – ja, ich bin so – es ist ein Wissen um die eigenen Stärken und Unzulänglichkeiten – es ist ein Werben um den anderen, eine Bitte um Annahme, die zugleich eine Bereitschaft zum Lernen signalisiert.

Gott, gib, daß die beiden immer wieder die Geduld haben, einander anzunehmen, dem anderen Raum zu geben, sich zu verändern ... Einander aufzunehmen, wie du es hast getan; geschwisterlich zu leben (Cantate Domino) ... Die für ihre Mitwelt gefährlichsten Egoisten sind jene, die nicht einmal sich selbst zu achten, geschweige denn zu lieben vermögen (Kurt Marti). *SK-P*

Ich will dir danken, Herr, unter den Völkern, ich will dir lobsingen unter den Leuten. Denn deine Gnade reicht, so weit der Himmel ist, und deine Treue, so weit die Wolken gehen (Psalm 108, 4f.)

Die Mütter und Väter im Glauben, den Horizont vor Augen, verbanden noch ganz anders als wir persönliche Erfahrungen mit Gott. Wie selbstverständlich nehmen wir diese Welt, unser Leben, aber auch die Menschen, die mit uns auf dem Wege sind, oft hin! Der Alltag läßt uns kaum Raum, 'danke' zu sagen – dem Partner nicht, geschweige denn Gott. Oft sind es erst »Grenzsituationen«, die uns aufmerken lassen: Wir verdanken uns nicht uns selbst. Wir können so vieles weder selbst machen noch machen lassen und schon gar nicht kaufen – wie wir uns heute so oft Wünsche erfüllen. Auch das ist Gnade, daß eine(r) Ja sagt zu mir. Danke, Gott!

Kauf dir das Lied, das die Nachtigall singt, kauf dir, daß einer dich mag. Kauf dir, daß am Straßenrand ein Vagabund dir winkt, kauf dir das Lachen vom vergangenen Tag. Kauf dir das Raunen des Grases im Wind, kauf dir ein zärtliches »Du« – kauf dir, wenn einmal das Leben verrinnt, eine Sekunde dazu... (Mischa Meinek). *DG*

Es sollen dir danken, Herr, alle deine Werke und deine Heiligen dich loben (Psalm 145, 10)

Wir haben nicht das Recht gepachtet, daß es uns gut geht, daß uns oder unserem Partner nichts zustößt – und wie schön ist es dann, daß wir unsere Liebe, die Gegenwart des Partners jeden Tag neu empfangen und genießen dürfen! Dankbarkeit als tiefe Grundhaltung menschlichen Seins, dankbar sein für das eigene Leben, dankbar für die Liebe und das Gegenüber. So kann ich den anderen jeden Tag neu sehen, meine Augen können sich freuen am anderen, weil ich aus tiefer Dankbarkeit lebe. Der Partner ist ein Geschenk, ich nehme es an, freue mich daran und lasse es mir immer neu schenken, ohne es besitzen zu wollen. In dankbarem Gegenüber können Menschen wachsen und reifen aufeinander zu. Jedes Besitzdenken sieht den anderen als Gegenstand, vereinnahmt und degradiert ihn. Den Besitz bewahrt man mit Macht, das Geschenk erhält man in Dankbarkeit.

Ich weiß nicht, ob das Leben mich liebt, aber Gott hat mir die Gnade erwiesen, daß ich das Leben liebe (Georges Bernanos).

Herr, ich werfe meine Freude wie Vögel an den Himmel, die Nacht ist verflattert. Ein neuer Tag von deiner Liebe, Herr, wir danken dir (627, Kirchentagsliederheft '83).

HG

Was Gott im Himmel will, das geschehe (1. Makkabäer 3, 60)

Himmel und Erde sind nicht Gegensätze wie schwarz und weiß, gut und böse, sondern was auf der Erde geschieht, steht in einer ständigen Entsprechung zu Gottes Ewigkeit. Er schafft den Menschen 'nach seinem Bilde', und am Ende wird das neue Jerusalem aus dem Himmel herabgelassen, damit Gott bei den Menschen 'wohnen' kann. Darum beten wir mit Jesus: Vater, dein Wille geschehe, wie im Himmel, so auf Erden. Auch die Ehe ist weder der Himmel auf Erden noch eine bloße Gütergemeinschaft zur größtmöglichen Befriedigung unserer Bedürfnisse. Als partnerschaftliches Miteinander zweier Menschen weist sie ständig über sich hinaus auf das Du Gottes, das mich erst eigentlich zum Ich macht. Und als von Gott gestiftete und gesegnete Gemeinschaft ist sie dem Alltag dieser Welt gerade nicht enthoben, sondern in ihn hineingestellt, um ihn zu heiligen. Der Segen über einer Ehe will täglich erfahren, benannt, bezeugt, genossen und verschenkt werden.

'Treib unsern Willen, dein Wort zu erfüllen, lehr uns verrichten heilige Geschäfte; und wo wir schwach sind, da gib du uns Kräfte. Lobet den Herren' (EKG 347,8).

'Wenn der Menschensohn Herr ist über den Sabbat, dann ist die Liebe Herr über die Ehe, dann wird die Liebe der Ehe und der menschlichen Inhalte der Ehe Herr' (Peter Beier).

KvM

Dein Reich komme. Dein Wille geschehe, wie im Himmel, so auf Erden (Matthäus 6, 10)

Die Bibel, das sollte man wissen, erhebt grundsätzlich Einspruch gegen das Denken: Das hier ist mein Reich, hier hört alles und jeder nur auf mein Kommando. Sie erhebt eben ganz allgemein Einspruch gegen das Herrschenwollen von Menschen über andere Menschen. Denn das geht nicht, daß einer sich grad alles herausnimmt, und der andere muß das alles einfach so hinnehmen. Sie erhebt Einspruch gegen Machtansprüche jeglicher Art, vor allem dagegen, wenn einer gewissermaßen für sich das 1. Gebot in Anspruch nimmt und kundtut: Ich bin dein Herr, dein Gott. Stattdessen: die Aussicht auf Gewaltverzicht. Sich kundig machen und hinhören, aufmerksam sein und nachdenken, Anteil nehmen und mitteilen, Angst nehmen, befreien, mitlieben und mitleiden und selig sein dürfen. Einem auf die Beine helfen, für ihn reden und eintreten, für ihn handeln und beten, das entspricht nicht nur dem Willen Gottes, sondern das hat auch etwas mit dem Reich Gottes zu tun.

»Alles Gelungene ist eine Form der Gewalt« (Popper) –.

Wie fragwürdig ist eine solche Aussage? – LIED »Vater unser« (Anhang '77 – Nr. 874).

DSch

Ein Mensch kann nichts nehmen, wenn es ihm nicht vom Himmel gegeben ist (Johannes 3, 27)

Manchmal sagen wir jemandem, der uns unvermutet zur Hilfe kommt: »Du bist ein Geschenk des Himmels.« Sind Eheleute für einander 'Geschenke des Himmels'? Viele suchen einen Partner und prüfen kritisch, ob der Gefundene auch wirklich der Richtige ist. Für Geschenke des Himmels scheint da wenig Platz zu sein. Es ist aber keine Frage objektiver Fakten, ob man einander als vom Himmel gegeben annehmen kann. Die Traufrage »Willst du diese..., die Gott dir anvertraut, als deine Ehefrau lieben und ehren...« fragt nach dem Glauben der Eheleute: 'Kann ich glauben, daß dieser Mensch mir von Gott anvertraut ist?' Wer es kann, wird von Zweifeln befreit: Wenn Gott diesen Menschen gegeben hat, wird er auch die Kraft zum Miteinander geben, wenn man sie von ihm erbittet! Ehe wird damit zu einer von Gott gestellten Aufgabe. Nicht ich befinde darüber, ob der andere wertvoll für mich ist. Es war Gottes Entscheidung, uns zusammenzuführen. Das macht bescheidener, gibt aber Zuversicht.

»Ich danke dir mein Wohl, mein Glück in diesem Leben. Ich war wohl klug, daß ich dich fand. Doch ich fand nicht. Gott hat dich mir gegeben. So segnet keine andre Hand« (M. Claudius).

O-G H-S

Aus Gottes Hand **Gemeinsamkeit**

Sogar die Vögel dürfen bei dir wohnen; die Schwalben bauen ihr Nest bei deinen Altären und ziehen dort ihre Jungen auf, du Herr der ganzen Welt, mein König und mein Gott (Psalm 84, 4 nach Die Gute Nachricht 1982)

»Ja, komm', Geliebte(r), wir bauen uns auch ein Nest! So richtig kuschelig! Nur wir beide! Und keiner darf uns stör...« Viele erstreben das private Glück in der Gemeinsamkeit mit dem Partner/der Partnerin. Aber, wo der Glaube an Gott, den Herrn der Welt, in solche Gemeinschaft miteinbezogen ist, lernt man auch, »über den Nestrand zu sehen und zu denken«. Der Pilger gar, der seinen Psalm staunend vor dem Tempel in Jerusalem betet, hat sein »Nest« verlassen. Anders als die Alten glauben wir, daß der Herr der Welt sich an den leidenden Menschen gebunden hat. Wie offen kann Gemeinsamkeit sein, um Gott dort zu suchen?

Glückwünsche
1. daß du dir (hie und da) glückst
2. daß Glück dich nicht blende für Unglücke anderer
3. daß Unglück dich nicht verschlinge für immer
4. daß dir (ab und zu) ein Glück für andere glücke
5. daß dein Wunsch nicht sterbe nach einer Welt, wo viele (wo alle?) sich glücken können (Kurt Marti).

DG

Mein Geliebter ist mein, und ich bin sein (Hoheslied 2, 16)

Das Hohelied, ein altes Liebeslied, vielleicht mit matriarchalischem Ursprung – die alte Erfahrung leuchtet auch hier durch, daß Mann und Frau sich sehr nahe kommen können, ja so nah, daß das Gefühl der eigenen Identität aufgehoben sein kann. Und doch: Sterben muß jede/r für sich allein. Gemeinschaft in einer Ehe, die Symbiose bedeutet, ist schlecht – die Identität des Einzelnen verwischt sich, gegenseitige Anziehung ist durch Gleichschalterei nicht mehr möglich. Gemeinsam in der Ehe an einem Strang zu ziehen, heißt, daß man jedesmal die Plätze neu verteilt, jedesmal neu um die Gemeinschaft untereinander ringt. Gemeinsame Sache kann man in der Ehe machen, zusammen unter einer Decke stecken – das ist spannend, und doch nichts, was man mit dem Trauschein erkauft hat.

Wo ein Mensch den andern sieht, nicht nur sich und seine Welt, fällt ein Tropfen von dem Regen, der aus Wüsten Gärten macht (Umkehr zum Leben, Kirchentagsliederheft 723).

Genieße des Lebens mit dem geliebten Weibe alle die Tage des flüchtigen Daseins, das dir verliehen ist unter der Sonne; denn das ist dein Teil am Leben und für die Mühe, womit du dich abmühst unter der Sonne. (Pred. 9, 9)

HG

Gott schuf den Menschen als Mann und Frau und sprach: Darum wird ein Mann Vater und Mutter verlassen und an seiner Frau hängen, und die zwei werden ein Fleisch sein (Matthäus 19, 4f.)

Bindung setzt Lösung voraus. Nur freie Menschen können sich binden; unfreie können sich höchstens fesseln. Ein verknoteter Bindfaden muß erst aufgeknüpft werden, bevor man mit ihm etwas zusammenbinden kann. Eltern gewinnen durch die Heirat ihres Kindes ein Kind dazu, aber nur, wenn sie vorher bereit waren, ihr Kind zu 'verlieren'. Als Frau Einstein gefragt wurde, ob sie die Relativitätstheorie ihres Mannes verstehe, antwortete sie: 'Nein, aber ich verstehe meinen Mann'. Zwei Menschen hören auch in der Ehe nicht auf, zwei Menschen zu sein; denn sie sind jeder für sich Gottes Geschöpf und jeder für sich ist Gott verantwortlich. Aber gerade durch dieses Gegenüber können die unterschiedlich Geformten und verschieden

Interessierten und Begabten 'ein Fleisch' werden: nicht indem eins das andere 'frißt' oder sich mit ihm in ein illusionäres drittes hinein auflöst, sondern indem sie die Liebe als Ausdruck ihrer Gottebenbildlichkeit ernster nehmen als ihre Verschiedenheit.

'Geh auf den andern zu. Zum Ich gehört ein Du, um Wir zu sagen. Leg deine Rüstung ab. Weil Gott uns Frieden gab, kannst du ihn wagen' (Kirchentag 1985 Nr. 85). *KvM*

Ihr seid alle durch den Glauben Gottes Kinder in Christus Jesus (Galater 3, 26)

Ehe ist keine reife Frucht, die wir am Tag der Eheschließung vom Baum des Lebens pflücken und fortan genießen. Eher ist sie ein Samenkorn, das in unsere Obhut gegeben ist. Ehe muß gelernt werden. Dazu gehört das Aufspüren und Pflegen der Gemeinsamkeiten. Aber auch die Fremdheit, das schwierige Geheimnis der Andersartigkeit des Andern, muß bedacht sein. Ehe ist lebenslange Anstrengung und Suche danach, wer wir sind: als Mann und Frau, als Menschen. Eins aber müssen wir uns nicht erst erwerben: die Gotteskindschaft. Wie stark auch die zentrifugalen Kräfte in der Ehe sind: Wir haben einen gemeinsamen Wesenskern. Wir sind von Gott zu Söhnen und Töchtern berufen. Wir haben Christus zum Bruder. Nicht nur Kampf der Geschlechter, sondern Geschwisterlichkeit darf in der Ehe Raum haben. Eheleute brauchen wie Kinder Spiel-Raum: Für gemeinsames Weinen und Lachen über gemeinsames Scheitern; für Sorglosigkeit, die aus fröhlichem Vertrauen zu Gott wächst; für Gelassenheit gegenüber allen Eigenbröteleien; für Kindlichkeit, die nicht infantil ist. Gotteskindschaft ist das fröhliche Niemandsland zwischen den Ehefronten, das Haus auf der Grenze. *O-GH-S*

Aus Gottes Hand **Gottvertrauen**

Gott, du gibt mir den Schild deines Heils, und deine Rechte stärkt mich, und deine Huld macht mich groß (Psalm 18, 36)

Der Schild schützt gegen jede Art von Waffe allein dadurch, daß er Schlag oder Stoß abfängt. Dazu braucht es allerdings einen starken Arm und ein waches Auge. Wer von seinem Partner erwartet, daß er ihn gegen die vielfältigen Waffen des Bösen 'abschirmt', überfordert ihn. Und wer selber die Rolle des 'Schirmherrn' übernehmen will, beschneidet damit sein eigenes Glück. Denn Zärtlichkeit lebt davon, daß sich die Partner abwechselnd vor dem andern klein machen dürfen und stark und schwach nicht für alle Zeit festgelegt werden. Im Glauben, im Leben vor Gott können wir diesen notwendigen Wechsel einüben. Gott schenkt uns unter dem Schild seines Heils Geborgenheit, wenn uns die Angst klein macht. Und er gibt unserm Arm Kraft, den Schild über andere zu halten, wenn diese in Bedrängnis sind.

'Er ist dein Schatz, dein Erb und Teil, dein Glanz und Freudenlicht, dein Schirm und Schild, dein Hilf und Heil, schafft Rat und läßt uns nicht' (EKG 230, 14).

'Das Schönste, das wir werden können, ist, Instrument der Gnade zu sein, und die Liebe ist die schönste Gestalt der Gnade. Wenn ich an dich denke, ist mir manchmal, als berühre ich die Gnade Gottes' (Jörg Zink). *KvM*

Seht die Vögel unter dem Himmel an: Sie säen nicht, sie ernten nicht, sie sammeln nicht in die Scheunen; und euer himmlischer Vater ernährt sie doch. Seid ihr denn nicht viel mehr als sie? (Matthäus 6, 26)

Wo die Jagd nach Besitz und Lebensstandard den Alltag bestimmt, ist Gottes Reich weit entfernt. Wo jeder Tag wie ein Feiertag begangen werden soll, ist es auch nicht näher (schon 2. Thess. 3 nachzulesen). Irgendwo dazwischen kann die Ehe, später die Familie, Abglanz jener Herrschaft Gottes sein, die hier und jetzt zu erleben uns nur »in kleiner Münze« gestattet ist. Dabei wird jede Partnerschaft selbst ihren Weg zwischen »Bete und arbeite!« (schärfer noch die Kommunität von Taize: »Kampf und Kontemplation«), zwischen Vertrauen auf Gott, auch in den kleinen Dingen des Alltags, und Tun dessen, was dran ist und getan werden muß, zu finden haben. »Rezepte« anderer sind fast nie hilfreich! Auf diesem Wege gewinnt der Christenmensch allemal eines: Gelassenheit!

»Der heilige Leichtsinn, den Jesus uns anempfiehlt, lebt aus dem Vertrauen nicht nur in den väterlichen Herrn des Reiches, sondern auch in die (Schwestern und) Brüder. Reich Gottes ist dort, wo wir Kranken einander heilen, wir Bedürftigen einander beistehen, wir Sünder einander vergeben« (W. Dirks). *DG*

Und ich bin darin guter Zuversicht, daß der in euch angefangen hat das gute Werk, der wirds auch vollenden bis an den Tag Christi Jesu (Philipper 1, 6)

Zwei Menschen trauen sich zu, gemeinsam am Leben weiter zu erstarken – sie vertrauen auf Gott, der sie auf diesen Weg gebracht hat, daß er sie begleitet, mit ihnen geht, zu ihnen steht. Vertrauen zu Gott ist ein Wagnis – ein Sprung ins Ungewisse – und doch ist es schon dieses Wagnis, was trägt, was täglich Kraft und neuen Mut gibt, zum Weg miteinander. Gottvertrauen heißt, sich fallen lassen können, sich getragen wissen – soviel Annahme kann ich manchmal spüren – soviel Liebe will ich weitergeben, Gottvertrauen heißt: einen Liebesvorschuß haben, den man nie aufholt, Gottvertrauen heißt: trotz aller Hindernisse und Schwierigkeiten in dieser Welt zu leben und zu lieben, Gottvertrauen heißt: den anderen so zu lieben wie er ist, im Wissen, daß er ein ebenso wichtiges Geschöpf Gottes ist wie ich.

Es heißt, daß einer mit mir geht, der's Leben kennt, der mich versteht, der mich zu allen Zeiten kann geleiten. Es heißt, daß einer mit mir geht. (Neue geistl. Lieder BE 285)

Gott wohnt, wo man ihn einläßt. *HG*

Ich, liebe, die mich lieben, und die mich suchen, finden mich (Sprüche 8, 17)

»Liebe« – ein Wort für alles – ein Wort, das so verwässert gebraucht wird, daß es für mich in eine Seifenreklame paßt. Liebe, das Reimwort der Schlager, Liebe – ein Wort für viele Gefühle. Liebe hat nach unserem Text etwas mit Gegenliebe zu tun – A. de Saint-Exupéry aber meinte: »Die wirkliche Liebe beginnt, wo keine Gegengabe erwartet wird.« Ich meine, daß Liebe durchaus im Miteinander, in der Beziehung lebt und niemals einseitig sein kann. Das wäre dann Verehrung, Bewunderung – dieses Gefühl zeichnet sich durch Einseitigkeit aus. In der gegenseitigen (Hin)gabe – ich gebe mich, der andere schenkt sich mir – da lebt die Liebe. Gegenseitige Liebe – und doch wird keine Gegengabe erwartet – kein Anspruch gestellt – dies ist für mich Liebe. Ein Geben und Annehmen, ein Suchen und Sichfindenlassen.

Liebe ist das Einzige, was wächst, wenn man es verschwendet (aus: Christsein heute und morgen, S. 231).

Den Weg wollen wir gehen. Die Liebe geht mit uns (Den Weg wollen wir gehen, 65, Liederheft Ev. Kirchentag 73). *HG*

Stark wie die Liebe ist der Tod (Hoheslied 8, 6)

Liebe ist nicht etwas für alle Zeit Erworbenes, sondern etwas sich Veränderndes. Sie ist ständig bedroht, dem Tod ausgesetzt. Ihre Todfeinde sehen ganz unterschiedlich aus: Egoismus, Nebeneinanderherleben, Gleichgültigkeit, keine Zeit füreinander, einander verletzen, Machtkämpfe, einander keinen Raum lassen u.a. Es können auch sich verändernde soziale Bedingungen – schlechte Tage – sein, mit denen einer nicht zurechtkommt, die dann den Tod einer Ehe einleiten: Arbeitslosigkeit, Krankheit, Unfall u.ä. Darum: Liebe braucht tägliche Bestätigung, die Erfahrung, gebraucht zu werden, wichtig zu sein für den anderen, Zärtlichkeit, das Gespräch, die Verständigung über den Alltag, über Zukunftswünsche, -hoffnungen, Ängste und Sorgen. Liebe macht Arbeit – will gelebt sein.

Kommt, ach kommt ihr Gnadenkinder, und erneuert euern Bund, schwöret unserm Überwinder Lieb und Treu aus Herzensgrund; und wenn eurer Liebeskette Festigkeit und Stärke fehlt, o so flehet um die Wette, bis sie Jesus wieder stählt.

Liebhaben von Mensch zu Mensch: das ist vielleicht das Schwerste, was uns aufgegeben ist, das Äußerste, die letzte Probe und Prüfung, die Arbeit, für die alle andere Arbeit nur Vorbereitung ist (Rilke). *SK-P*

Die Glut der Liebe ist feurig und eine Flamme des Herrn, so daß auch viele Wasser die Liebe nicht auslöschen und Ströme sie nicht ertränken können. Wenn einer alles Gut in seinem Haus um die Liebe geben wollte, so könnte das alles nicht genügen (Hoheslied 8, 7)

Liebe kann bekanntlich unbändig sein und unbefangen, grenzen- und rücksichtslos, unbeschwert, auch leichtsinnig, heiß und innig, immer aber auch trotzig und stark. Die alte Redensart stimmt gewiß so nicht: Wo ein Wille ist, da ist auch ein Weg. – Die Liebe, zielbewußt wie sie ist, weiß es allemal besser: Wo ich bin, sagt sie, nur da gibt es immer einen Weg. Und dieser Satz wird nicht nur von der Bibel gedeckt, er wird auch durch die Erfahrung bestätigt. Außerdem erhebt die Bibel Einspruch »gegen alles Gut«, also gegen das Eigentums- und Besitzdenken, gegen das Habenwollen und gegen das Possessivpronomen »mein«. Lieben und geliebt werden haben viel mehr Gewicht als all das, was man auf die andere Waagschale werfen könnte: Haus und Geld und Titel und Namen. –

»Geliebt wirst du einzig, wo du schwach dich zeigen darfst, ohne Stärke zu provozieren« (Th. Adorno).

»Die Liebe ist die einzige, vernünftige und befriedigende Antwort auf das Problem der menschlichen Existenz« (E. Fromm). *DSch*

Die Liebe hört niemals auf, wo doch das prophetische Reden aufhören wird und die Erkenntnis aufhören wird (1. Korinther 13, 8)

Zu Beginn einer Ehe kann man sich nicht vorstellen, daß die Liebe erkalten könnte. Aber nichts ist so vergänglich wie dieses scheinbar ewige Gefühl. »Die Liebe hört auf. In der Ehe gibt es nur Gewohnheit«, so lautet der Kontrapunkt zum Bibelwort. Paulus ist kein Romantiker. Die unaufhörliche Liebe, von der er redet, muß eine andere sein als die uns erschwingliche. Die Liebe, die er in 1. Kor. 13 in einem wahren Engelsgesang rühmt, ist die göttliche

Liebe; für uns ist es eine Liebe mit Augen, Mund und Händen: die Liebe Jesu Christi. Sie ist nicht so hehr, als daß sie nicht auch mit der armen Gestalt unserer Ehen zu tun haben wollte. Wenn die Zukunftspläne und die Utopien längst dem Alltag gewichen sind, wenn auch das immer neue Erkennen des anderen der Gewöhnung an den immer gleichen Menschen Platz gemacht hat, dann braucht es den Impuls der Liebe Christi, um das Erstorbene auferstehen zu lassen. Weil sie jederzeit in uns wachsen und uns zur Liebe verführen kann, gibt es Hoffnung für die Ehe. Wie Gott einmal die Welt aus dem Nichts schuf, so schafft seine Liebe auch unsere Liebe neu, so daß wir den Partner aus seiner Hand annehmen können wie am ersten Tag. *O-G H-S*

Der Herr aber richte eure Herzen aus auf die Liebe Gottes und auf die Geduld Christi (2. Thessalonicher 3, 5)

Dieser Vers ist, auf die Ehe bezogen, ein wunderbares Beispiel für die befreiende Wirkung des christlichen 'extra nos'! Liebe gilt (heute!) als unabdingbare Voraussetzung für die Ehe. Ist aber Ehe auch Voraussetzung für die Dauer der Liebe? Mitnichten! Das Herz des Menschen, das uns gemeinhin als Gefäß und Sitz der Liebe gilt, kann mit der Zeit erschöpft, leer und müde werden. Liebe auf Dauer als ureigene menschliche Möglichkeit von Eheleuten ist eine Überanstrengung. Der Text sagt: Forscht nicht angestrengt eure Herzen aus, ob sie wohl noch voll Liebe sind. Laßt eure Liebe erneuern durch das Hingehen und Hinblicken zu dem, der Quell der Liebe ist: Gott. Gottes Liebe ist immer Liebe, die auch ein Kreuz tragen kann, unbeirrbar in ihrem Festhalten an uns. Die Geduld Christi ist der gestaltgewordene lange Atem der Liebe Gottes. Wo in der Ehe das feurige Gefühl unter der Asche des Alltags erstickt ist, werden unbeirrbares Festhalten aneinander und langer Atem, der Durststrecken überwindet, wichtig. Es sind Gaben, die Gott in seiner Liebe auch den schwierigen Ehen gibt.

Einen Menschen lieben heißt, ihn so sehen, wie Gott ihn gemeint hat (Dostojewski).

O-G H-S

Wer nicht liebt, der bleibt im Tod (1. Johannes 3, 14c)

Liebe hebt uns hinaus über das Alltags-Ich, macht uns schöpferisch, läßt uns schöner werden. Liebe verwandelt; sie weckt ungeahntes Leben. Wer nicht liebt, bleibt unentwickelt und unreif; er ist tot, mitten im Leben. Lieben heißt teilhaben am Lebensstrom Gottes. Liebe ist Lebenssteigerung. Aber sie ist auch Verzicht, Hingabe, z.B. der Eltern, die nachts am Bett eines fiebernden Kindes wachen. Hingabe von Zeit und Lebenskraft, von Lebensmöglichkeiten und Karrierewünschen – auch denen des Mannes! – Selbst-Hingabe: Auch das ist Liebe. Wer dieses Ersterben nicht hinnehmen will, bleibt allein. Alleinsein bedeutet Tod. Ehe braucht beides: Bereichernde Liebe und Selbsthingabe. Wer sich selbst unvermindert bewahren möchte, verliert die Ehe und sich selbst.

»Kein Ehegefährte darf Totengräber im Leben des andern sein« (H. Oeser).

»Ein Weizenkorn versteckte sich in der Scheune, denn es wollte nicht gesät werden. Es wollte nicht sterben. Es wollte sich nicht opfern. Es wollte sein Leben retten. Es wurde nie zu Brot. Es kam nie auf den Tisch. Es wurde nie gesegnet und ausgeteilt. Es schenkte nie Leben. Eines Tages kam der Bauer. Mit dem Staub der Scheune fegte er das Weizenkorn weg.« *O-G H-S*

Lasset uns einander lieb haben; denn die Liebe ist von Gott, und wer lieb hat, der ist von Gott geboren und kennt Gott (1. Johannes 4, 7)

Was Liebe zu sein hat, was sie auslöst, wird uns jeden Tag, untermalt mit rokkiger oder lieblicher Musik, über das Radio vermittelt. So bekommen wir Hemmungen, das Wort Liebe überhaupt noch in den Mund zu nehmen. Die Liebe ist von Gott – die Aussage wirkt befreiend – Liebe bekommt wieder Inhalt – Liebe ist von Gott – Anhand von Erfahrungen, die (wie die Bibel erzählt) Menschen mit Jesus gemacht haben, wird deutlich, was es heißt, einander lieb zu haben. Beispiele, wie Jesus mit Menschen umgeht, erzählen: Zachäus, Maria und Martha o.a. Die Liebe wird uns zugetraut, zugemutet: das macht zum einen Angst, zum anderen Mut. Im Gegensatz zur Liebe in den Schlagern stellt diese Liebe kein Schema dar, sondern etwas, was wächst, sich verändert, was gepflegt sein will, was immer wieder neugierig auf den anderen macht. Diese Liebe braucht das Sehen, das Gespräch miteinander.

Schalom, wo die Liebe wohnt, da wohnt auch Gott. Christi Liebe hat uns zusammengebracht... Die Liebe, die aus Gott kommt, ist herrlich und hart, ist geduldig und militant, von sanfter Art zwar, aber klar und entschieden... Nein, mit der Liebe ist nicht zu spaßen. In ihr geht es um Leben und Tod. In ihr geht es um Gott (Kurt Marti). *SK-P*

Wenn wir einander lieben, bleibt Gott in uns, und seine Liebe ist in uns vollendet (1. Johannes 4, 12)

Nur »wenn wir...«? Nur unter dieser Bedingung? Es sieht so aus. Der christliche Glaube hat halt seine Folgen, die heute etwas bewirken wollen und die bis in die Ewigkeit reichen. Nichts Besonderes, sondern etwas ganz Schlichtes: der aufrechte Gang derer, die die Liebe Gottes zu schätzen wissen, und die diese Liebe für die größte Macht der Welt achten. Der Glaube weiß: Diese Liebe ist stärker als Beton und Stahl. Sie kann man weder einsperren noch kleinkriegen, sie macht zärtlich und wütend, arm und reich, schwach und stark, armselig und selig. Das kommt daher: Gottes Liebe macht den Mächtigen schwach und den Ohnmächtigen stark, das Leben wird durch sie gut und schön und immer lebenswert. Sie läßt nicht zu, daß Leben verkümmert und eingeht, sondern aufblüht, groß wird und wunderschön. Christus, der uns gesagt hat, wer, wie und was Gott ist, hat uns diese vorbehaltlose Liebe vorgelebt und behauptet: Auch wir sind fähig zu lieben, vorbehaltlos, grenzenlos. Wir sind die Söhne und Töchter Gottes und darum auch fähig, seine Liebe zur Welt zu bringen, und dieser Liebe grundsätzlich mehr zuzutrauen als all den Möglichkeiten, die auf dem 'Markt der Welt' gemeinhin gehandelt werden. *DSch*

Gedenke mir's Gott zum Besten (Nehemia 13, 31)

Mit jedem Anfang ist das Ende schon gesetzt. Die Frist dazwischen ist unterschiedlich lang und von unterschiedlicher Qualität, bei jedem Menschen anders. Es ist nicht leicht, noch einmal neu anzufangen, vieles hinter sich zu lassen, um frei für Neues zu werden. Und doch gibt es diese Chance, diese Zusage Gottes, daß wir Fehler machen dürfen und daß er sie uns verzeiht, daß wir die Vergangenheit in seine Hände legen können. Ein Neubeginn, wie beglückend kann er doch sein, nicht festgelegt zu bleiben auf das Scheitern, wie schön, wie befreiend, so wie das Erwachen eines neuen Tages, klar und hell. Wieviel Güte dürfen wir da spüren, kräftige Gefühle der Freude, wir schaffen das, wir beide, neugierig, wie wir sind, auf das, was vor uns liegt, weil wir wissen, daß das Leben uns gehört. Wie schön ist es noch einmal neu anfangen zu dürfen. Gott ist mit uns.

Freude und Schmerz sind gleich kostbare Gaben, und es gilt, sie eines wie das andere völlig auszukosten, jedes in seiner Reinheit, ohne, daß man sie zu vermischen suchte (Simone Weil).

In der Mitte der Nacht liegt der Anfang eines neuen Tag's, und in ihrer dunklen Erde blüht die Hoffnung (616 Umkehr zum Leben). *HG*

Siehe, Gott steht mir bei, der Herr erhält mein Leben (Psalm 54, 6)

Wir haben eine Anhöhe erklommen und blicken zurück auf den gewundenen Pfad, der uns hergebracht hat. In dem milden Licht der Zufriedenheit über das Erreichte erscheinen alle Unebenheiten, Schlaglöcher und Stolpersteine beseitigt. Die harten Kurven, die den Blick nach vorn beschränkten, einem mitunter sogar vorgaukelten, nun gehe es nicht mehr weiter – von hier aus wirken sie durchaus notwendig und sinnvoll. Und die Müdigkeit, die einen überwältigen wollte, ist plötzlich wie weggeblasen. Gottes gute Führung ist an einem solchen Tag mit Händen zu greifen. Wenn ich das ernstnehme, werde ich mich von der perspektivischen Verkleinerung meiner Vergangenheit nicht täuschen lassen: Sie läßt sich nicht einfach abschütteln. Und der Mut, den neuen Weg unter die Füße zu nehmen, erwächst allein aus dem Dank für vergebene Schuld und der Zuversicht, daß uns mehr bevorsteht als die Fortschreibung unserer Erfahrungen: Der die Welt aus dem Nichts schuf, vermag auch als Erhalter neue Anfänge zu setzen.

'Herr, zeige uns den Weg, den deine Liebe geht, daß wir den Spuren folgen, die du auf unsern Straßen hinterläßt, damit wir leben als Lebendige' (Kirchentag '83 Nr. 704).

'Ich ziehe die Ungewißheit des Weges, der Gewißheit des Karussels vor' (F. Schwanecke).

KvM

Der Herr, unser Gott, sei uns freundlich und er fördere das Werk unsrer Hände bei uns. Ja, das Werk unsrer Hände wollest du fördern! (Psalm 90, 17)

Erfahrung weiß, daß andere Menschen anders leben. Manche geben ihrem Leben eine andere Richtung und ein anderes Ziel, andere lassen sich einfach nur leben. Außerdem gibt es Leute, die beschäftigen sich mit allem Möglichen, nur nicht mit dem Leben. Erfahrung weiß, daß es wichtig ist zu wissen, warum und wozu man das Leben hat, und daß es nicht einerlei ist, was man tut und wie man lebt. Es macht einen Unterschied, wie man mit seiner Zeit, seiner Kraft, seinem Geld, – wie man mit sich selbst und mit anderen Menschen umgeht. In Psalm 90 zwei Bitten: um Freundlichkeit und Förderung. Freundliche Zuwendung Gottes, das meint: wohlwollend, gutgemeint, herzlich, liebenswürdig, zärtlich, liebevoll. Nur wer dies erfährt, kann selber auch so sein; weiß, was das Leben gut und schön macht, lebendig und lebenswert. – Förderung der Handarbeit, das meint: Wir fangen an, aber wir allein bringen es nicht weit. Darum: Segne du, Herr, jedes gute Werk und Wort. – »Komm, Herr, segne uns, daß wir uns nicht trennen, sondern überall uns zu dir bekennen. Nie sind wir allein, stets sind wir die Deinen, Lachen oder Weinen wird gesegnet sein«. – Einer allein vermag nicht viel, aber zwei schaffen vielleicht einen Anfang, mit dem sich etwas anfangen läßt. *DSch*

Herr, laß uns von neuem leben (Klagelieder 5,21 nach Die Gute Nachricht 1982)

Jede Vergangenheit hinterläßt Spuren. Manche bedrücken, lasten schwer. Meistens waren wir doppelt beteiligt, haben eingesteckt, aber auch ausgeteilt, waren Opfer, aber auch Täter. Am schmerzlichsten sind alle Prozesse, in denen die Anteile festgestellt werden sollen. Gott geht anders mit uns um! Er rechnet nicht mit uns ab! Und so sind Altes und Neues Testament voll mit Bildern für »neues Leben«, ihrer zentralen Hoffnung. Jeder Neuanfang zwischen Menschen kann Abbild des »neuen Lebens« sein – sofern denn etwas von dem Geist Jesu in ihm erfahrbar wird!

... kam plötzlich ein neuer Geist in das Gespräch, wie von weit her, und ergriff einige von ihnen. Es war wie ein von Gott kommender Hauch, der sie erfaßte. Und während sie miteinander redeten, spürten sie etwas von der überführenden Macht, die ausgeht von Jesus. Und sie fingen an, freier zu reden, offener und ohne Rechthaberei. Sie fingen an, aufeinander zu hören, als ob eine Sprachbarriere überwunden sei ... (Manfred Fischer zu Apg. 2). *DG*

In guten und bösen Tagen **Erwartung und Enttäuschung**

Wo viel Träume sind, da ist Eitelkeit und viel Gerede, darum fürchte Gott (Prediger 5, 6)

Illusion Ehe – Traum in Weiß – Reklameliebe und Fernsehpaare. Und das alles mit Happy End. Überhäuft mit Erwartungen ist die Ehe heute oft: Heilmittel gegen Einsamkeit, Lebensunfähigkeit, Angst. Die Ehe steht auf dem Podest unserer Erwartungen – unerreichbar. Aber in der Ehe haben wir es doch mit einem anderen Menschen zu tun, der erreichbar ist – und damit fehlbar und fehlerhaft! Unter dem Podest, auf dem die Ehe steht, sind unsere Erwartungen wie Bauklötze aufgetürmt, wenn da etwas schiefgeht, fällt alles zusammen. Sollte es nicht gerade in der Ehe möglich sein, daß mal etwas schiefgeht?! Jede Enttäuschung befreit von Täuschung und gibt den Blick auf die Realität frei – welch schmerzvolle und heilsame Möglichkeit. So könnte eine Ehe dann doch sein: Raum zur Erprobung, Werkbühne – aber auch Schonraum und Schutzzone.

Seine Freude zu erobern ist mehr wert, als sich seinem Schmerz zu überlassen (André Gide).

Weißt du, wo der Himmel ist, außen oder innen? Eine Handbreit rechts und links, du bist mitten drinnen (B 79, Meine Lieder – für heute und morgen). *HG*

Hoffnung läßt nicht zuschanden werden; denn die Liebe Gottes ist ausgegossen in unsere Herzen durch den Hl. Geist, der uns gegeben ist (Römer 5, 5)

Hoffnung kann nicht (be-)trügen. Was betrügt, sind Menschen: einer den andern oder ich mich selbst. Wir betrügen: durch falsche Sicherheiten, die wir versprechen; durch die Ankündigung von Problemlösungen, die in Wahrheit keine sind; durch das Festlegen auf Zeitpunkte oder andere eigenmächtige Maßstäbe. Die Hoffnung überlebt alle diese Betrügereien. Gewiß, nicht immer als verfügbare Kraft. Manchmal übersteigt es unsere Kräfte, an der Hoffnung festzuhalten. Aber sie verläßt uns deshalb nicht, sie ist ja ein Kind der Liebe, der Liebe Gottes. Wer hofft, ist seiner Zeit voraus, auch der Zeit gegenwärtiger Enttäuschungen. Und was sich da an Erwartungen nicht erfüllt hat, ist auf jeden Fall weniger als das, was uns erwartet.

'Die Hoffnung wart' der rechten Zeit, was Gottes Wort zusage; wann das geschehen soll zur Freud, setzt Gott kein gwisse Tage. Er weiß wohl, wanns am besten ist und braucht an uns kein arge List; des solln wir ihm vertrauen (EKG 242,9).

'Nicht alle unsere Wünsche, aber alle seine Verheißungen erfüllt Gott' (Dietrich Bonhoeffer). *KvM*

Freut euch mit den Fröhlichen und weint mit den Weinenden (Römer 12, 15)

Es gibt keine gute Gemeinschaft ohne Lachen und Feste, ohne Freude und Ausgelassensein. Den Spielverderbern, die immer so gerne warnen, drohen und mahnen, wird hier das Handwerk gelegt; die so gerne den Zeigefinger heben, zu Bedenken geben, bekommen hier kein Recht. Sich mitfreuen, an der Freude des anderen Anteil nehmen und einladen zum Feste Feiern und Fröhlichsein, das ist nicht bloß geboten, sondern auch wohl und wichtig. Christen zeichnen sich dadurch aus, daß sie sich für andere und mit anderen freuen können. Doch wer sich so mitfreuen kann, der kann auch mittrauern. Auch die Trauer will geteilt sein, wie die Sorge und das Leid. Es gibt keine gute Gemeinschaft ohne Traurigkeiten, ohne den Kummer und das Leid. Den Spielverderbern, die nichts ernst nehmen, die über grad alles hinweggehen und für alles nur ein Lächeln übrig haben, wird das Handwerk gelegt. Das Leid des anderen mittragen, an seiner Trauer Anteil nehmen, und einen traurigen Menschen aufsuchen in seiner Höhle, in seinem Grab, das ist uns nicht bloß geboten, sondern auch wohl und wichtig. Christen zeichnen sich dadurch aus, daß sie für andere und mit anderen trauern können.

Es tun mir viele Sachen weh, die anderen nur leid tun (Lichtenberg). *DSch*

Die Liebe stellt sich nicht ungebärdig, sie sucht nicht das Ihre, sie läßt sich nicht erbitten, sie rechnet das Böse nicht zu (1. Korinther 13, 5)

Zum Leben mit einem anderen Menschen gehört Mut – vielleicht haben Sie in den letzten Tagen Angst vor der eigenen Courage bekommen: Wie soll ich das schaffen? Kann ich sie/ihn ein ganzen Leben lang lieben? Wird es Tage geben, da wird die Leere dem/der anderen gegenüber überwiegen? Die Liebe im Alltagstrott untergehen? – Das kann uns nicht geschehen – wir werden uns immer lieb haben, nie die Geduld miteinander verlieren – hohe Erwartungen haben wir an uns selbst und an den Partner. Was ist, wenn wir sie nicht erfüllen? Sind wir dann enttäuscht, wenden uns ab, igeln uns ein? Gottes Liebe stellt sich nicht ungebärdig, sucht nicht das Ihre... Erinnern wir uns ihrer immer wieder neu, damit wir immer wieder Mut zu Anfängen finden, zum Reden miteinander.

Alle eure Sorge werfet auf ihn, denn er sorgt für euch (Kanon).

Gottes Liebe ist wie die Sonne – Sie kann dich verändern, heute, wenn du willst;... Wenn du liebst, so sage nicht: »Gott ist in meinem Herzen«, – sag' lieber: »Ich bin in Gottes Herzen« (Kahlil Gibran).

SK-P

In guten und bösen Tagen **Geben und Nehmen**

Sprich nicht zu deinem Nächsten: Geh hin und komm wieder; morgen will ich dir geben –, wenn du es doch hast (Sprüche 3, 28)

»Ich gebe, damit du (mir) gibst.« Wir alle sind im Sinne dieses römischen Sprichwortes erzogen worden – und leben in der Regel entsprechend: Es kostet uns Überwindung zu geben, wo wir keine Gegenleistung erwarten können. Es fällt uns schwer, uns beschenken zu lassen, wenn wir es nicht vergelten können. Und wo wir etwas investiert haben, erwarten wir eine angemessene Antwort. Bürgerlich-rechtlich konstituiert dieses Prinzip die Ehe. Die Liebe zweier Menschen läßt andere Erfahrungen zu: Zärtlichkeit auch dann, wenn eine(r) »nicht gut drauf ist«. Hilfestellung selbst in einem Moment, wenn sie einem(r) »gerade nicht in den Kram paßt«. Ein Gespräch auch zu einem Zeitpunkt, in dem eine(r) das Schweigen vorzöge... Nur – wir müssen es gegen das, »was in uns drin sitzt«, immer wieder neu lernen, eine Ehe lang. Gelingt es uns im Rahmen unserer Partnerschaft, mag dieses auch »nach außen« Früchte tragen: so manche(r) »Nächste(r)« wartet.

Keiner kann allein Segen sich bewahren, weil du reichlich gibst, müssen wir nicht sparen. Segen kann gedeihn, wo wir alles teilen, schlimmen Schaden heilen, lieben und verzeihn (D. Trautwein).

DG

Und wenn dich jemand nötigt, eine Meile mitzugehen, so gehe mit ihm zwei. Gib dem, der dich bittet, und wende dich nicht ab von dem, der etwas von dir borgen will (Matthäus 5, 41 + 42)

Ehe so gestalten, daß sich beide frei entfalten können, geben und nehmen können in ausgewogenem Verhältnis. Verhindert wird dies durch Rollenstereotype, den Zwängen, so ist man(n), so muß frau sein – da bleibt kein Raum mehr für Gestaltung und Entfaltung. Im ständigen Wechsel von Geben und

Nehmen, im Austausch, in der Osmose – da ist Leben, da pulsiert es. Geben und Nehmen, Hingabe und Annahme – ich gebe mich dem anderen, bin offen, verletzlich geworden, und ich nehme den anderen an, so wie er sich mir gibt. Wenn nur einer gibt, ist er bald ausgesaugt und ausgelaugt. Doch oft ist dann der, der meint, ständig zu geben, der, der dauernd nimmt: der sich Anerkennung, Notwendigkeit, Unentbehrlichkeit nimmt – auf Kosten der Freiheit des anderen, der durch ständiges Geben abhängig wird. Der so Empfangende gibt sich dabei selbst auf, muß sich hergeben – ein hoher Preis.

Wer losläßt, hat zwei Hände frei. Helmut Walters.

Wir gehören für immer dem Herrn, der uns liebt; was soll uns geschehen, er nimmt und er gibt (Anhang 77, 885 St. 2).

HG

Dient einander, ein jeder mit der Gabe, die er empfangen hat, als die guten Haushalter der mancherlei Gnade Gottes (1. Petrus 4, 10)

Solange ich mich stark und reich fühle, fällt es mir nicht schwer, mich vor dem andern und für den andern zu bücken. Der König, der seiner Herrschaft sicher ist, mischt sich gern einmal, als einfacher Mann verkleidet, unter das Volk, um mehr über seine Untertanen zu erfahren. Aber wenn uns die Angst lähmt, die Dienerrolle drohe ihre spielerische Freiwilligkeit zu verlieren, weil in meiner Ehe festgeschrieben scheint, wer dient und wer sich bedienen läßt? Hast du schon geprüft, ob der andere den Kopf nur deshalb so hoch trägt, weil ihm das Wasser bis zum Hals steht, und warum? Vielleicht bist du es sogar selbst, der ihm die Verfügungsgewalt über seine Gaben beschneidet, weil du angeblich keine Verwendung dafür hast? Das gegenseitige Dienen mit den ureigenen Gaben ist ein vergnügliches, ja zärtliches Wechselspiel!

Herr, deine Liebe ist wie Gras und Ufer, wie Wind und Weite und wie ein Zuhaus. Frei sind wir da, zu wohnen und zu gehen, frei sind wir, ja zu sagen oder nein. Herr, deine Liebe... (Kirchentag '83).

'Eine Frau möchte lieber schön als klug sein, weil es so viele dumme Männer gibt und so wenige blinde' (F. Rosay).

KvM

In guten und bösen Tagen **Krankheit**

Gott, du hast uns geprüft und geläutert, wie das Silber geläutert wird (Psalm 66, 10)

Manches, was verbrennt, erscheint uns unersetzlich. Nicht jede Flamme zeigt die Gegenwart des Hl. Geistes an. Manches Feuer lodert gewaltig, aber es entwickelt keine Schmelzkraft. Darum ist der Ausbruch eines Feuers immer etwas Furchterregendes, je näher wir ihm sind, desto mehr. Wenn es diese Angst fertigbringt, uns zum Rückzug zu verleiten und voneinander zu isolieren, werden wir dem geläuterten Silber nie begegnen. In einer Welt, die Gesundheit anbetet und Leistung kritiklos als Maßstab benutzt, braucht Gott Menschen, die Krankheit als Schmelzofen begreifen. Die sich nicht trennen lassen durch verständliche Angst, sondern einander helfen, das Silber in der Asche zu entdecken. Solche Menschen bilden die wahren Wertreserven unserer Welt.

'Rühmt, Völker, unserm Gott: lobsinget, jauchzt ihm, der uns sich offenbart, der uns vom Tod zum Leben bringet, vor Straucheln unsern Fuß bewahrt. Du läuterst uns durch heißes Leiden – das Silber reiniget die Glut –, durch Leiden führst du uns zu Freuden; ja, alles, was du tust, ist gut.

'Wir können viele Leiden und die Bitterkeit der Leiden vermeiden. Aber nur um einen Preis, der zu hoch ist: wenn wir aufhören zu lieben' (NN). *KvM*

Seid fröhlich in Hoffnung, geduldig in Trübsal, beharrlich im Gebet (Römer 12, 12)

Das Fremdeste ist das Wichtigste: »Beharrlich im Gebet«. Im Gespräch mit Gott bleiben, darin liegt der Schlüssel für das Ausharren in Trübsal, für den Mut zu neuer Hoffnung. Gott duldet Tränen, Flüche, Zorn- und Verzweiflungsausbrüche, solange wir nur von ihm etwas erwarten! Eine Frau pflegte 17 Jahre lang ihren MS-kranken Mann. »Manchmal ging es nicht mehr«, erzählte sie. »Dann bin ich in das hinterste Zimmer gegangen und habe geheult und geflucht über mein elendes Leben mit ihm.« Jeden Abend betete sie am Bett des Kranken das Vater unser und den 23. Psalm. »Ohne Glauben hätte ich nicht durchgehalten,« sagte sie. Vielleicht war in diesem 17jährigen Leid mehr gelungene Ehe als in vielen sorglosen Ehen, in denen der eine nicht weiß, was der andere tut. »Es lohnt sich schon, etwas Schweres auf sich zu nehmen, wenn man es damit einem Menschen leicht macht« (S. Zweig).

»Manchmal denkt man, Gott müßte einem in all den Widerständen des Lebens ein sichtbares Zeichen geben, das einem hilft. Aber dies ist eben sein Zeichen, daß er einen durchhalten und es wagen und dulden läßt« (J. Klepper). *O-G H-S*

Wir sind von allen Seiten bedrängt, aber wir ängstigen uns nicht. Wir sind ratlos, aber wir verzagen nicht (2. Korinther 4, 8)

Das gibt es zuweilen: die ausweglose Situation, die Bedrängnis von allen Seiten, den Druck von außen und allerlei mehr, die Enge zum Beispiel, perfide Anfeindungen, stumme Vorwürfe und giftige Pfeile, die nicht ohne Wirkung bleiben. Manchmal können wir uns davor schützen, aber immer nicht. Dann macht uns all das betroffen, tut uns weh, nimmt uns allen Schwung. – Und auch das gibt es, gar nicht mal so selten: die Ratlosigkeit, das Ausgeliefertsein an andere, die über uns bestimmen möchten, den Neid und den Zorn der anderen. Im Nu sind wir geneigt, klein beizugeben, kommen nicht auf die andere Lösung, können auf das A nicht ein B folgen lassen. »Aber nicht«, diese beiden Wörter des Glaubens haben große Kraft und starke Arme; sie können heben, tragen, stützen und führen. Sie können Mut machen, Dennoch zu sagen und Trotzdem, sie können die Angst nehmen, die Verzweiflung und auch die Resignation. Dieses »Ja, aber...« der Christen war schon ganz früh gefährlich für die Machthaber. Es macht nicht nur Mut zum Leben, sondern auch zum Überleben.

Lied: Anhang '77 – Nr. 837

Leben wie ein Baum, einzeln und frei und brüderlich, wie ein Wald, das ist unsere Sehnsucht (W. Brings).

DSch

In guten und bösen Tagen **Streiten und verstummen**

Ein weiser Mann ist stark und ein vernünftiger Mann voller Kraft; denn mit Überlegung soll man Krieg führen, und wo viele Ratgeber sind, da ist der Sieg (Sprüche 24, 5 + 6)

Nur keine Angst. Es ist erlaubt, an Stelle von 'Mann' Mensch zu sagen, an Stelle von 'Krieg' Streit und an Stelle von 'Sieg' Erfolg. Gleich sieht alles ganz anders aus. Gelobt werden die Weisheit und die Vernunft. Gut so. Man kann, auch in einer Ehe, nicht von der Liebe und der Luft allein leben, denn wir sind keine Engel, und die Welt ist leider Gottes so, wie sie ist. Nur nicht, auf Teufel komm raus, einen Streit vermeiden kommen! Man kann, in einer Sache, durchaus uneins sein. Warum nicht? Nur wäre es dumm und unvernünftig, dabei den anderen zu verletzen; die Liebe bewahre uns davor! Außerdem kann man sich auch nicht alles selber sagen und raten, wenn man zu einem Erfolg kommen will. Erfolg im Sinne von: die Folgen ziehen, etwas – miteinander – lernen, z.B. frei davon zu werden, nicht mehr das vom Partner zu verlangen, was der nicht geben kann und leisten will.

Herr gib mir Mut zum Brücken bauen, gib mit den Mut zum ersten Schritt... (Anhang '77, Nr. 838).

Niemand köpft leichter als die, die selber keine Köpfe haben (F. Dürrenmatt).

DSch

Weisheit ist zwar besser als Stärke, doch des Armen Weisheit wird verachtet, und auf seine Worte hört man nicht (Prediger 9, 16)

»Halt' du dich doch da raus, verstehst ja doch nichts davon!« Das ist ein Satz, den immer noch zu viele Ehefrauen im Laufe ihres Ehelebens zu hören bekommen. Es ist oft so, besonders dann, wenn sie eine Weile nicht ihrem Beruf außerhalb des Hauses nachgegangen sind, sich vor allem um die gemeinsamen Kinder gekümmert haben, daß sie selber dieses Gefühl haben: Den Kontakt zur »Welt« verloren zu haben, nicht mehr auf dem laufenden zu sein. Sie fühlen sich als Ausgestoßene, als dumme Frauen – keiner interessiert sich für ihre Meinung, nimmt an, daß sie überhaupt eine haben. Wenn diese Situation eintritt, »der Armen Weisheit verachtet wird«, dann ist das noch lange kein Grund, sich damit abzufinden. Der Gesprächsfaden miteinander ist neu zu knüpfen, die Rollen sind neu zu verteilen. Sonst heißt es dem Ehemann gegenüber eines Tages auch, wenn es um die Kinder geht: »Halt' du dich...« Ohne Gespräch miteinander, ohne Achten aufeinander gibt es keine lebendige Beziehung.

Jesus lehrt, den Mitmenschen realistisch anzunehmen, so wie er ist, und ihn dennoch in der Perspektive seiner Möglichkeiten, d.h. in Hoffnung, zu sehen (K. Marti). *SK-P*

Eure Rede aber sei: ja, ja, nein, nein. Was darüber ist, das ist von Übel (Matthäus 5, 37)

Eine Ehe lebt vom Gleichgewicht der Partner, vom ausgewogenen Verhältnis von Nähe und Distanz. Ein klares Wort, eine wahrhaftige Auseinandersetzung ist fruchtbar für eine Ehe, falls neu ausgelotet werden muß, wenn sich die Waagschale zugunsten des einen und zuungunsten des anderen verschoben hat. Ein Streit, der ausgetragen wird mit deutlichen, offenen Worten, und ein Konflikt, der beendet wird, weil alles ausgeredet ist, läßt ruhig werden, verstummen, weil alles gesagt ist – die wichtigsten Worte ausgesprochen wurden und das eheliche Gleichgewicht wieder hergestellt ist. Konflikt bedeutet Zusammenstoß, besser zusammenstoßen, als auseinanderlaufen. Klare Worte, die ehrlich sind und nicht verletzen wollen, helfen zum Wachsen und Gedeihen einer Ehe. Jeder ausgedehnte, zerredete, zertrampelte, immer wieder neu aufgewärmte Krach mit dem überfluß an Gerede aber ist tödlich.

Wer den Schmutz immer unter den Teppich kehrt, hat bald Schwierigkeiten, auf dem Teppich zu bleiben.

... daß die Worte, die gesprochen, mehr als leere Worte sind, daß der Weg, der hier begonnen, nicht im Sand verläuft (Komm, laß diese Nacht nicht enden, aus Fürchte dich nicht, Kirchentagsliederheft). *HG*

Richtet nicht, damit ihr nicht gerichtet werdet (Matthäus 7, 1)

Nicht jede Ehe, in der gestritten wird, ist schlecht; nicht jede Ehe, in der nie ein lautes Wort fällt, ist gut. Streiten, ohne den anderen zu richten, ohne ihn in seiner Würde zu verletzen, das kann produktiv sein. Es darf aber niemals so enden, daß einer 'fertig' ist mit dem anderen oder ihn 'fertigmacht'. Es gibt ein Verstummen nach dem Streit, das tödlich ist, weil keiner vergeben kann. Da wird Ehe zum Gericht, zur gegenseitigen Hinrichtung. Ein anderes Verstummen ist das vor einem möglichen Streit, geboren aus der Einsicht, daß der Vorwurf, den ich gegen den Partner erhebe, mich selbst trifft. Anklagend richte ich mich selbst. Verstummen vor dem Streit kann an der Sackgasse vorbeiführen und einmünden in einen für beide gangbaren Weg. Ehe braucht Noblesse, Großherzigkeit.

Nach einem Ehestreit schrieb ein Mann an die Wand: »Du hast am 16. September 1968 gesagt 'Ich bin ein gemeiner Hund'. »Sooft die Frau die Schrift auswischte, so oft schrieb er den Satz neu. Eines Tages schrieb sie darunter: »Gott wird das sehen und rechten« (M. Lienhard: »Die Schrift an der Wand«).

»Vor allen Dingen gehe behutsam über die kleinen Steine; für das Hinwegstoßen brauchst du doppelte Kraft« (Maria Nels).

O-G H-S

Wenn ihr aber so sündigt an den Brüdern und Schwestern und verletzt ihr schwaches Gewissen, so sündigt ihr an Christus (1. Korinther 8, 12)

Es spricht erst einmal für eine gute Beziehung, wenn zwei nicht nur um die Stärken des anderen, sondern auch um seine/ihre Schwächen wissen. Wenn dieses Wissen allerdings gegen den anderen benutzt wird, ausgespielt wird, bedeutet dies das langsame Töten einer Ehe. Schwächen zu zeigen, die Maske ablegen – das ist kostbares Gut, Zeichen von Liebe, das läßt Erholung, Aufatmen zu, läßt zwei noch enger zusammenrücken. Streiten ist wichtig für das Wachsen, das Aufnehmen von Veränderungen in einer Beziehung, aber ein Streiten mit unfairen Mitteln – also z.B. mit den Schwächen des anderen – macht den anderen klein, läßt ihn verstummen. Vollkommene Menschen sind wir nicht, aber wie Christus mit den Schwächen von anderen umgegangen ist, das lädt ein, ebenso zu handeln.

Ich möcht', daß einer mit mir geht, der's Leben kennt, der mich versteht, der mich zu allen Zeiten kann geleiten...

»Die« Ehe: Konfektionskleid, das für alle ein bißchen, für niemanden richtig paßt. Erst durch Änderungen mancher Details werden wir dieses Kleid für uns tragbar, vielleicht gar schön und elegant machen können« (K. Marti).

SK-P

Der Herr richte eure Herzen aus auf die Liebe Gottes und auf die Geduld Christi (2. Thessalonicher 3, 5)

Gottes Liebe ist parteiisch. Sie kehrt die Probleme, die wir mit ihm und untereinander haben, nicht unter den Teppich, sondern deckt sie oft genug erst richtig auf. Gleichgültigkeit lebt davon, daß Spannungen nicht sichtbar sind und darum nicht wahrgenommen werden. Ein Herz, das auf Gottes Liebe ausgerichtet ist, spürt Spannungen auf und arbeitet an ihrem Abbau. Das geht nicht ohne Streit ab, weil der andere andere Problemlösungen bevorzugt, vielleicht sogar das Problem noch gar nicht erkennt. Liebe kämpft also für mehr Liebe, wenn sie streitet. Daß es ihr freilich darum geht und nicht um den schnellen Sieg, dafür gibt es einen untrüglichen Maßstab: die 'Geduld Christi'. Christliches Streiten verzichtet auf Gewalt. Ich muß nicht das letzte Wort haben, wenn ich recht habe; der andere könnte gerade an diesem letzten Wort ersticken.

'Es genügt nicht, daß man zur Sache spricht, man muß zu den Menschen sprechen (Stanislaw Jezy Lec).

'Das Schweigen ist für das Wort wie ein Netz, das unter dem Seiltänzer ausgespannt ist' (Max Picard).

Siehe EKG 383,3: Hilf, daß ich rede stets... *KvM*

In guten und bösen Tagen **Vergebung**

Ich gebe euch ein neues Herz und einen neuen Geist. Ich nehme das versteinerte Herz aus eurer Brust und schenke euch ein Herz, das fühlt (Hesekiel 36, 26 nach Die Gute Nachricht 1982)

Nein, es ist nicht »daneben«, sich schon zu Beginn einer Ehe mit möglichen Problemen zu beschäftigen. Keine noch so große Liebe wird Auseinandersetzung und Streit, Entfremdung und Krise verhindern. Dann werden Liebende erfahren, daß sie aneinander schuldig werden. Dem Partner/der Partnerin zu vergeben, kann unendlich schwer sein. Manche Verletzung heilt nicht einfach mit der Zeit. Wie wird dann Gottes Verheißung wahr? Es muß erbeten sein! Es muß aber auch selbst errungen sein! Vielleicht beginnt es mit »Ich habe Anteil an deiner Schuld«.

Umkehrung? – Wer hat mit dem Zwist angefangen? Er doch! Ja er! Und sie dort! Mitgegangen mitgehangen! – Nein, gerade anders herum: Ihr habt angefangen, ihr! Und zuallererst du und deshalb und darum... – Fragen wir etwa verkehrt? Angenommen, man fragte immer: Wer hat zuerst aufgehört? Man fragte sie, ihn, dich, mich und jeder könnte eines Tages guten Gewissens sagen: Ich. (Hans Manz) *DG*

Wer Verfehlung zudeckt, stiftet Freundschaft, wer aber eine Sache aufrührt, der macht Freunde uneins (Sprüche 17, 9)

»Die Sache ist vergeben und vergessen« – ein oft hingeworfener Satz. So verstehe ich Vergebung nicht. Sie ist für mich ein aktiver Akt des Gebens – ich verzeihe – deshalb muß nicht alles, was gewesen ist, gleich wieder vergessen werden. Jede/r von uns braucht Vergebung, jeden Tag neu, es ist gut, dies zu wissen. Es erleichtert es mir, dem anderen zu verzeihen. Ich will auch nicht vergessen, daß mir gerade gegenüber dem Partner vieles nicht so gelingt, wie ich es mir wünsche – wenn ich mich daran erinnere, kann ich reifen zu einem neuen Verhalten. Ich vergebe, und ich kann Vergebung annehmen, so werden wir frei für einen neuen Tag, für ein neues Stückchen gemeinsamen Lebens mit neuen und anderen Problemen. Ich vergebe mir nichts, wenn ich vergebe. Ich vergebe, damit verschenke ich ein Stück von mir, das das Recht hätte, beleidigt oder verletzt zu sein.

Wende dein Gesicht der Sonne zu, dann fallen die Schatten hinter dich (Thailändisches Sprichwort).

Du breitest den Himmel weit über uns aus, daß Schatten und Schuld vergehen (629, Vers. 1b; aus: Umkehr zum Leben). *HG*

Vergib uns unsere Schuld, wie wir vergeben unseren Schuldigern (Matthäus 6, 12)

Von Schuld zu sprechen, von Vergebung am Beginn einer Ehe: Ist das ein Mahnen mit erhobenem Zeigefinger? Es ist eher ein Wissen um die eigene Unvollkommenheit und Begrenztheit. Wie leicht sind gegenseitige Verletzungen in der Beziehung möglich ohne böse Absicht! Kommt es häufiger vor, ziehen sich beide voreinander zurück, gibt es keine Offenheit mehr, wie oft sind dann die Wege zueinander verbaut, sind Vergebung, Neuanfang scheinbar unmöglich geworden. In einer Beziehung, die auf Vertrauen aufgebaut ist, ist es nicht demütigend, einander Schuld einzugestehen, um Vergebung zu bitten. Vergebung hält eine Beziehung am Leben. Gemeinsam das Vater-unser beten, diese Bitte aussprechen, bedeutet, sich seiner Verantwortung füreinander, der gemeinsamen Verantwortung für andere bewußt zu sein – und zwar vor Gott.

Ach bleib mit deiner Gnade bei uns Herr Jesu Christ... Es kann also weder darum gehen, daß wir uns ein dickes Fell anziehen, noch darum, daß wir uns sozusagen zerreißen. Weder kann es darum gehen, daß man sich möglichst aus allem heraushält, noch darum, daß man es allem und allen recht macht (Borné). *SK-P*

Die Liebe sucht nicht das Ihre, sie läßt sich nicht erbittern, sie rechnet das Böse nicht zu (1. Korinther 13, 5)

'Am andern liebt man Vollkommenheiten, an sich sich' (Jean Paul). Daß einer am andern schuldig wird, können wir nicht verhindern. Aber wir können vermeiden, daß jeder nach einer aufgebrochenen Schuld nur noch 'das Seine sucht': seine Rechtfertigung oder seine Verletztheiten. Die Liebe sucht nicht das Ihre, sie sucht Vergebung. Manchmal muß sie dabei weite Wege gehen, und die beiden Entzweiten erliegen der Versuchung, sich mit Gewöhnung und Vergessen zu vertrösten. Aber spätestens wenn die Liebe heimkehrt, merken die beiden, welch schlechtem Ersatz sie aufgesessen sind. Vergebung begnügt sich nicht mit dem Vergessen, im Gegenteil: 'Vergeben kann unter Umständen bedeuten, gerade nicht zu vergessen. Vergeben heißt, die Vergangenheit eines anderen keinen Einwand dagegen sein lassen, daß ich ihn annehme' (O.H. Pesch). Die Liebe rechnet das Böse nicht zu, sie subtrahiert es vom andern. Dadurch können sich die Entzweiten wieder so sehen, wie sie sind, wie sie sich kennen – und lieben.

'Wer seinen Nächsten verurteilt, kann irren. Wer ihm verzeiht, irrt nie' (K.H. Waggerl).

'O Herr, nimm unsre Schuld, die Dinge, die uns binden, und hilf, daß wir durch dich den Weg zum andern finden' (Kirchentag 1983 Nr. 615). *KvM*

Ist jemand in Christus, so ist er eine neue Kreatur; das Alte ist vergangen, siehe, ein Neues ist geworden (2. Korinther 5, 17).

Was alt ist: Einen Menschen festlegen und begrenzen wollen, stur sein, es ihm zurückzahlen, selber ohne Schuld und Tadel sein wollen; nichts teilen, hartherzig und kalt sein, nicht bereit, Frieden zu machen, Ja zu sagen, die Hand zu reichen, zu vergeben. Was neu ist: Mit einem Mensch nicht fertig werden, zu lieben, zu vergeben und zu beginnen; beweglich sein, auf Sühne und Rache zu verzichten, herzlich und freundlich sein, den ersten Schritt tun, die Hand auszustrecken, wieder lächeln können, den anderen annehmen, wieder mit ihm einen Anfang machen. In Christus sein: Ein Leib und eine Seele mit ihm sein, mit ihm, aber auch mit allen, die zu ihm und auch zu mir gehören; die seine Geschwister sind und meine Nächsten. Es gilt, dies spürbar, auch sichtbar zu machen; zu leben, immer wieder: zu leben.

Mit sich selbst ist man nicht immer in der vornehmsten Gesellschaft (Wilh. Busch).

Lied: EKG 258, besonders die Strophen 3 und 7. *DSch*

Vor allen Dingen habt untereinander beständige Liebe; denn die Liebe deckt der Sünden Menge (1. Petrus 4, 8)

»Die Liebe deckt der Sünden Menge«: Ist hier Liebe gemeint, die blind macht? Solche Liebe – Verliebtheit – mag für die Anfangszeit erlaubt sein; als

Dauerzustand kann sie keine Ehe tragen. Wenn Probleme immer unter den Teppich gekehrt werden, wird die Beziehung verlogen. Eine solche Ehe ist in Krisen gefährdet. Alles Ausgeklammerte schafft sich Luft und überwältigt die Partner so vehement, daß die Ehe zerbricht. Schlüsselworte im Text sind »beständige Liebe« und »der Sünden Menge«. Beständige Liebe ist nicht dauernde Verliebtheit. Sie ist auch keine Konserve, die man im Vorratsschrank hat. Es ist die täglich neu erbetene Liebe. Sie als einzige kann mit »der Sünden Menge« konkurrieren. Diese Liebe orientiert sich an der Liebe Christi: »Gleichwie Christus euch vergeben hat, so auch ihr.« Die hellsichtige Liebe Christi ist das Fundament, auf dem einer die Sünde des andern mit wacher Liebe zudecken kann.

»Liebende leben von der Vergebung« (M. Hausmann).

»Tief sieht die Liebe. Sie sieht alle Schwächen des Geliebten. Darum ist sie Arzt und Schleier« (H. Oeser).

EKG 246,8: O Herr Christ, deck zu unsre Sünd. *O-G H-S*

In guten und in bösen Tagen **Vertrauen**

Wer im Kleinsten treu ist, der ist auch im Großen treu; und wer im Kleinsten unehrlich ist, der ist auch im Großen unehrlich (Lukas 16, 10)

Treue unter Eheleuten kann kaum mit einer Buchhalter-Gewissenhaftigkeit verglichen werden – wie der Kontext es nahelegt: Es geht in ihm um den Umgang mit dem Geld! Aber ebenso wenig wie dort ein absoluter Treue-Begriff taugt (der **ungetreue** Haushalter wird gelobt!), ist dieser für die Beziehung zwischen Ehepartnern hilfreich. Treue aus sich selbst heraus gibt es nicht. Treue lebt von gegenseitiger Liebe und Achtung, vom Vertrauen (»Ich traue dir zu, daß du zu mir hältst.«) und vom Verzeihen (»Ich mache den ersten Schritt nach einer Krise.«) Treue ist – so verstanden – ein bilateraler Wert, um den sich beide Partner mühen. Aneinander schuldig zu werden, erfahren gleichwohl auch die treuesten Partner!

»Gottlob bleibt jede Ehe unvollkommen. Nur als unvollkommene wird sie fröhlich und leicht, ohne moralinsaures Gesicht. Just in ihrer Unvollkommenheit, ja Schuldhaftigkeit wird Ehe zum Zeichen der Treue Gottes, die sich dem Unvollkommenen und Fehlbaren zuwendet und über alles Begreifen und Räsonieren hinaus an ihm festhält. Dieser Treue Gottes verdankt die Welt ihren Bestand und die Ehe ihren Sinn« (K. Marti).

DG

Darum werft euer Vertrauen nicht weg, welches eine große Belohnung hat (Hebräer 10, 35)

Im Buch »Der kleine Prinz« beschreibt Exupéry, wie man Vertrauen gewinnt und was gewonnenes Vertrauen bedeutet. Sich vertraut machen mit dem anderen, heißt ihn immer besser kennenlernen, jeden Tag ein Stückchen näherrücken, sich annehmen und lieben lernen. Die Schwächen des anderen sehen lernen und akzeptieren, nicht wegleugnen, sich vertraut machen mit einem ganz anderen Menschen. Wenn man sich vertraut, so geht die Geschichte vom kleinen Prinzen weiter, dann wird man auch traurig sein, wenn man Abschied nehmen muß, wenn man wieder voneinandergehen muß. Vertrauen wächst, es ist nicht von vorneherein da; und man kann es auch nicht machen, es wächst, und dann ist es da – dies Gefühl, das trägt, das zwei Menschen in ihrer Ehe Boden unter den Füßen gibt.

Vertrau auf dich, vertrau auf mich beim nächsten Schritt der weiterführt, dem nächsten Schritt zum Leben (F.K. Barth/P. Horst).

Ein nachlässiges, unbestätigtes und unglückliches Leben zu führen, ist leicht, dazu braucht man keine Anstrengung. Um glücklich zu sein, muß man sich eigens bemühen (Ladislaus Boros).

HG

Laß mich wohnen in deinem Zelt ewiglich, und Zuflucht haben unter deinen Fittichen (Psalm 61, 5)

Da ist einer am Ende, aber sang- und klanglos untergehen, das will er nicht. Darum schreit er, darum betet er zu Gott. Er ist nicht bereit, sich geschlagen zu geben, mit seiner Lage ist er nicht einverstanden, hoffnungslos ist sie für den Beter nicht. Im Gegenteil: Er will herauskommen aus seinem Unglück, wieder eine Richtung sehen und ein Ziel, will Ruhe und Geborgenheit finden. Beten, so habe ich gelesen, ist eine intensive Vorbereitung auf das Leben. Wer betet, hat noch Hoffnung, ist voller Erwartung. Er macht sich Gott zum Verbündeten und fängt an, in seinem Namen gegen all das anzugehen, was ihn in Angst und Schrecken versetzt, den Boden unter den Füßen wegzieht und was sein Leben verkümmern läßt. Der Beter erinnert Gott daran, was der ihm versprochen hat, nämlich für das Leben einzutreten, es zu bewahren, zu fördern und zu beschützen, ihm Anteil zu geben an der Seligkeit. Der Beter erinnert sich selbst aber auch daran, was ihm aufgetragen ist, nämlich für das Leben einzutreten, es zu fördern und zu beschützen, für weniger Angst und für mehr Glück zu sorgen.

»Wer betet, sagt: So ist es! Und so soll es nicht sein! Und das und das soll geändert werden« (D. Sölle).

DSch

Denn wo euer Schatz ist, da ist auch euer Herz (Matthäus 6, 21)

Jetzt ist das Herz ganz dem Partner/der Partnerin zugewandt. Vor Augen ist der Aufbau einer gemeinsamen Existenz. Jesu Wort ist angesichts dieser Perspektive in einer Radikalität kaum auszuhalten: »Verliert euer Herz nicht – weder an euren Partner, noch an euren Besitz!« Oder M. Luthers Version: »Worauf du nun (sage ich) dein Herz hängest und verlässest, da ist eigentlich dein Gott.« Vergöttert euch nicht! Laßt nicht etwas zum alles beherrschenden Leitthema eures Lebens werden, was eh am Ende »die Motten oder der Rost fressen«! Da ist noch die Perspektive »Reich Gottes«: Wo wir – auch im Ehealltag – stets von neuem auf uns selbst zurückgeworfen werden, uns mit uns selbst beschäftigen und die Sicherung unserer Existenz betreiben, werden wir von dem Gott, der die Liebe schlechthin ist, gerufen in die Gemeinschaft derer, »die da Leid tragen«, »die da hungert und dürstet nach Gerechtigkeit«, »die Frieden stiften«, …

Einsam bist du klein, aber gemeinsam werden wir Anwalt des Lebendigen sein (F.K. Barth,/P. Horst).

Wir preisen dich, Gott, der du Frau und Mann zur Liebe füreinander geschaffen. Erweiche die Harten durch Liebe damit wir lernen, menschlich zu leben (K. Marti).

DG

Mein Joch ist sanft, und meine Last ist leicht (Matthäus 11, 30)

Joch nennt man das schwere Holz, das einem Paar Ochsen oder einem Menschen über die Schulter gelegt und an dem eine Zieh- oder Traglast befestigt wird. Das Joch erleichtert das Tragen, aber es ist selbst eine drükkende Last. Ehealltag als Joch, unter das zwei zusammengespannt sind wie Lasttiere? Eine bedrückende Aussicht, aber Ehen scheitern häufiger am Alltag, seltener an großen Konflikten. »Nehmt auf euch mein Joch und lernt von mir, denn ich bin sanftmütig und von Herzen demütig«, sagt Jesus. Sein »Joch« ist seine Art, mit Menschen, mit-menschlich zu sein, sich selbst heimlich unter die Last zu stellen und sie mitzutragen. Es ist die Art, wie er uns trägt. Wo zwei sich mit ihren Lasten abmühen, ist er mitten unter ihnen und trägt, was sie auf ihn legen. Ehealltag wird Joch, wo einer dem anderen die Größe seiner Last vorrechnet und von ihm Anerkennung als Oberlastenträger fordert. Ehealltag gelingt, wo beide sich von Jesus Christus immer wieder die Augen öffnen lassen für die Last des anderen.

Die Menschen belasten dich? Trag sie nicht auf den Schultern. Schließ sie in dein Herz (Helder Camara).

Ehe ist dienen. Wer sich dienen läßt, so, daß er sich bedienen läßt, bricht die Ehe (H. Oeser).

O-G H-S

Ihr seid Gottes Ackerfeld und Gottes Bau. Einen andern Grund kann niemand legen als den, der gelegt ist, welcher ist Jesus Christus (1. Korinther 3, 9b + 11)

Hochaufgewühlte Ackerkrumme, dunkelbraune Mutter Erde, ein schönes Bild! Gott als Bauer und Bauherr, wir sind sein Werk, unvollständig, es gibt noch an uns zu schaffen. Angefangenes, das nicht liegenbleibt, keine Bauruine, mit uns wird gearbeitet. Ob bei uns aber gesät und geeggt und gepflügt wird, und ob es am Rohbau weitergeht, das ist unsere Entscheidung. Das Leben eines Menschen ist wie ein Talent, mit dem man wuchern soll, aus dem man das Beste machen soll. Dieses Bild formuliert den Anspruch, den Gott an uns Menschen stellt, noch deutlicher. Wir können wachsen und reifen im Alltag der Ehe – wir können auch stehenbleiben und stagnieren. Jeder Tag fordert uns, nimmt uns in die »Pflicht« – nehmen wir diese Herausforderung an? Zu Zweit? Im Wissen, daß wir gemeinsam einen Grund gelegt haben, der trägt.

Das gelobte Land liegt hinter der Wüste.

Euren Lebenshunger bringt, euren Durst nach der Freiheit stillt; kommt her, ich lade euch ein (Anhang 77, Lied 860). *HG*

Einer trage des anderen Last, so werdet ihr das Gesetz Christi erfüllen (Galater 6, 2)

Gemeinhin gilt: Christus und Gesetz heben sich gegenseitig auf. Doch hier nimmt Paulus trotzig den Ball seiner Gegner auf: Wenn schon Gesetz, dann aber das Gesetz Christi! Aber nicht, um darin Meister zu werden oder Richter zu sein über andere, sondern um einander zurechtzuhelfen, um einander zu helfen beim Leben. Christi Regel ist allein die Liebe, – das Ende des Gesetzes. »Einander die Last tragen« meint nicht: einem anderen die eigene Last aufladen, sondern ihm die seinige abnehmen; sehen und spüren, wo sich einer schwer tut, unter seiner Last zusammenbricht und nicht mehr auf die Beine kommt. »Einander die Last tragen«, das tut sich auf vielfältige Weise: Einem, der sich schwer tut, zuhören, Tränen trocknen, für ihn Partei ergreifen, ihn in Schutz nehmen, gemeinsam sich auf den Weg machen, für Entlastung sorgen, Vertrauen herstellen, zusammen eine Lösung finden, befreien, entbinden, kämpfen.

Lasten tragen ist schwer für uns, doch Gott selbst stärkt uns den Mut, schenkt uns den Glauben (Anhang '77, Nr. 822).

Mit Zuwendung, Zeit und Zärtlichkeit sind wir absolut konkurrenzlos. *DSch*

Ein jeglicher wird seine Last tragen (Galater 6, 5)

Dies als Satz für eine Ehe, in der es doch gerade um das Miteinander, das Füreinanderdasein, das Angewiesensein aufeinander geht? Die eine Seite einer Ehe z.B. ist »Einer trage des anderen Last«, aber es bleibt doch jeder/ jede für sich eine eigene Persönlichkeit, ist für sich und das, was er/sie tut verantwortlich vor den anderen Menschen und vor Gott. Diese Eigenständigkeit, Selbstverantwortlichkeit macht ein Füreinanderdasein ja erst möglich. Jeder, jede hat seine und ihre Gaben, seinen/ihren Arbeitsplatz, seine/ ihre Zuständigkeiten selbständig, abgesprochen, schon in die Beziehung miteingebracht. Diese Eigenständigkeit völlig aufzugeben für den anderen und seine Interessen, dafür kann nicht nur der jeweilig andere nur verantwortlich gemacht werden. Wenn zwei zusammenleben wollen, brauchen sie die Verständigung über den Ablauf des Alltags, wer welche Pflichten übernimmt, wem was am ehesten liegt.

Selig seid ihr, wenn ihr einfach lebt, selig seid ihr, wenn ihr Lasten tragt, selig seid ihr, wenn ihr lieben lernt, selig seid ihr, wenn ihr Güte wagt. Selig seid ihr, wenn ihr Leiden merkt, selig seid ihr, wenn ihr ehrlich bleibt...

SK-P

Alles, was ihr tut, das tut von Herzen als dem Herrn und nicht den Menschen (Kolosser 3, 23)

Christliche Ehe ist eine Arbeitsgemeinschaft, kein Freizeitvergnügen. Da unsere Liebe ihre Maßstäbe aus Gottes Liebe gewinnt, schließt sie die ganze Schöpfung ein. Damit ist christliche Ehe freilich eine Arbeitsgemeinschaft eigener Art: Sie lebt nicht vom gemeinsamen Interesse an einer Aufgabe, sondern von dem Wissen, für das Ganze des Lebens zusammenzugehören. Sie hat mit der Beendigung einer Aufgabe nicht ihr Ziel erreicht, sondern ist ständig auf der Suche nach neuen Einsatzmöglichkeiten. Auch wenn Mann und Frau in getrennten Räumen tätig sind, arbeiten sie am selben 'Projekt'. Das birgt in unserer bis zur Unmenschlichkeit arbeitsteiligen Gesellschaft die mühsame Aufgabe, sich gegenseitig seine Erfahrungen zu vermitteln und sich zugleich für mehr Menschlichkeit zu engagieren. Als Teil der Schöpfung ist der Alltag zwar nicht weniger Alltag, aber auch in seinen Geringfügigkeiten entdeckt das Auge des Glaubens jenes Wunder, das an den Feiertagen der Liebe dankbar benannt und ausgekostet wird.

'Gott gab uns Atem, damit wir leben. Er gab uns Augen, daß wir uns sehn. Gott hat uns diese Erde gegeben, daß wir auf ihr die Zeit bestehn' (Kirchentag 1983 Nr. 619).

KvM

Laß meinen Gang in deinem Wort fest sein und laß kein Unrecht über mich herrschen (Psalm 119, 133)

Das »... bis daß der Tod euch scheidet« will dem Liturgen angesichts vieler zerbrochener Ehen nicht recht über die Lippen: Die ganz jungen Paare und die Mitvierziger liegen vorne. Auch bewußte Christen lassen sich scheiden. »Selbstbehauptung« steht stärker im Kurs als »Anpassung«. Unser Gebetswunsch, anläßlich einer Trauung ausgesprochen, läßt gleich an eheliche Untreue denken. Doch der Vers ist grundsätzlicher gemeint (er faßt den ganzen Psalm zusammen): Gottes Wort sei für alles Meinen, Verhalten, Handeln im Leben Orientierung und Richtschnur! Dabei geht der Beter von der Erfahrung der Treue Gottes aus: »Herr, die Erde ist voll deiner Güte« (V 64). Ich wage eine Analogie: In dem Maße, in dem ich die Ehe als »mitmenschliche Heimat« (K. Marti) erfahren werde, kann ich »in meinem Gang fest sein«!

»Für Gottes ewige Treue gibt es zeitliche Zeichen. Eines von ihnen ist die Ehe, wo eine Frau und ein Mann einander als verläßlich erfahren und miteinander Verläßlichkeit einüben dürfen, durch Krisen, Zweifel, Entfremdung hindurch« (K. Marti). *DG*

Wie ein Apfelbaum unter den wilden Bäumen, so ist mein Freund unter den Jünglingen. Unter seinem Schatten zu sitzen, begehre ich, und seine Frucht ist meinem Gaumen süß (Hoheslied 2, 3)

'Lieben heißt, nicht mehr vergleichen'? Nein, lieben heißt, keinen Vergleich mehr zu scheuen; denn der geliebte Partner ist nicht austauschbarer Besitz, sondern ein Teil von mir geworden. Und: Im Vergleich kläre ich meine eigene Rolle im Verhältnis zu ihm. Suche ich Schutz unter seinen Zweigen oder stehe ich in seinem Schatten? Teile ich mit ihm die Frucht seiner Mühe oder konsumiere ich nur den Profit seiner Leistung? Vielleicht ist es einfacher, von vornherein 'Gütertrennung' zu vereinbaren und zu praktizieren. Aber heißt das nicht, zugunsten eines vermiedenen Konflikts auf die eigentliche Erfüllung der Liebe zu verzichten, die darin beruht, daß ich mich selbst auf's Spiel setze für die Nähe zum andern? Wo das Ich kein 'Spiel' mehr hat, wird aus Treue Abhängigkeit. Liebende sitzen im Grünen, nicht im Zuchthaus.

'Sag ja zu dir und nimm dich an. Nur wer sich selber lieben kann, liebt auch den andern neben sich. Gott will, daß du ihn liebst wie dich (Detlev Block).

'Es gibt keinen andern Weg, ganz zu sich selbst zu kommen, als den, daß man einmal ganz von sich losgekommen ist' (Eduard Spranger). *KvM*

Begehre vom Herrn nicht die Herrschaft und vom König keinen Ehrenplatz (Jesus Sirach 7, 4)

Wohin komme ich, wenn ich mich daran halte? Nicht sehr weit! Der eine befiehlt und der andere hat ihm zu gehorchen, die eine sitzt oben, und die andere bleibt unten. Das könnte manchem Herren so passen! Nein, so nicht! Außerdem: Ein Leben, in dem es nichts mehr zu begehren, zu wünschen, zu erwarten und zu erhoffen gibt, ist nicht mehr lebendig und auch nicht lebenswert. Ich verstehe den Satz so: Laßt es sein, einem anderen nur darum die Macht wegnehmen zu wollen, um sie selbst zu besitzen, nur um selber mächtig zu sein. Hört auf, euch mit der Herrschaft zu verbünden, die Macht und die Mächtigen anzubeten. Schielt auch nicht nach den Ehrenplätzen, und laßt euch weder nach oben drängeln noch nach vorne loben. Wer's dennoch tut, verliert mit der Zeit seine Freiheit und ist nur noch darauf bedacht, oben zu bleiben, – mit allen Mitteln. Weder andere unterwerfen wollen noch sich selbst unterwerfen lassen, weder etwas tun, um so zu Ehre und Ruhm zu kommen noch danach trachten, Punkte zu sammeln und Stiche zu machen, das läßt das Leben gelingen.

Das könnte den Herren der Welt ja so passen... (Kurt Marti).

Macht macht kaputt! *D Sch*

Aber viele, die die Ersten sind, werden die Letzten und die Letzten werden die Ersten sein (Matthäus 19, 30)

Die erste Geige spielen, das letzte Wort behalten, die Hosen anhaben, den Boß rauskehren: Ehe kann Machtkampf sein. Die Bibel weist darauf hin, daß unsere gängigen Hackordnungen keine Ordnungen des Himmels sind. Dort gelten kuriose andere Gesetze. Der Blick auf die himmlische Umwertung aller Werte ermöglicht Distanz zu unserem Kampfgebaren. Es gibt gute andere Möglichkeiten: Den Anderen sein lassen; sein Anderssein nicht als Bedrohung bekämpfen, sondern als Bereicherung annehmen; mit Lust und Liebe den Kompromiß suchen; Spielregeln entwickeln, die das gemeinsame Leben erleichtern. Auch im Spiel gibt es Kampf. Aber am Ende steht das befreite Lachen derer, die das Spiel durchschauen und so beenden können, daß es weder Sieger noch Verlierer gibt.

Ich darf nicht die Tür sein, durch die der Nächste geht, darf ihn nicht verpflichten, meine Wege zu gehen, von meinen Schlüsseln abhängig zu sein. Wenn meine Tür Christus ist, kommt es darauf an, einem jeden zu helfen, daß er seinen Weg zum Vater findet (nach Helder Camara).

»Wieder einmal recht gehabt« hat nur der Nichtliebende (Oeser). *O-G H-S*

In Freiheit und doch gebunden **Eifersucht**

Die Liebe kennt keine Angst. Wahre Liebe vertreibt die Angst. (1. Johannes 4,18a nach: Die Gute Nachricht 1982)

Am Anfang steht die Liebe Gottes zu den Menschen, zu seinen »Kindern«. Diese Liebe setzt die Schwester- und Bruderliebe aus sich heraus. (Kontext!) Die Liebe zweier Ehepartner zueinander hat demgegenüber eine andere Qualität. Und doch kann sie von ersterer lernen und profitieren. Hier vor allem den Satz: Kein Mensch gehört einem anderen! – Wir sind Gottes! Nicht des Vorgesetzten, nicht des Arbeitgebers und auch nicht des Ehepartners Eigentum! »Mein Mann« und »meine Frau« drücken stattdessen Besitzverhältnisse aus. Je mehr eine(r) den Partner als Besitz begreift, desto ängstlicher wird sie/er über ihn wachen und das Seine zu wahren suchen. Manchmal mit einem Eifer, der anderen Süchten gleicht! Wahre Liebe kann jedoch Freiheit gewähren und Vertrauen schenken. So wie Gott uns liebt.

Art. 4 Es wird erlassen, daß der Mensch niemals mehr am Menschen zu zweifeln braucht, daß der Mensch dem Menschen vertraut, wie die Palme dem Wind vertraut, wie der Wind der Luft vertraut, wie die Luft dem blauen Feld des Himmels vertraut (Thiago de Mello).

DG

In Freiheit und doch gebunden **Freiheit**

Ich will frohlocken, daß du meine Füße gestellt hast auf weiten Raum (Psalm 31, 8a + 9b)

Sich immer bloß auf engstem Raum bewegen, immer nur die gleichen Wege gehen, nie mal über einen Zaun klettern, das ist nicht gut. Allmählich wird man unbeweglich und bleibt stehen. Ihr dürft die Weite des ganzen Raumes für euch in Anspruch nehmen, euch frei bewegen und aufrecht gehen, um auf diese Weise zu erfahren: Es gibt Neues unter der Sonne. Das Leben hält sich nicht an die Regeln, die wir ihm geben möchten. Es ist nie und nimmer alles schon gelaufen. Es steht immer noch etwas aus. Immer nur unter dem eigenen Dach bleiben wollen, nie Grenzen überschreiten, nie das Dorf verlassen, das trübt den Blick. Die Freiheit nicht wagen, einen anderen nicht loslassen, sondern begrenzen zu wollen, tut nicht gut. Allmählich nimmt man ihm die Luft zum Atmen. Die Weite des Raumes in Gebrauch nehmen und geben heißt: dem anderen, der anders ist, den Raum geben, um anders sein zu dürfen; dem alten Hott und Trott ein Bein stellen; Neues erfahren. Sonst sieht das Leben zu zweit mit der Zeit ganz schön alt aus.

Laß uns gehn in unser Land (Anhang '77 – Nr. 855, 7).

Die Kraft des Glaubens ist die größere. Verbieten und erschweren ist leichter (Talmud). *DSch*

Sei fröhlich, doch in Gottesfurcht (Jesus Sirach 9, 23)

Der Beginn eines neuen Lebensabschnittes, der Beginn einer Ehe mit einem Menschen, der einem wichtig, lieb geworden ist, das ist ein Grund zur Freude. Nun können die zwei endlich ihre eigenen Vorstellungen vom Leben verwirklichen, sind nicht mehr von Rücksichten auf Eltern u.a. abhängig. Die Wohnung können sie einrichten, den Speiseplan aufstellen, Musik in der Lautstärke hören, Geld ausgeben, Menschen kennenlernen und treffen, so wie sie es wollen. Fröhlich wollen zwei nun drauflosleben. Und die Gottesfurcht? – will sie den Spaß verderben, zur Ernsthaftigkeit, zur Miesigkeit mahnen? Sie will die Fröhlichkeit, den Schwung, den Mut nicht nehmen – seid fröhlich, doch habt dabei Ehrfurcht vor Gott – lebt also in eurer Fröhlichkeit nicht auf Kosten eures Partners/eurer Partnerin und nicht von anderen Menschen, verliert auch die Probleme dieser Welt nicht aus den Augen.

Wohlauf mein Herze, sing und spring und habe guten Mut! Dein Gott, der Ursprung aller Ding ist selbst und bleibt dein Gut.

Worauf alles ankommt, damit der Mensch nach allen Seiten zu ein Mensch sei: Die Ehrfurcht! (Johann Wolfgang von Goethe) *SK-P*

Für die Freiheit hat uns Christus frei gemacht. Darum steht fest und laßt euch nicht wieder unter ein Joch der Knechtschaft bringen (Galater 5, 1)

Von der Freiheit ohne Bindung träumen nur Fantasten. Wir leben in Grenzen: in den Grenzen, die uns die Welt setzt, die uns andere Menschen setzen und in den Grenzen, die uns unser eigener Körper setzt. Aber in diesen Grenzen können wir nur leben in Freiheit. Wer heiratet, hat gerade die – manchmal erdrückend engen – Grenzen der eigenen Familie verlassen, sehnt sich nach einem Raum freier Lebensgestaltung und selbstverantwortlicher Lebensführung. Nach einem Raum, in dem wir offen, verletzlich und ungeschützt reden und handeln dürfen. In dem wir entdecken können, welche Möglichkeiten in uns liegen, in dem wir uns gegenseitig darin ermuntern, diese Möglichkeiten zu entwickeln. In Freiheit zu mir selbst finden und dem Partner diese Freiheit gewähren. Und in alldem einander Verläßlichkeit bieten. Für eine solche Freiheit hat Christus uns befreit!

Wir wollen Freiheit, um uns selbst zu finden, Freiheit aus der man etwas machen kann. Freiheit, die auch noch offen ist für Träume, wo Baum und Blume Wurzeln schlagen kann (Herr, deine Liebe ist wie Gras und Ufer).

Die zufriedenen Knechte sind die größten Feinde der Freiheit (M.v. Ebner-Eschenbach).
ED

Herzen hat seine Zeit, aufhören zu herzen hat seine Zeit (Prediger 3, 5b)

Jahreszeiten, Gezeiten der Ehe – dort hat alles seinen Platz, dort hat alles seine Zeit. Wie die Erde sich jeden Tag um sich selbst dreht und so Tag und Nacht entsteht und dabei im Lauf des Jahres einmal um die Sonne kreist, so ist jeder Tag einer Ehe von hell und dunkel gekennzeichnet, von Nähe und Abstand, von Hingabe und Verweigerung. Eingebunden in den Lebensfluß entwickelt sie sich weiter. In den unterschiedlichen Lebens-und damit Ehephasen finden sich noch viele kleine Gezeiten, in denen sich herzen und nicht herzen abwechseln. Nicht immer werde ich zärtlich sein können, auch, wenn der andere das vielleicht braucht. Um dem anderen zu geben, darf ich auch einmal nicht geben können – nur so wird die Gabe noch Gabe bleiben und keine Selbstverständlichkeit werden. Liebkosen, herzen, lieben, bleibt Geschenk, wird niemals verfügbar werden im Miteinander zweier Menschen.

Das Schöne zieht einen Teil seines Zaubers aus der Vergänglichkeit (Hermann Hesse)

Sprich Ja zu meinen Taten, hilf selbst das Beste raten, den Anfang, Mitt und Ende, ach Herr, zum Besten wende.
HG

Gottes Wege sind vollkommen, die Worte des Herrn sind durchläutert. Er ist ein Schild allen, die ihm vertrauen (Psalm 18, 31)

Meistens denkt man gar nicht daran: eine Ehe gemeinsam beginnen, bedeutet auch eine Willenserklärung zum gemeinsamen Altwerden. Heute schon daran denken? Es ist nie früh genug, sich darauf vorzubereiten. Der Gedanke an das Alter macht Angst: Werden wir uns dann noch verstehen? Wie wird es um unsere Gesundheit bestellt sein? Wie und wo werden wir leben? Werden wir Freunde haben? Eine Hilfe beim Werden einer Ehe, bei dem Suchen nach Wegen, wie es weitergehen soll, kann das gemeinsame Gebet, das gemeinsame Lesen biblischer Texte, das Gespräch darüber sein. Hinter diesem Schild Gottes kann man zur Ruhe kommen, Atem holen, Antworten suchen, um Antworten beten, den Alltag beklagen, mit Gott rechten... Auf sein Schildsein können wir uns verlassen; es ist eine große Hilfe, gemeinsam so einen Schutz zu haben.

Du bist mein Stärk, mein Fels, mein Hort, mein Schild, mein Kraft – sagt mir dein Wort –, mein Hilf, mein Heil, mein Leben, mein starker Gott in aller Not: Wer mag mir widerstreben?

Wenn wir nicht tief und geduldig an Gott glauben, werden wir machtlos sein im Ertragen von Enttäuschungen und Schicksalsschlägen (Martin Luther King). *SK-P*

Euer Herz soll ewiglich leben (Psalm 22, 27c)

'... bis daß der Tod euch scheide'. Dieser Satz markiert nicht nur eine große, vielen unzumutbar erscheinende Verpflichtung, nimmt auch an diesem Festtag des Dankes und der Zuversicht ganz unsentimental in den Blick, daß jeder Ehe, auch der gelungenen, die 'Scheidung' droht: Unser Leben ist begrenzt. Unser Glaube lehrt uns aber, unsern Tod nicht nur als Ende, sondern als Ziel zu begreifen. Dieses Ziel vor Augen, versteht man dann auch die einzelnen Phasen, die unsere Gemeinschaft durchläuft, als Etappen, die jede für sich neu angegangen und gewonnen werden wollen. Ja, jeder Tag wird zu einem Geschenk, das man miteinander behutsam und neugierig auspackt und bestaunt und genießt. Das macht frei von der Sucht, die ewige Jugend konservieren möchte und im Älterwerden nur den Verfall wittert. Ob Verzicht auf erfahrene Spielarten des Glücks Entzug bedeutet oder gewonnene Freiheit – wir haben es in der Hand.

'Komm, Herr, segne uns, daß wir uns nicht trennen, sondern überall uns zu dir bekennen. Nie sind wir allein, stets sind wir die Deinen. Lachen oder Weinen wird gesegnet sein' (Kirchentag 1983 Nr. 661).

'Betrachte immer die helle Seite der Dinge! Und wenn sie keine haben? Dann reibe die dunkle, bis sie glänzt' (NN). *KvM*

Auch bis in euer Alter bin ich derselbe, und ich will euch tragen, bis ihr grau werdet. Ich habe es getan; ich will heben und tragen und erretten (Jesaja 46, 4)

Zwei Tagebücher stelle ich mir vor. Für jeden Tag eures Lebens gibt es einen Eintrag. Manchmal stehen da Sätze, wie wir sie alle gelegentlich äußern. Die einen beginnen mit »Gott sei Dank...«, Die anderen sind kürzer: »Um Gottes

Willen!« Schaut man genau hin, steht neben den Danke-Sätzen etwas in einer anderen Schrift: »Ich habe es getan: Erhoben – getragen – errettet!« – Aber auch neben den Klage-Sätzen steht etwas – nicht so deutlich vielleicht, aber dennoch erkennbar: »Ich bin derselbe! Trotz allem!« Was für ein Versprechen unseres Gottes! Heute beginnt ihr ein neues Tagebuch zu schreiben – ein gemeinsames. Womit ihr auch immer die Seiten füllen werdet, Gott sagt sich euch zu! Ihr werdet Danke-Sätze hineinschreiben – in dem Maße, wie ihr euch entdecken und eure Liebe gestalten lernt. Ihr werdet Klage-Sätze notieren – wenn sie euch als Ältere rumschubsen oder euch das Alter quält. Ihr werdet geborgen sein: Gott bleibt derselbe!

Nimm deinen Segen nicht von mir laß deine Hände liegen und deine Liebe und bleib hier wenn alle Vögel fliegen (Bettina Wegener). *DG*

Wer nicht liebt, der bleibt im Tod (1. Johannes 3, 14c)

Im Tod bleiben, mitten im Leben? Wir erwarten ihn doch erst am Ende des Lebens! Hier aber ist er ein Gehäuse, ein Verlies, ein Gefängnis, aus dem man entkommt oder in dem man gefangen bleibt. Die Bibel meint mit 'Tod' Verlorenheit, Unerlöstsein, Ferne von Gott. Unerlöst ist der Mensch, der Liebe nicht annehmen und nicht lieben kann. Wer liebt, löst sich von sich selbst, geht auf andere zu, läßt ihr Leben in seines ein. Lieben er-löst uns vom Ich-Gefängnis. Ehe gelingt, wo Menschen einander immer wieder aus den Ich-Gefängnissen befreien und gemeinsam den weiten Raum der Liebe betreten. Wer nicht liebt, der bleibt im Tod – auch wenn er Besitz anhäuft und vielen Kindern das Leben schenkt. Wer liebt, kommt ins Leben, ist und bleibt im Leben: auch wenn die Haut welk und das Haar weiß wird, auch wenn Erfolge ausbleiben und Kummer nicht erspart bleibt. Wer liebt, bleibt, auch wenn der Tod kommt, denn er bleibt in Gott.

»Wer glaubt, alle Früchte würden gleichzeitig mit den Erdbeeren reif, versteht nichts von Trauben« (Paracelsus).

»Siehe, wir hassen, wir streiten, es trennet uns Neigung und Meinung; aber es bleichet indes dir sich die Locke wie mir« (Schiller). *O-G H-S*

Heute und in Zukunft **Lebenssinn**

Was hülfe es dem Menschen, wenn er die ganze Welt gewönne und nähme doch Schaden an seiner Seele? (Matthäus 16, 26)

Gemeinsam etwas zustandezubringen, macht Spaß. Wenn der Einsatz Erfolg hat, dann soll man das feiern und genießen. 'Wenn Rebhuhn, dann

Rebhuhn; wenn Fasten, dann Fasten' (Teresa von Avila). Aber die alte Sitte des Fastens hat nicht nur den Sinn, den Genuß danach zu steigern. Sie läßt auch Abstand gewinnen und die Dinge vor einem weiteren Horizont betrachten. Wie notwendig ist dieses Teilstück für das Ganze? Wo diese Frage versäumt wird, droht die gemeinsame Aufgabe zum Selbstzweck zu werden, die durch ihre wuchernden Anforderungen den Schwund an lebendiger Gemeinschaft verdeckt. Denn 'es besteht eine seltsame Beziehung zwischen den vielen Dingen, die wir besitzen und konsumieren, und der Leere unseres Daseins. Überflüssige Dinge machen das Leben überflüssig' (Dorothee Sölle). Umgekehrt: Verzicht auf überflüssige Dinge bewirkt nicht Armut, sondern eine neue Art von Überfluß: Fantasie, Zeit, Geld, Freude fließen über den Rand des eigenen Bedarfs und kommen anderen zugute.

'Selig seid ihr, wenn ihr einfach lebt. Selig seid ihr, wenn ihr Lasten tragt. Selig seid ihr, wenn ihr lieben lernt. Selig seid ihr, wenn ihr Güte wagt' (Kirchentagslieder 1981 Nr. 72). *KvM*

Den Reichen in dieser Welt gebiete, daß sie nicht stolz seien, auch nicht hoffen auf den unsicheren Reichtum, sondern auf Gott, der uns alles reichlich darbietet, es zu genießen; daß sie Gutes tun, reich werden an guten Werken, gerne geben, behilflich seien (1. Timotheus 6, 17 + 18)

Reich werden ist für viele das Lebensziel schlechthin. Dabei denken sie nicht immer an den eigenen Genuß; für die Kinder wollen sie ein Polster der Sicherheit schaffen. Es sichert ihnen zugleich im Alter die Machtposition in der Familie. Sie haben ja etwas zu vergeben! Man kann ganz anders reich sein wollen: Reich sein an Güte, an Großzügigkeit; an Freude über das, was Gott zum Leben gibt; an Phantasie, wenn anderen geholfen werden muß; reich an Lachen und Weinen, an Heiterkeit und Humor; reich an Freunden. Das muß kein Leben am Bettelstab sein, aber es steckt eine andere Wertordnung darin. Zwei Menschen am Anfang der Ehe sollten überlegen: Worin wollen wir reich sein? Reich im Haben oder reich im Sein?

»Teilst du dein Brot ängstlich, ohne Vertrauen, ohne Wagemut, überstürzt, wird es dir fehlen. Versuch es zu teilen, ohne in die Zukunft zu denken, ohne zu rechnen, ohne zu sparen, als ein Sohn des Herrn über alle Ernten der Welt.« (Helder Camara) *O-G H-S*

Die Frucht aber der Gerechtigkeit wird gesät im Frieden denen, die Frieden halten (Jakobus 3, 18)

Vom Unterschied zwischen irdischer und himmlischer Weisheit ist im Kontext dieses Wortes die Rede: Eifersucht und Zanksucht, die Zerrüttung und schlechtes Wesen zur Folge haben, stehen die himmlische Weisheit mit

Barmherzigkeit, guten Früchten frei von Zweifeln und Heuchelei gegenüber. Wenn zwei sich einig sind, sich lieb haben, eine lebendige Ehe führen, in der jede(r) mit ihren/seinen Freuden, Mühen, Lasten Platz hat, die Ehe eine Basis ist, auf der man/frau »auftanken« kann, dann werden sie von Gott mit Gerechtigkeit beschenkt, dann haben sie etwas von dieser himmlischen Weisheit in ihr Leben einbezogen und können so für andere ein Halt und eine Ermutigung sein.

Auf Gott und nicht auf meinen Rat will ich mein Glücke bauen und dem, der mich geschaffen hat, mit ganzer Seele trauen. Er, der die Welt allmächtig hält, wird mich in meinen Tagen als Gott und Vater tragen.

Unwillkürlich neige ich immer dazu, zu glauben, daß viel zu lieben das beste Mittel ist, um Gott zu erkennen (Vincent van Gogh). *SK-P*

Heute und in Zukunft **Spielraum**

Herr, du bist mein Schutz und meine Hilfe, du hältst mich mit deiner mächtigen Hand, deine Antwort auf mein Gebet macht mich stark (Psalm 18, 36 nach: Die Gute Nachricht 1982)

Die Braut – wie eine Königin; der Bräutigam – wie ein König! Wenigstens heute seid Ihr souverän. Wir alle akzeptieren Euch in diesen Rollen. Spielt sie gut – über Euren Hochzeitstag hinaus! In souveräner Haltung sagt Ihr einander zu, Euch gegenseitig Schutz und Hilfe zu sein, einander zu halten und Euch stark zu machen. Wir wünschen Euch von Herzen, daß Euch dies gelingen möge. Alle, die länger miteinander leben, wissen aber, daß die eigenen Kräfte manchmal nicht reichen, das gegebene Versprechen zu halten. Daß man gerade auch in der Ehe aneinander schuldig werden kann. Daß Verzeihen und Vergeben unendlich schwer werden können. Ob Ihr dann den anderen Teil Eurer Rollen ebenso spielen lernt? Der König, aus dessen Psalm Euer Trauspruch stammt, war auch darin souverän, daß er sich nicht selbst für das Maß aller Dinge hielt. Er nimmt seine Kraft aus diesem »Herr, du...«, das ihm neuen Spielraum eröffnet.

Vertrau auf dich, vertrau auf mich beim nächsten Schritt, der weiterführt, beim nächsten Schritt zum Leben. Gott wird es geben (F.K. Barth/P. Horst). *DG*

Meine Zeit steht in deinen Händen (Psalm 31, 16a)

Möglichkeiten zur Entfaltung haben wir nur in unserem begrenzten Sein. Viele Chancen bieten sich in unserem Leben, und man kann sein Leben damit verbringen und vertun, diesen verpaßten Gelegenheiten nachzuweinen. Wieviele Angebote des Lebens schätzen wir verkehrt ein, nehmen sie nicht an, da wir in unserer Begrenztheit nur einen beschränkten Überblick haben. Erfülltes Leben ist für mich ein Leben, das weiß, daß »viel Verpaßtes« darunter ist. Mit wievielen anderen Frauen oder Männern hätte ich glücklich werden können – wahrscheinlich noch mit Vielen. Es liegt an mir, wenn ich meine Gedanken an die anderen hänge, anstatt mit Energie für mein Glück zu kämpfen – mit diesem geliebten Partner, den ich einmal gewählt habe. Aus der einmal gewählten Möglichkeit die beste aller Zeiten zu machen – ich denke, das ist unsere Aufgabe. In der Begrenztheit unseres Daseins für mich die einzige Alternative!

Unser Glück finden wir unterwegs, nicht am Ende der Straße, denn dann ist es zu spät.

So vergeht Jahr um Jahr und es ist mir längst klar, daß nichts bleibt, daß nichts bleibt, wie es war (Hannes Wader).

HG

Beerdigung

Einführung

Bei der Beerdigung steht der Trauernde am »kritischen Übergang«. »Ihm gilt es zur Erkenntnis und Anerkenntnis zu verhelfen, daß sich sein Verhältnis zu dem geliebten Menschen und zu seiner Umwelt geändert hat. Der Beerdigungsvorgang muß eine Unterstützung sein, die Beziehungen zwischen ihm und dem Toten und ihm und der Umwelt neu zu ordnen.«[1] Insofern ist die Beerdigung sozialintegrativ und »therapeutisch«. Das Ritual strukturiert durch seine Formalisierung den Umgang mit dem Todesfall, der – innerlich und äußerlich – zunächst einmal Chaos auslöst. »Die Liturgie am Grabe erst gibt dem Tod eine Sprache, sie erst läßt ihn zu Wort kommen... Um Tod und Trauer zur Sprache zu bringen, gibt es keine Alternative zur Sprache der Überlieferung,« schreibt D. Rößler. »Der Psalm, das Bibelwort, das Gebet, die Liturgie am Grabe – sie lösen den Tod aus dem privaten und innerlichen Bereich der Trauernden heraus und machen ihn objektiv.«[2]
Das Ritual selbst also dient schon der Bewältigung der Trauer, auch bei tragischen Fällen, und nicht erst das sensible Mitfühlen und Mitleiden des Pfarrers bei der Ansprache. Das ist ein wichtiger Aspekt für den Umgang des Pfarrers mit seiner eigenen Betroffenheit. Das Ritual trägt und stützt die Trauernden und auch ihn. Es objektiviert und distanziert. Es entlastet den Pfarrer emotional und psychisch.
So hängt also nicht »alles« von der Ansprache ab, aber doch sehr Vieles. Auch hier gilt der doppelte Aspekt von Individuum (der/die Trauernde/n) und Gruppe (die Trauergemeinde). So ergibt sich die schwierige Koppelung von seelsorgerlichem Reden einerseits und Breitenwirkung andererseits. Kaum etwas prägt das Image eines Pfarrers – positiv oder negativ – so sehr wie die Art seiner Beerdigungen!
Begräbnisansprachen erfordern mehr als andere Kasualien seelsorgerliches Reden. Die Seelsorge beginnt natürlich schon früher. Im besten Fall bei der Begleitung des Kranken und seiner Familie, im anderen Fall beim Trauergespräch.[3] Aus solchen Gesprächen möchte ich einen Gesichtspunkt herausgreifen, der für die Ansprache wichtig wird: den der »Trauerphasen« nach E. Kübler-Ross[4]. Sie hat bei Schwerkranken fünf Phasen der Reaktion auf den bevorstehenden Tod unterschieden, von denen sich mindestens vier auch als Reaktionen von Hinterbliebenen finden: 1. Nichtwahrhabenwollen und Isolierung; 2. Zorn; (3. Verhandeln, um Aufschub feilschen); 4. Depression; 5. Zustimmung.
Diese Stimmungen und andere Fragen und Sorgen der Angehörigen aufzugreifen und ihnen Ausdruck zu verleihen, ist die eine Aufgabe der

Ansprache. Sie in Beziehung zum christlichen Glauben zu setzen die andere. Die Verknüpfung von beidem kann in der Auswahl des Bibelverses liegen. (Daß diese Verse dabei oft aus dem Zusammenhang gerissen werden, ist ein theologisches Problem). Nach meinen Erfahrungen mit Ansprachen an verzweifelte Menschen liegt Trost für sie nicht darin, daß expressis verbis von »Trost« oder »Hoffnung« gesprochen wird. Tröstlich ist für sie vielmehr, sich (und/oder den Verstorbenen) im Bibelvers oder in der Ansprache wiederzufinden. Die Erkenntnis, daß es Menschen in der Bibel genauso ergangen ist wie ihnen, daß der Pfarrer dies sagt und die Trauergemeinde das hört, »tröstet«: sie hebt die Einsamkeit auf, weil man sich verstanden fühlt. –

Wir haben die Entwürfe für die Ansprachen nach den Formulierungen gegliedert, die häufig in Todesanzeigen zu lesen sind. »Nach langem, arbeitsreichem Leben...« enthält Vorschläge für die Ansprachen beim Tod alter Menschen (die oft schwieriger als die bei tragischen Todesfällen sind); »Von schwerem Leiden erlöst...« beschäftigt sich mit dem Tod sowohl alter als auch jüngerer Menschen, die lange gelitten haben, und mit den Gefühlen der Angehörigen, die selbst an den Rand ihrer Kräfte gerieten. »Mitten aus dem Leben gerissen...« bezieht sich auf Menschen, die jung starben (auch Kinder), durch Krankheit oder durch Unfall. Dieses Kapitel überschneidet sich etwas mit dem letzten, »Durch ein tragisches Schicksal...«, wo aber mehr Gewicht auf ausgefallene Situationen wie Selbstmord, Mord, größere Unfälle u.ä. gelegt wird.

Die einzelnen Stichwörter zur Orientierung sind nach den Themen ausgewählt, die bei Trauergesprächen eine Rolle spielen, von den Angehörigen angesprochen oder vom Pfarrer herausgehört. *IA*

Anmerkungen:

1. Y. Spiegel, Der Prozeß des Trauerns, München 1977, S. 153.

2. D. Rößler, Wenn man den Tod zu Wort kommen läßt. Deutsches Allgemeines Sonntagsblatt vom 26. 11. 1972.

3. vgl. Y. Spiegel, a.a.O., S. 143 ff.

4. E. Kübler-Ross, Interviews mit Sterbenden, GTB Siebenstern 71, Gütersloh 1983.

Bis in euer Alter bin ich derselbe, und ich will euch tragen, bis ihr grau werdet. Ich habe es getan; ich will heben und tragen und erretten (Jesaja 46, 4)

Gibt es Kontinuität, Bleibendes im Leben bis zum Tod und vielleicht auch darüber hinaus? Der rote Faden in einem Leben, meist heißt er: Arbeit und Mühe. Oder: Er/sie war immer nur für die anderen da. Die Haarfarbe grau, der Mensch im Alter, was verbindet ihn/sie mit der Kindheit, der Jugend, dem Erwachsenen? (Welche Haarfarbe hatte er/sie als Kind? Wer weiß das noch?) Der Mensch im Alter derselbe wie als junger Mensch? Hoffentlich nicht! Kontinuität und Bewahrung machen sich auch an Menschen fest. Wer lebt noch von den alten Freunden/Freundinnen? Es wird einsam im Alter, ganz natürlich. Und manchmal ist die Einsamkeit schwer zu durchbrechen. Gottes Bewahrung als roter Faden (heben, tragen, erretten), auch da, wo sie vielleicht nicht wahrgenommen wurde im Gleichmaß der Tage ohne besondere Höhe- oder Tiefpunkte. Bewahrung auch in Zukunft als Trost für die Lebenden, die diesen Tod akzeptieren können.

Ja, ich will euch tragen bis ins Alter hin, und ihr sollt einst sagen, daß ich gnädig bin. Ist mein Wort gegeben, will ich es auch tun, will euch milde heben, ihr dürft stille ruhn. Laßt nun euer Fragen, Hilfe ist genug, ja, ich will euch tragen, wie ich immer trug (J. Klepper).

HT

Ich weiß wohl, was ich für Gedanken über euch habe, spricht der Herr: Gedanken des Friedens und nicht des Leides, daß ich euch gebe Zukunft und Hoffnung (Jeremia 29, 11)

Gott verheißt Heimkehr! Nach 70 Jahren im Exil, in der babylonischen Gefangenschaft, soll sein Volk von ihm heimgesucht und heimgebracht werden. Was als Vertreibung aus der Heimat begann, wird als Fest des Wiedersehens enden. Heimsuchung: kein böses Geschick, sondern ein Zurückholen in die Geborgenheit, eine Wiedervereinigung des einst Getrennten. Wer heimgesucht ist, soll heimgebracht werden. Gottes Ziel für den Menschen ist immer der Schalom: Heil, Segen, Glück, Leben, Frieden – nicht Leid und Tod. Mit Christus macht Gott diese Richtung vom Tod zum Leben hin verbindlich. Wer ihm vertraut, ist schon jetzt vom Tod zum Leben hindurchgedrungen, für den ist das Alte bereits vergangen und das Neue vorhanden.

»Jesus lebt! Nun ist der Tod mir der Eingang in das Leben« (Gellert).

Alles vergehet / Gott aber stehet / ohn alles Wanken; / seine Gedanken / sein Wort und Wille hat ewigen Grund. / Sein Heil und Gnaden / die nehmen nicht Schaden /

heilen im Herzen / die tödlichen Schmerzen / halten uns zeitlich und ewig gesund. (EKG 346, 8 Paul Gerhardt) *RL*

Als du jünger warst, hast du dich selbst gegürtet und bist gegangen, wo du hinwolltest; wenn du aber alt wirst, wirst du deine Hände ausstrecken, und ein anderer wird dich gürten und führen,wo du nicht hin willst (Johannes 21, 18)

Schrecken darüber, wie es einem gehen kann im Alter: Trotz aller Tüchtigkeit ist jemand einsam gestorben. – Hätte man sich mehr kümmern können? Die Angehörigen fühlen sich schuldig, entschuldigen sich vielleicht mit ihrer Arbeit. Es war keine Zeit für Beziehungen da. – Aber der eigene Lebensentwurf, der nur mit dem selbständigen Gehen rechnet, ist erschüttert. Könnte die Einsamkeit des Verstorbenen nicht auch das eigene Schicksal werden? Ein beängstigender Gedanke. – In die Beunruhigung hinein kann die Ansprache vom Segen beider Seiten des Lebens sprechen: vom Tun und vom Hände ausstrecken, vom Gehen und Geführtwerden, von der Arbeit und der Zeit füreinander. Der Schrecken könnte zum Durchgangstor für Veränderungen im eigenen Leben werden.

Die Schwäche der Kraft besteht darin, nur an die Kraft zu glauben (Paul Valéry). Lied: EKG 364, 1.3.9 *UW*

Nach langem, arbeitsreichem Leben — **Dank**

Gepriesen sei der Herr; denn wunderbare Gnade hat er mir erwiesen in der Drangsal. Ich aber wähnte in meiner Verzagtheit: »Ich bin verstoßen aus deinen Augen«. Fürwahr, da hast du mein lautes Flehen erhört, als ich zu dir schrie (Psalm 31, 22–23)

Danken kann man nicht gut einem Unbekannten sondern, eigentlich nur dem, von dem man etwas bekam. – Die großen Frauen und Männer der Glaubensgeschichte sind keinesfalls immer in Einklang mit Gott gewesen. Sie haben ihn nicht nur als tröstend und helfend erlebt, sondern auch als belastend oder als sehr weit entfernt. Sie haben mit ihm gerungen, an ihm gezweifelt, sich ihm widersetzt, die Flucht vor ihm ergriffen. Aber er hat sie trotzdem nicht losgelassen – und sie ihn dann auch nicht. So konnte selbst einer, der sich in schwieriger Lage von Gott verlassen, ja verstoßen vorkam, wenigstens noch zu ihm schreien. Auch Jesus tat es am Kreuz: »Gott, mein Gott, warum hast du mich verlassen?« – Wir hätten weniger Grund zum Danken, wenn alles immer glatt gegangen wäre. Erst die Erfahrung, aus schweren Nöten befreit oder darin nicht allein gelassen worden zu sein, begründet das Lob aus der Tiefe.

Die beste Art, Gott für empfangene Wohltaten zu danken, ist, neue von ihm zu erwarten (Johannes Calvin). *RL*

Von seiner Fülle haben wir alle genommen Gnade um Gnade (Johannes 1, 16)

Ein Leben wird vor uns lebendig mit einer unendlichen Fülle von Erinnerungen, vermittelt durch Bilder, Erzählungen, Gegenstände. Erlebnisse aus weit zurückliegender Zeit, liebevoll erinnerte Eigenarten. Fülle: bewegtes Leben in bewegter Zeit. Und nun durch einen friedlichen Tod beendet: man kann einwilligen, weil alles Leben begrenzt ist. Der Anteil an der Fülle war gefülltes Leben: Gnade um Gnade. Und am Schluß die Ruhe der Toten als letzte Gnade und Anteil an neuer Fülle.
Fülle teilt sich mit in kleinen Gaben (Gnade um Gnade) immer dann, wenn sie gebraucht wird, wenn sie nötig ist. Erfahrung von Zufriedenheit. Die Fülle ist da. Man muß nicht dafür arbeiten, kann sie nicht verdienen, obwohl es nach den Regeln der Leistungsgesellschaft so aussieht. Wir brauchen nur zu nehmen aus der Fülle Gottes täglich neu: Gnade um Gnade.

All Morgen ist ganz frisch und neu des Herren Gnad und große Treu. Sie hat kein End den langen Tag, drauf jeder sich verlassen mag (Johannes Zwick).

Guter Gott, danke für das Leben, das unter uns war, mit dem du uns so reich beschenkt hast. Bewahre uns aus der Fülle der Erinnerung Gnade um Gnade. *HT*

Nach langem, arbeitsreichem Leben **Ehe, Zusammengehörigkeit**

Ein jegliches Ding hat seine Zeit: Weinen hat seine Zeit, lachen hat seine Zeit; klagen hat seine Zeit, tanzen hat seine Zeit (Prediger 3, 1 + 4)

Eine klare Zeitansage, die eine Grenze zieht: Diese Ehe hat keine Zeit mehr vor sich, sie hat ihre Zeit gehabt. Fällt der traurige Blick nur auf das »Fertig! Aus!«, dann schrumpft die volle Zeit der Zusammengehörigkeit auf den einen Punkt zusammen: Tod des Partners. Das darf um Gottes willen nicht das letzte Wort sein. Wieviel, ja »alles« lag in der gemeinsamen Zeit und sinkt ab in die Erinnerung und verwandelt sich mit wachsender Entfernung zu einer Lichterkette aus vielen hellen Erlebnissen. Wir bleiben traurig und dankbar zurück und können zunächst den geliebten Menschen nicht loslassen. Unter großen Schmerzen, mit Tränen der Klage und der Sehnsucht wird für die Zurückbleibenden ein neuer Zeitabschnitt geboren, die Zeit geheilter Wunden, leuchtender Erinnerungen. Wie gut eigentlich, daß nichts ewig dauert, sondern seine Zeit hat, in Bewegung ist: auf uns zu, mit uns ein Stück unterwegs, wieder von uns fort.

»Er, den ihr liebtet, ist nicht mehr da, wo er war, aber überall, wo ihr seid und seiner gedenkt« (Augustin). Lied 312, 1+2 *MA*

Die Liebe hört niemals auf (1. Korinther 13, 8)

Es meldet sich Widerspruch. Mit dem Tod hören auf: gemeinsame Gespräche und Erlebnisse, gegenseitiges Umsorgen und Umsorgtwerden, der bisherige Tagesablauf, Nähe, Wärme und Liebe...
Ein Mensch ist erst tot, wenn er vergessen ist (Sprichwort). Die Ansprache versucht vom Bleibenden zu sprechen: Der Verstorbene ist dabei: bei wichtigen Entscheidungen, in der stummen Zwiesprache: was hätte er gedacht? Was würde er jetzt tun?... Es ist Liebe, wenn Angehörige im Sinne des Verstorbenen handeln, vielleicht sein Werk weiterführen (Erziehung, Vereinsarbeit, Kirche). Ermutigung für die Angehörigen: Aus der Kraft erfahrener Liebe die Gegenwart, das eigene Leben zu gestalten.

»Und wenn ein Mensch stirbt, dann stirbt mit ihm sein erster Schnee und sein erster Kuß und sein erster Kampf... all das nimmt er mit sich.« (Jewgenij Jewtuschenko)

»Ich setze auf die Liebe, wenn Sturm mich in die Knie zwingt und Angst in meinen Schläfen buchstabiert, ein dunkler Abend mir die Sinne trübt, ein junger Mensch den Kopf verliert, ein alter Mensch den Abschied übt...« (Hanns-Dieter Hüsch). *HS*

Nach langem, arbeitsreichem Leben **Einsamkeit des Alters**

Selig ist der Mann, der die Anfechtung erduldet; denn nachdem er bewährt ist, wird er die Krone des Lebens empfangen, welche Gott verheißen hat denen, die ihn liebhaben (Jakobus 1, 12)

Das Alter ist noch einmal eine Zeit der Bewährung, und so wenig Bewährungshelfer in Sicht. Wer hört schon gern die ewig gleichen Geschichten, wer fühlt sich nicht gelangweilt von den erinnerungsseligen Versuchen, das schöne Gestern zu beschwören? Alleinsein kann einer lernen, ja: genießen; aber Einsamkeit schneidet alle Wege in die Umgebung ab und hält die Seele gefangen und tötet bei lebendigem Leibe. Wieviel Schuld lädt das vor unsere

Füße: Er/sie hat »die Anfechtung erduldet«! Wer mußte sich einmischen in den einsamen Kampf eines alten Menschen mit Gott, mit dem Leben? Der Ohne-mich-Standpunkt überläßt andere Menschen dem Trost, den schließlich allein der Tod noch zu bieten hat. – Herr, jage uns auf aus der Trägheit und schicke uns zu einem einsamen Menschen – nur zu einem, aber zu dem ohne Wenn und Aber. Wir können die Anfechtung vertreiben, den Tod unerwünscht machen und das Leben **vor** dem Tod mit Menschlichkeit krönen.

»Viel Kälte ist unter den Menschen, weil wir nicht wagen, uns so herzlich zu geben wie wir sind« (A. Schweizer). EKG 159. 1+2 *MA*

Nach langem, arbeitsreichem Leben **Erlösung**

O Tod, wie bitter bist du für den, der zufrieden und sorgenfrei in seinem Hause lebt, dem alles gelingt und der noch genügend bei Kräften ist, um Freuden zu genießen! O Tod, wie willkommen ist dein Urteilsspruch für den, der in Armut lebt, dessen Kräfte schwinden, der durch hohes Alter und viele Sorgen lebensmüde geworden ist, sich gegen alles auflehnt und die Geduld verloren hat (Jesus Sirach 41, 1f.)

»Wenn ich doch nur sterben dürfte« sagte sie mir bei meinem letzten Besuch. Die Waagschale Leben war ihr zu schwer geworden, das Sterben wog leicht. Keine Bitternis, kein Festklammern an Haus und Garten und den täglichen Gang zum Grab des Mannes. Eine geradezu befremdliche Heiterkeit: Ich will gerne eintreten in den ewigen Reigen des Todes. Mir verflog jeder Versuch, mit abwehrenden Worten die »Lebensgeister« wieder zu wecken. Zu klar lag meine Rückständigkeit am Tage. Freundlich lächelnd lehnte der Tod an der Tür – sie und er ließen mich zum Fremdling werden, zum Störenfried auch. Der Weg zu Gottes Frieden stand dieser Frau himmelweit offen.

»Ich habe ihn lieb, den Acker Raum, den Acker Zeit. Aber ich habe ein Wort gehört, das will ich nicht vergessen: 'Haltet mich nicht auf'« (A. Goes). EKG 297, 1+3+12 *MA*

Herr, nun lässest du deinen Diener in Frieden fahren, wie du gesagt hast, denn meine Augen haben deinen Heiland gesehen (Lukas 2, 29f.)

Sein Haus war bestellt. Er wartete auf den Tod. Vorher aber sollte er erfahren, wie Gott die Menschheit erlöst. Als Jesus im Tempel dargebracht wurde, erkannte Simeon in ihm den Retter der Welt. Da steht der alte Mann mit dem

Kind auf dem Arm, liebkost und segnet es. Und dann findet er Frieden. An ihn erinnert der Verstorbene. All sein Schaffen war geschehen zum Wohl seiner Kinder und Enkel. Und als er die Arbeit aus der Hand legen mußte, galten ihnen seine Gedanken und Wünsche. Er sah ihr Leben und war beruhigt. Er »segnete das Zeitliche«, sagte man früher und meinte das Einverständnis mit dem, was ist und was war, und auch mit dem, das nicht hat sein können. So kann Abschied nehmen, wer an unsere Erlösung glaubt und sie in der Geburt und im Auferstehen Jesu Christi verbürgt sieht. Er überläßt seine Lieben und sich selbst der Treue Gottes.

Ich denke zurück, Herr, in alle die vielen Jahre. Mein Werk ist vergangen, meine Träume sind verflogen. Aber du bleibst. Laß mich nun im Frieden aufstehen und heimkehren zu dir, denn ich habe deine Güte gesehen (J. Zink). *GSt*

Nach langem, arbeitsreichem Leben **Ewigkeit**

Jesus Christus hat dem Tode die Macht genommen und das Leben und ein unvergängliches Wesen ans Licht gebracht (2. Timotheus 1, 10)

Die Gemeinde will von einem geliebten Menschen Abschied nehmen, ist erschüttert von seinem Sterben. Ihre Erfahrung steht dem Jubel über die Bewältigung des Todes entgegen. Deshalb ist das Gefühl der Ohnmacht anzusprechen, sind die Fragen zuzulassen, die der Schmerz auslöst: Was bleibt von der Arbeit, von der Liebe eines Menschen? Trauernde sind mit hineingezogen in den Bann des Todes. Aber auch dort wird uns zugesagt: »Jesus Christus hat dem Tode die Macht genommen.« Und dieser Satz legt aus, was christlicher Glaube bedeutet: Seit der Auferstehung Jesu Christi kann uns nichts mehr trennen von der Liebe Gottes, auch nicht der Tod. Diese Verkündigung ermöglicht ein Dasein, das nicht bestimmt ist von Selbstsucht und Angst, sondern durchglüht von der Liebe. Es vollzieht sich in der beglückenden Gemeinschaft mit dem, der sich nicht schonte. Vollkommen wird sie uns durch den Tod hindurch geschenkt. Aber schon jetzt sind wir hineingenommen in ihre Wärme und in ihr Licht.

Ewigkeit, in die Zeit leuchte hell herein, daß uns werde klein das Kleine und das Große groß erscheine (Marie Schmalenbach). *GSt*

Im Schweiße deines Angesichts sollst du dein Brot essen, bis du wieder zu Erde werdest, davon du genommen bist. Denn du bist Erde und sollst zu Erde werden (1. Mose 3, 19)

Im Fluch ist der Segen enthalten: Brot und Erde. Die Mühsal der Arbeit kann doch Mitarbeit an der Schöpfung sein, trägt in sich die Herausforderung des Friedens und der Gerechtigkeit. Gewiß, das Paradies ist verschlossen, ist auch durch Arbeit nicht wieder herstellbar. (Illusion der Machbarkeit, falsche Träume vom Paradies, vom Recht auf Gesundheit und Jugend; infantile Harmoniewünsche und -sehnsüchte). Adam wird zum Erwachsensein herausgefordert: die Bedingungen des Lebens auf dieser Erde in Würde anzunehmen und für Menschenwürde und Solidarität einzustehen. – Der Kreislauf des Lebens (von Erde genommen, zu Erde werden) birgt Trost, wenn man sich ihm anvertrauen kann. Erde ist ein mütterliches Element; sie spendet ihren Kindern Brot. Im Lebensbrot, das Jesus selber ist, wird die Erlösung von der Mühsal Adams, von seiner Schuld geschenkt.

»Solang es Menschen gibt auf Erden, / solang die Erde Früchte trägt, / so lang bist du uns allen Vater, / wir danken dir für das, was lebt. Du bist das Licht, / schenkst uns das Leben, / du holst die Welt aus ihrem Tod, / gibst deinen Sohn in unsre Hände, / er ist das Brot, das uns vereint« (Huub Oosterhuis/Dieter Trautwein). *WH*

Unser Leben währet siebzig Jahre, und wenn's hoch kommt, so sind's achtzig Jahre; und was daran köstlich scheint, ist doch nur vergebliche Mühe und Arbeit gewesen; denn es fähret schnell dahin, als flögen wir davon (Psalm 90, 10)

Immer ging ihm die Arbeit flott von der Hand, ein Meister seines Faches, reich, erfolgreich, für nichts anderes blieb Zeit. »Arbeit und Streben, das war sein Leben «– ja? Soll das denn alles gewesen sein? Wenn ja, muß die Wahrheit gesagt und beklagt werden: verflogene Jahre, getane Arbeit, vertanes Leben. Vielleicht gelingt es aber (mit Ps. 90,14), die Gnade in diesem fertigen Leben zu suchen: die Arbeit, die durchsetzt ist von Gottes Menschenfreundlichkeit und hilft, das Dasein wohnlich zu gestalten und Lebensfreude zu geben. Rastloses Um-sich-selbst-Drehen oder begnadete Mitarbeit an Gottes Weltgestaltung, bloßes Zeitverbringen oder qualifiziertes Leben. Wer nur die Arbeit liebt, wird die Menschen geringschätzen – wer die Menschen liebt, wird nicht aufhören, für das Gute zu arbeiten.

»Was ist ein Arbeitstag? Jedenfalls weniger als ein Lebenstag« (Karl Marx).

»Man lebt nicht einmal einmal« (Karl Kraus).

EKG 450, 1+2 (Laß mich, o Herr, in allen Dingen). *MA*

Ich sah die Arbeit, die Gott den Menschen gegeben hat, damit sie sich damit plagen. Er hat alles schön gemacht zu seiner Zeit, auch hat er die Ewigkeit in ihr Herz gelegt; nur daß der Mensch nicht ergründen kann das Werk, das Gott tut, weder Anfang noch Ende (Prediger 3, 10f.)

»Sein/ihr Leben war Mühe und Arbeit.« Dieser Satz, oft zu hören im Beerdigungsgespräch, spiegelt die harte Wirklichkeit vieler Menschen – manchmal von Kindheit an. Gleichzeitig ist da eine Scheu, über anderes zu sprechen als gerade dies: Das Tagewerk verdeckt die Nachtseiten des Menschen, sein Geheimnis, die Höhen und Tiefen seiner Innenwelt. Nicht nur die Arbeit, auch die Ewigkeit hat Gott dem Menschen ans Herz gelegt. Auch dies Unwägbare, letztlich nicht Ergründbare schwingt mit in der Rückschau auf eine Lebensgeschichte. Über die tägliche Plage hinaus gab es etwas, das weiterreicht und Sinn macht – auch wenn wir es mehr ahnen als wissen können. Kann die Ansprache etwas davon zum Schwingen bringen?

Jeder ist berufen, etwas in der Welt zur Vollendung zu bringen (M. Buber).

EKG 357, 1+2 *UW*

So sah ich denn, daß nichts Besseres ist, als daß ein Mensch fröhlich sei in seiner Arbeit; denn das ist sein Teil. Denn wer will ihn dahin bringen, daß er sehe, was nach ihm geschehen wird? (Prediger 3, 22)

Der Mensch, verstrickt im Netz der Zeit: Die Vergangenheit ist unwiderruflich geschehen; die Zukunft aber bringt den Tod. Und »Leichenhemden haben keine Taschen«: Du kannst nichts mitnehmen. Was bleibt, ist die Gegenwart, das Hier und Heute. Resignieren? Nein, in getroster Zuversicht, ja »fröhlich« den Tag annehmen. Und – leben! Das aber heißt: sich getragen wissen. Geborgenheit in Gott; Vertrauen auf einen Grund, der trägt. – Das Leben wird hier als Arbeit beschrieben, sehr sachgerecht; denn das zeichnet die Menschen vor allen Geschöpfen aus. Arbeit bedeutet Würde und Mitgestaltung der Welt, bedeutet aber auch Mühsal und Fluch; Leiden an der Entfremdung in einer Welt voller Schuld. Der Text ermutigt zur Annahme des Daseins in einer Situation voller Ungewißheit und Verzagtheit.

Gib uns Freunde jeden Tag! / Laß uns nicht allein. Für die kleinsten Freundlichkeiten / laß uns dankbar sein. Denn nur du, unser Gott, / denn nur du, unser Gott, hast uns alle in der Hand. / Laß uns nicht allein (Kurt Rommel). *WH*

Ich liege und schlafe ganz mit Frieden, denn allein du, Herr, hilfst mir, daß ich sicher wohne (Psalm 4, 9)

»Hier ruht in Gott« – Auf alten Grabsteinen steht die Botschaft des Textes: liegen, schlafen, sicher wohnen. Eine Abgrenzung zum »Ruhe-sanft-Glauben« ist wichtig. »In Gott ruhen« enthält eine Spannung: liegen-aufstehen-auferstehen; schlafen-aufwachen-ins Leben gehen; hilflos sein-sich selbst helfen-von Gott helfen lassen. Die Ansprache kann in der Biographie des Verstorbenen dieser Spannung nachgehen, die Angehörigen in ihrer Sehnsucht nach Ruhe, Stille, Hilfe, Trost, Geborgenheit im Leid abholen. Danach kann das Leben wieder neu beginnen. Der Beerdigungstext kann zum Abendgebet werden. Es wird deutlich: Weder die Angehörigen noch der Verstorbene wollen allein sein. Ein Kind fragt am Grab: »Wo ist jetzt die Großmutter, ist sie allein?« Die Mutter antwortet nach einem Schweigen: »Hier im Grab und bei Gott«. Kind: »Das ist gut. Sie ist nicht allein.«

So lagen wir lasest du vor / Schlief ich ein / Wachte auf / Schlief ein / Wache auf / Deine Stimme empfängt mich / Entläßt mich und immer / So fort / Mehr also, fragen die Frager / Erwarten Sie nicht nach dem Tode? / Und ich antworte / Weniger nicht (Marie Luise Kaschnitz, aus: Kein Zauberspruch, Gedichte 1976) *HS*

Daran ist die Liebe Gottes zu uns offenbar geworden, daß Gott seinen einzigen Sohn in die Welt gesandt hat, damit wir durch ihn leben sollen. Darin besteht die Liebe: nicht, daß wir Gott geliebt haben, sondern daß er uns geliebt hat und uns seinen Sohn gesandt hat zur Vergebung für unsere Sünden (1. Johannes 4, 9 f.)

Aus einem langen Leben nimmt man vieles mit hinein ins Alter, auch Bitteres, Enttäuschendes, Kränkendes. Ohne Vergebung wird das Sterben schwer: Die Wut auf sich selbst, die Wut auf den anderen hält quälend lebendig. Wie gut, wenn jemand versöhnt mit seinem Leben gehen kann. Wie gut, wenn die Hinterbliebenen sich mit dem Toten versöhnen, ihn und sich in Ruhe lassen können. – Was sind die »unerledigten Geschäfte«, die angesichts des Todes zu bereinigen sind? Vergebung wird möglich, wo ich mich geliebt weiß und aus der Liebe nicht rechten muß um Leben und Tod. Durch die Enttäuschungen hindurch zur Liebe finden, für den Verstorbenen, für sich selbst – in der Trauer kann das Leben wahrhaftiger werden und versöhnter im Blick auf unser eigenes Altern und Sterben.

Dank sei dir, Gott, für N.N.s Leben und seine Liebe, schenke uns Versöhnung mit seinen und unseren Grenzen, damit nicht Bitternis bleibt, sondern Frieden. *UW*

Wir haben hier keine bleibende Stadt, sondern die zukünftige suchen wir (Hebräer 13, 14)

Das Leben – eine Suchbewegung. Kains Geschick: unstet zu sein und doch Ruhe zu wünschen, zu wandern und doch wohnen zu wollen, Gefährdung einzugehen und doch Sicherheit zu erstreben. Augustin: »Mein Herz ist unruhig in mir, bis es Ruhe findet, o Gott, in dir.« Ob der Verstorbene es konnte oder nicht: dieses Sehnsuchts-Geschick gilt es anzunehmen, nicht nur stumm-ergeben zu tragen. Jesus, der nicht hatte, wo er sein Haupt hinlegen konnte, der von Geburt an Wandernde, er füllte dieses Exodus-Dasein aus, indem er auf Gottes Zukunft, auf sein Reich hoffte. Er nahm das Suchen als Chance wahr, zum Menschen zu kommen, ihn zu lieben, sich für ihn zu entäußern und seine, des Menschen, »Schmach« (V. 13) zu tragen. Weil Jesu Suchen vom Hoffen bestimmt war, drang er durch den – täglichen wie den endgültigen – Tod ins Leben. Darum ist das »Hinausgehen aus dem Lager« (V. 13), das Tragen des Kreuzes für Christen das gleiche wie das Suchen nach der Gottesstadt, dem himmlischen Jerusalem. Beides macht einander möglich.

»Ein Tag der sagt dem andern/mein Leben sei ein Wandern/zur großen Ewigkeit./O Ewigkeit, so schöne/mein Herz an dich gewöhne./Mein Heim ist nicht in dieser Zeit.« (EKG 367, 4, G. Tersteegen) *RL*

Nach langem, arbeitsreichem Leben **Tod**

Lehre uns bedenken, daß wir sterben müssen, auf daß wir klug werden (Psalm 90, 12)

Seit alters sehen es die Menschen als besondere Gnade an, wenn einer das Leben ausgekostet hat bis zur Neige und alt und lebenssatt sterben kann. Das ist Grund zur Dankbarkeit. Hier darstellen, was das nun abgeschlossene arbeitsreiche Leben ausfüllte und prägte, und Daten nennen, die es mit Abschied und Tod konfrontierten. Je älter man wird, desto öfter steht man an Gräbern geliebter Menschen. Verlust und Trauer machen aber nicht nur ärmer. Sie führen in die Tiefen des Menschseins und lassen klug werden, die Weisheit des Herzens gewinnen. Dem Psalm-Dichter wird die Begrenzung unseres Lebens bewußt angesichts der Größe und der Unendlichkeit Gottes, vor der er staunt: »Herr Gott, du bist unsere Zuflucht für und für.« Das Wissen, daß er selbst sterben wird, bedeutet Gewinn für sein Leben. Er kann seine Tage aus Gottes Hand nehmen und sinnvoll verbringen unter seinem Schutz.

Es ist die Liebe unseres Schöpfers, daß wir leben, es ist die Liebe unseres Schöpfers, daß wir sterben. Wir brauchen weder das Leben zu fürchten, noch den Tod. *GSt*

Alles Fleisch ist wie Gras, und alle seine Güte ist wie eine Blume auf dem Felde. Das Gras verdorrt, die Blume verwelkt; denn des Herren Odem bläst darein. Ja, Gras ist das Volk! Das Gras verdorrt, die Blume verwelkt, aber das Wort unseres Gottes bleibt ewiglich (Jesaja 40, 6–8)

Der natürliche Vorgang wird beschrieben, realistisch und nüchtern. Wir Menschen gehören zur Natur, sind dem Werden und Vergehen unterworfen wie Gras und Blumen. Die kurze Zeitspanne auf dieser Erde (auch wenn sie 80 und mehr Jahre ist) ist eingeordnet in den natürlichen Kreislauf. Also kann der Tod akzeptiert, dem Wechsel der Generationen standgehalten werden. Was bleibt den Angehörigen in den nächsten Jahren außer den Erinnerungen? »Das Wort unseres Gottes bleibt ewiglich«. Nicht die Vertröstung auf das angeblich bessere Jenseits, nicht: der Tod als langer Schlaf und ewige Ruhe, sondern eine Zusage für die Lebenden. Hoffnung, Ermutigung für jeden Tag. Dieses ewige Wort würde ich mit Jesus, dem Mensch gewordenen Wort, verknüpfen, der dem Tod die Macht genommen hat. Der natürliche Kreislauf ist durchbrochen: das Leben behält die Übermacht.

Psalm 90 würde ich ganz oder in Teilen beten. *HT*

Nach langem, arbeitsreichem Leben **Trost**

Gelobt sei der Herr täglich. Gott legt uns eine Last auf, aber er hilft uns auch (Psalm 68, 20)

Das berühmte »aber« der Psalmen! Nach der Klage über Leid und Last, Schmerz und Tod folgt dieses »aber«. »Aber er hilft uns auch« – Trotz und Trost in einem. Trotz gegen böses Geschick, und ein kleiner Triumph dazu: Die Last unsres Lebens ist nicht das Letzte, ist nicht alles, was von einem Menschenleben gesagt werden kann. Im Gegenteil. »Gott loben, das ist unser Amt«: immer wieder suchen und finden, was trägt und weiterführt. Kein Tag ist völlig ohne Trost, ohne Lichtblick. Mit Bedacht heißt es hier »täglich«. Das ist nicht: immer. Wohl aber: immer wieder neu. Wie im Vaterunser, wenn vom täglichen Brot, dem Brot für jeden Tag neu, die Rede ist. – Das tägliche Gotteslob ist eine Therapie gegen falsche Sorgen, gegen Verstrickung in Ängste, gegen Blindheit für die Spuren der Gnade.

Gebet: Barmherziger Gott! Und doch loben wir dich. Wir loben dich angesichts von Schmerz und Leiden, denn du hilfst uns auch. Wir loben dich trotz einer Welt voller Elend und Hunger. Wir loben dich, auch wenn uns das Wort manchmal in der Kehle stecken bleibt, denn du bist unser Vater und Schöpfer, unsere Zuflucht und unser Trost täglich. *WH*

Meine Hand hat alles gemacht, was da ist, spricht der Herr. Ich sehe aber auf den Elenden und auf den, der zerbrochenen Geistes ist und der erzittert vor meinem Wort (zittert zu meinem Wort hin, Übersetzung ATD) (Jesaja 66, 2)

Das Bild von der Hand Gottes spricht die Erfahrung von der Verborgenheit Gottes und der Sehnsucht nach Nähe an. Es entspricht auch der Situation von Trauernden: Verlust eines Menschen und Sehnsucht nach einer liebenden Hand. »Hand« kann auch »Macht« Gottes heißen. »Hand« kann für die Ansprache Meditationsbild für Gottes Nähe sein. Widerspruch des Hörers ist zu bedenken: Ich kann den Verlust nicht aus Gottes Hand nehmen. Die Ansprache könnte Hoffnung wecken, daß trotz allem Gottes Hand den Trauernden halten kann. Vorsichtig andeuten, daß Gottes Wort auch Leid heilen kann: Getröstet werden braucht Zeit. Vielleicht kommt es auf dem Weg der Trauerarbeit zu einem vertieften Leben: Und reichst Du uns den schweren Kelch, den bittern des Leids, gefüllt bis an den höchsten Rand, so nehmen wir ihn dankbar ohne Zittern aus Deiner guten und geliebten Hand (Dietrich Bonhoeffer).

Der Herr erhebe sein Angesicht auf dich, er sehe dein Leid und erhöre deine Stimme, er heile und tröste dich (Segen).

HS

Der Herr verstößt nicht ewig; sondern er betrübt wohl und erbarmt sich wieder nach seiner großen Güte (Klagelieder 3, 31f.)

Was Gott jedenfalls nicht ist: ein ewiges Prinzip, ein ehernes Gesetz, unbekümmert kalt herrschend über alle Welt. Nein: Gott kann zornig sein über treubrüchige Menschen, kann ins Dunkle gehen lassen (V. 2), dem Spott preisgeben (V. 14), mit Wermut tränken (V. 15), auf Kiesel beißen lassen und in die Asche drücken (V. 16), bis die Seele aus dem Frieden getrieben (V. 17) und jede Hoffnung auf Gott dahin ist (V. 18). Hiob: »Ausgelöscht sei der Tag, an dem ich geboren bin!« (3,3). Jesus: »Meine Seele ist betrübt bis an den Tod« (Mt. 26,38). Aber auch: »Nicht wie ich will, sondern wie du willst« (26,39). – Gott kann zuhören, sich erweichen lassen. Gott kann ein Geschick wenden. Er will ja nicht des Menschen Unglück, sondern seine Genesung, sein Heil, sein Aufgerichtet-sein. Was vordergründig wie Verstoßen-und Verlassensein erscheint, ist ausgerichtet auf ein letztes, endgültiges Wiederzusammenkommen mit Gott. Er will uns am Ende annehmen können.

Noch manche Nacht wird fallen/auf Menschenleid und -schuld./Doch wandert nun mit allen/der Stern der Gotteshuld./Beglänzt von seinem Lichte/hält euch kein Dunkel mehr/von Gottes Angesichte/kam euch die Rettung her (EKG 14, 4, Jochen Klepper).

RL

Haltet mich nicht auf, denn der Herr hat Gnade zu meiner Reise gegeben. Laßt mich, daß ich zu meinem Herren ziehe (1. Mose 24, 56)

Verständlicher Protest gegen den – diesen – Tod. Auflehnung gegen das Unabänderliche im Getrenntsein. Selbst wenn alles vorher bekannt, gewußt, bewußt war, alles besprochen gar und geregelt: Ist der Stillstand des Lebens da, nimmt die Trennung eine neue Qualität an. Vorausgedachtes wird zum Eingetretenen. Diese Erfahrung ist, wie jeder Mensch, unvergleichlich, unvergleichbar. Hinreise ohne Wiederkehr: für die Zurückbleibenden schlimmer als für den Aufbrechenden; er macht ja die anderen zu den Hinterbliebenen; sie erleiden nicht den eigenen Tod, sondern im Tod des anderen das eigene Leben. Wie schön kann es sein, wenn der Gehende selber sagt (oder es anzeigt): Ich will diesen Abschied, weil Gott ihn wollte. Das ist nicht Fluch, sondern Segen. Versteht das, seid einverstanden! Es ist meine Reise und mein Ziel. Respektiert das, indem ihr mich loslaßt. Ich habe Anspruch auf mein Sterben; das ist meine Würde. Gebt sie mir, – das ist jetzt eure Würde.

Erwähle mich zum Paradies/und laß mich bis zur letzten Reis'/an Leib und Seele grünen/so will ich dir und deiner Ehr/allein und sonsten keinem mehr/hier und dort ewig dienen (EKG 371, 15 Paul Gerhardt). *RL*

Ich bin gewiß, daß weder Tod noch Leben, weder Engel noch Mächte noch Gewalten, weder Gegenwärtiges noch Zukünftiges, weder Hohes noch Tiefes noch eine andere Kreatur uns scheiden kann von der Liebe Gottes, die in Christus Jesus ist, unserm Herrn (Römer 8, 38f.)

»Ich bin gewiß«, ist in der angenommenen Situation sehr volltönend: »Ich bin gewiß« trotz allem, was wir mit ansehen mußten an Schmerzen, Qualen, Veränderung, Entstellung, Entsetzlichem? Trotz aller Ohnmacht und Hilflosigkeit? Warum braucht das nicht mehr zu zählen, kann verblassen, vorläufig bleiben hinter der Gewißheit, daß die Liebe Gottes in Jesus Christus da ist, daß uns nichts davon trennen kann? – Die Christenheit vergewissert sich am Kreuz Jesu, vielleicht auch an seinen letzten Worten »Es ist vollbracht«. Nicht nur: »Es ist überstanden«, sondern »Es ist vollbracht« – das Sterben **und** das Leben. So kann der Tod Erlösung und Versöhnung sein, das zerbrochene Bild des Menschen wird wieder zum Ganzen gefügt. – Also: den Lebensweg nachzeichnen als Linie, die sich zum Ganzen fügt, Erfahrungen des »Dennoch« aufgreifen. Der Tod ist sichtbares Ende und gleichzeitig für die Lebenden ein Neuanfang.

Jede dunkle Nacht hat ein helles Ende (Persisches Sprichwort). EKG 63, 10 *HT*

Von schwerem Leiden erlöst **Erlösung**

Meine Zeit steht in deinen Händen (Psalm 31, 16a)

Auszugehen ist von der Aussage: »Meine Zeit steht in Gottes Händen.« »Meine Zeit« umfaßt die Spanne zwischen Geburt und Tod, die längere oder kürzere Wegstrecke, die mir vergönnt ist. »Meine Zeit« schließt ein die Erfahrungen, die ich unterwegs an den Höhe- und Tiefpunkten mache und die mich prägen.

Hier einige Stationen charakterisieren aus dem nun abgeschlossenen Leben, auch die letzte, die den Verstorbenen und seine Angehörigen in Angst und Sorge stürzte. Sie gehören zu uns wie das Singen und Lachen. Freude und Schmerz bringen uns zu der Reifung, die Gott uns zugedacht hat. Vielleicht kann die Gemeinde im Rückblick zustimmen: »Seine Zeit stand in Gottes Händen.« Letztlich meint »meine Zeit« mich selbst. Mit allem, was ich erreiche und was mir versagt bleibt, bin ich geborgen in Gottes Händen. Selbst im Tod halten sie mich fest und erlösen mich zu neuem Sein. Deshalb kann ich voller Vertrauen auf Gott zugehen und sagen: »Meine Zeit steht in deinen Händen.«

Herr der Stunden, Herr der Tage, sieh, wir stehn in deiner Hand; aus dem Meer von Leid und Klage führe uns aufs feste Land. Herr der Tage, Herr der Jahre, dieser Erde Zwischenspiel, wende es ins Wunderbare, weis' uns aller Zeiten Ziel (H. Hiltbrunner). *GSt*

Du nahtest dich zu mir, als ich dich anrief, und sprachst: Fürchte dich nicht! Herr, du führst meine Sache und erlösest mein Leben (Klagelieder 3, 57f.)

Die Grenzen der Kraft sind erreicht, für den/die Tote(n) und die Angehörigen. Zugeben dürfen, daß es nicht länger auszuhalten sein wird, daß Schuldgefühle und Unlust auf beiden Seiten angestiegen sind. Die Lösung heißt Erlösung, gerade zur rechten Zeit. Keiner hat sich beklagt, aber jeder hat sich gefürchtet vor der zu schwer gewordenen Last. Der gnädige Tod als Gottes Handlanger für die Erlösung, so wie die Angehörigen Gottes Handlanger für das Leben waren. Erlittenes, Enttäuschungen, große seelische oder körperliche Schmerzen brechen unser gieriges Umklammern des Lebens. Auf unzählige gute Erfahrungen gegründetes Gottvertrauen bewährt sich auch im Loslassen. Ich muß mich nicht fürchten, meine Lebenssache ist in guten Händen. Gottes Güte trägt auch die Züge der Erlösung. Das Heil »bricht sich Bahn in dem Strom des Erlittenen« (Lothar Steiger). Fürchte dich nicht!

»Der Gedanke an die Vergänglichkeit aller irdischen Dinge ist ein Quell unendlichen Leids – und ein Quell unendlichen Trostes« (M.v. Ebner-Eschenbach). *MA*

Von schwerem Leiden erlöst **Ewigkeit**

Meine Schafe hören meine Stimme, und ich kenne sie, und sie folgen mir, und ich gebe ihnen das ewige Leben (Johannes 10, 27f.)

Wenn eine vertraute Stimme für immer schweigt, können Angehörige von der Frage geplagt sein: Wie ist ein sinnvolles Leben ohne den Verstorbenen jetzt möglich? Die Ansprache gibt den Angehörigen die Möglichkeit, sich den verschiedenen, lebenswichtigen Fragen zu stellen: Wie geht es jetzt weiter? Wie werde ich mit dem Verlust fertig? Was kommt nach dem Tod? Die Stimme des Evangeliums will eine Ermutigung zum Leben sein. Die Ansprache kann zeigen, was Hoffnung für die Angehörigen und den Verstorbenen sein kann: Sie sind bei Gott bekannt, leben und können nicht aus seiner Hand fallen. Trotz des Endes ein Anfang für ein neues Leben. Wie dieses Leben für Angehörige und Verstorbene aussehen könnte, ist vorsichtig anzudeuten: Manchmal beginnt sich an der Schwelle des Todes eine Tür zum Leben zu öffnen: »Nun wirst du also gar nie mehr zur Türe hereinkommen«, sagte die Mutter zu Sophie (Sophie und Hans Scholl wurden 1943 im Widerstand gegen Hitler hingerichtet). »Ach, die paar Jährchen, Mutter,« gab Sophie zur Antwort. »Wir haben alles, alles auf uns genommen«.

»Gott kann Wege aus der Ausweglosigkeit weisen. Er will das dunkle Gestern in ein helles Morgen verwandeln« (Martin Luther King). *HS*

Von schwerem Leiden erlöst **Frieden**

Es sollen wohl Berge weichen und Hügel hinfallen, aber meine Gnade soll nicht von dir weichen, und der Bund meines Friedens soll nicht hinfallen, spricht der Herr, dein Erbarmer (Jesaja 54, 10)

Ein bekannter Taufspruch! Heute die Erinnerung an Gottes große Zusage des Lebensanfangs: Ich bin bei dir alle deine Tage! Ein Bund ist da geschlossen worden, ein Bund fürs Leben. Ein Bund, der Leben und Tod umschließt. Die Tauf-Gnade war Anzahlung, Investition für Glauben und Vertrauen, für Hoffnung und Versöhnung, wie sie in Jesus Christus wahrzunehmen sind. Diese Gnade ist nicht erloschen, der Bund nicht aufgelöst – ein Leben lang. Aber auch das Annehmen von Gnade und Bund ist nötig. Zum Bundesschluß gehören immer zwei Partner, die sich dazu und zueinander bekennen. Gott hat in Christus Frieden mit uns geschlossen; sagen wir ja dazu? Dann hat selbst der Tod keine Macht mehr, uns von Gott zu trennen.

Wir alle fallen. Diese Hand da fällt./Und sieh dir andre an: es ist in allen./Und doch ist Einer, welcher dieses Fallen/unendlich sanft in seinen Händen hält. (Rainer Maria Rilke)

Weil denn weder Ziel noch Ende/sich in Gottes Liebe findt/ei so heb ich meine Hände/zu dir, Vater, als dein Kind/bitte, wollst mir Gnade geben/dich aus aller meiner Macht/zu umfangen Tag und Nacht/hier in meinem ganzen Leben/bis ich dich nach dieser Zeit/lob und lieb in Ewigkeit (EKG 232, 11). *RL*

Den Frieden lasse ich euch, meinen Frieden gebe ich euch. Nicht gebe ich euch, wie die Welt gibt. Euer Herz erschrecke nicht und fürchte sich nicht (Johannes 14, 27)

Ein Bibelwort, das ganz im Gegensatz steht zu den Gedanken und Empfindungen am Sarg. Warum? Die Fragen enden an einer dunklen Wand. Schuldgefühle, Ohnmacht, Aufbegehren, die große Leere, Erschrecken, Angst, ein Durcheinander von Gefühlen. Kann ein Bibelwort, kann eine Ansprache das Chaos ordnen? Jesus verspricht Frieden, und dazu fällt mir ein: Ruhe, Schalom, Versöhnung. Etwas, was man jetzt nicht findet, was die Erfahrung »der Welt« übersteigt. Trotzdem wird solche Erfahrung von den Glaubenden immer wieder beschrieben – als Wunder. Diese Ruhe ist anders als die Stille des Todes. Es ist eine Ruhe, die erneuernde Kräfte freisetzt. Man kann sie nicht machen, sie sich auch nicht einreden. Aber man kann darum bitten:

Gott, unsere Klagen und Fragen finden keine Antwort. Wir sehen keinen Sinn in solchem Leiden, in solchem Sterben vor der Zeit. Wir bitten dich: laß uns nicht allein in unserer Trauer. Laß nicht zu, daß mit diesem Tod alle Hoffnung stirbt. Schenke uns Zeichen deines Friedens, der unser Denken übersteigt.

Die Sinnfrage läßt sich nicht beantworten, aber als Hoffnung steht behutsam formuliert: Man kann Gottes Spuren immer nur nach – sehen. *HT*

Der Herr ist nahe denen, die zerbrochenen Herzens sind, und hilft denen, die ein zerschlagenes Gemüt haben (Psalm 34, 19)

Immer wieder versucht, wer von einem Unglück betroffen wird, die Ursachen zu ergründen: Warum? Warum auf diese Weise? Wie kann Gott das zulassen? Wir suchen den Sinn des Leidens und werden doch nie eine einleuchtende Antwort finden. Trotzdem kann das angstvolle Fragen zur Ruhe kommen. Selbst da, wo einer bis an die Grenzen, ja über das Maß seiner Kraft und seines Glaubens geschunden und gequält ist, kann er die Nähe und die Liebe Gottes erfahren. Von unsichtbarer Hand wird ihm der Mantel der Geborgenheit umgelegt. Und er findet durch Auflehnung hindurch die innere Zustimmung zu dem Geschehen. Von dem schweren Leiden erlöst Gott allein. Aber Menschen können viel dazu tun, daß es erträglich wird: Dabeibleiben, nahesein, das Wort der Liebe zuflüstern, davon ausgehen, daß die Hand fühlt, auch wenn sie nichts mehr zeigt.

In den Tiefen, die kein Trost erreicht, laß doch deine Treue mich erreichen. In den Nächten, da der Glaube weicht, laß nicht deine Gnade von mir weichen. Wenn ich deine Hand nicht fassen kann, nimm die meine doch in deine Hände! Nimm dich meiner Seele gnädig an! Führe mich zu einem guten Ende. (J. Delbrück) *GSt*

Denn du, Gott, hast uns geprüft und geläutert, wie das Silber geläutert wird (Psalm 66, 10)

Krankheit zum Tode – das ist: durchs Feuer gehen für die Sterbenden und für die, die Krankheit und Sterben begleiten. Was bleibt übrig nach einem solchen Weg? Zunächst einmal Schreckensbilder, die die Lebenden verfolgen und die Auseinandersetzung fordern. Schwäche, Hilflosigkeit und Verfall mit anzusehen, ist eine schmerzhafte Konfrontation mit den eigenen Grenzen. Das kann die Ansprache noch einmal bewußt machen und ermutigen, sich Zeit dafür zu lassen, Zeit auch für die Erschöpfung nach schweren Wochen. Es kann und muß nicht gleich alles wieder weitergehen, als sei nichts geschehen. – Es ist ein Wagnis, sich so dem Schmerzlichen zu überlassen. Mit großer Behutsamkeit könnte man von der Erfahrung sprechen, daß schließlich ein Schatz unter all den Schlacken zu Tage treten kann. Das ist ein Lichtzeichen auf den dunklen Wegen, von Vorangegangenen für die Nachfolgenden entzündet.

Nur manchmal, während wir so schmerzhaft reifen, daß wir an diesem beinah sterben, dann: formt sich aus allem, was wir nicht begreifen, ein Angesicht und sieht uns strahlend an (R.M. Rilke). *UW*

Gelobt sei der Herr täglich, Gott legt uns eine Last auf, aber er hilft uns auch (Psalm 68, 20f.)

Ein Lied gegen Belastungen in Trauer und Tod. Wir wehren uns gegen die Lasten, die uns aufgelegt werden und die Gott tragen will. Trauerarbeit braucht Zeit. Sonst kann die Traurigkeit unsere Seele auffressen. Das Lob Gottes in der Zeit der Trauer und großer Belastung darf nicht zu einer religiösen Zwangshandlung verkümmern. In dieser Zeit kann sich unsere Klage in ein Loblied, einen Hymnus verwandeln lassen. Wo Grenzen unserer Kraft spürbar werden, kann uns ein anderer tragen.

Es gibt eine irische Legende von dem Mann, der im Traum seinen Lebensweg am Strand sieht, immer zwei Fußspuren, seine und Gottes. Nur bei den schwersten Wegstrecken war eine Spur allein, und er fragt Gott: Warum hast du mich da allein gelassen? Und Gott: Da irrst du dich, denn da habe ich dich getragen.

Wer in der Zeit der Trauer sein Leben so annehmen kann, der wird getragen, was auch immer kommen mag.

Gospellied: »Er hält euch alle, meine Freunde, in seiner Hand, er hält die Welt in seiner Hand.« *HS*

Von schwerem Leiden erlöst **Krankheit**

Meine Seele dürstet nach Gott, nach dem lebendigen Gott. Wann werde ich dahin kommen, daß ich Gottes Angesicht schaue? (Psalm 42, 3)

Der Sterbeweg ist ein Weg zu Gott. Sterbende äußern oft eine große Sehnsucht, »heim« zu kommen. Kann man sich auf seinen Tod freuen? Darf man das? Roger Schutz, Prior der Gemeinschaft von Taizé im Gespräch: »Ich freue mich auf meinen Tod! Ich werde endlich Christus sehen.« So kann in einer Krankheit, durch den Schmerz hindurch, eine Botschaft aufleuchten: Wenn du denn sterben mußt, – es ist Erlösung. Gerade die Gottesferne des Leidens (Jesus am Kreuz) steigert das Verlangen nach dem lebendigen Gott. Daraus soll kein billiger Trost werden, keine Vertröstung. – Krankheit als Schmerzensweg, als Kreuzweg ist ein außerordentlich kraftvolles Ereignis. Die Energie der Schmerzen kann uns herausfordern, auch diese Seite des Lebens anzunehmen und zu leben, statt nur zu fliehen, – bei allem Wunsch nach einem Ende des Leidens, nach dem Ziel der Sehnsucht, nach Frieden.

»Laßt mich gehn, laßt mich gehn,/daß ich Jesum möge sehn;/meine Seel ist voll Verlangen, ihn auf ewig zu umfangen und vor seinem Thron zu stehn./Süßes Licht, süßes Licht, Sonne, die durch Wolken bricht, o wann werd ich dahin kommen,/daß ich dort mit allen Frommen/schau dein holdes Angesicht« (Gustav Knak). *WH*

Wenn der Herr die Gefangenen Zions erlösen wird, dann werden wir sein wie die Träumenden. Dann wird unser Mund voll Lachens sein und unsere Zunge voll Rühmens (Psalm 126, 1f.)

Gefangen – das war die Sterbende in ihren Schmerzen, in ihrer Schwäche. Das waren die Angehörigen in den Ängsten und Belastungen, sind es auch noch. Die Bilder des Leidens verblassen nicht so schnell. Träumend überwindet man die Mauern der Finsternis. Vielleicht gab es solche Momente mit der Verstorbenen, an die zu erinnern ist: mit Lachen, mit Visionen, die das Leiden erhellten. Davon kann man etwas herüberretten in die Trauerzeit. Daran kann man weiterspinnen, um die Hoffnung auf bessere Zeiten nicht mit zu begraben. Den Leidensbildern Lebensbilder an die Seite stellen, auch wenn sie vorerst nur wie ein fernes Wissen herüberwinken – darin können wir es dem Psalmbeter nachtun.

Glaube ist der Vogel, welcher singt, wenn die Nacht noch dunkel ist (Rabindranath Tagore). Lied: EKG 63, 10 *UW*

Von schweremLeiden erlöst **Leiden**

In deine Hände befehle ich meinen Geist (Lukas 23, 46)

Nach Todeskampf, Schmerzen, Mühsal und Angst – Ruhe. Es gibt das Einverständnis mit dem Tod, ja, den Wunsch nach ihm, wenn das Leiden lang und die Perspektive ohne Hoffnung ist. Und manch alter Mensch stirbt müde vom Leben, ohne das Bedürfnis, um mehr zu kämpfen. Vertrauensvoll läßt er sich fallen, um in der Hand Gottes zu ruhen. Auch für die Angehörigen ist es beruhigend, wenn nach langer Mitleidenszeit die Entscheidung durch den Tod fällt. Man darf auch erleichtert sein, wenn Gott einem das Sorgen abnimmt, seine Hand für die unsere hinhält. Das nimmt nichts weg von Liebe und Traurigkeit. Tote und Lebende lassen einander – in Ruhe. Bindung und Angebundenheit können sich lösen. Nach der Bedrängnis weitet sich der Raum – innen und außen.

Weich sei die Erde, wenn du auf ihr ruhst, müde am Ende des Tages, und leicht ruhe die Erde auf dir am Ende des Lebens, daß du sie schnell abschütteln kannst – und auf und davon auf deine Wege zu Gott (Irischer Segensspruch). *UW*

Durch viel Trübsal müssen wir in das Reich Gottes gehen (Apostelgeschichte 14, 22)

Ist das ein allgemeingültiger Satz (der Erfahrung und des Glaubens): Je mehr Leiden, desto mehr entfaltetes Menschsein und Fortschreiten zum Reich Gottes? Hat alles Wertvolle seinen hohen Preis? Läßt Gott sich gar nichts nehmen, es muß erlitten sein? Keiner MS-Kranken, keinem Infarkt-Patienten darf einer vorhalten, sein steiniger Weg sei besonders gesegnet! Aber am Sarg dann endlich doch die Aufrechnung von Voraussetzung und Folge, Preis und Belohnung? Nein. Unabänderliches Leid soll ich nicht begrüßen, aber ich kann es annehmen als nun meinen Weg – nicht an Gottes Güte vorbei, sondern mitten hinein in seine und der Menschen »Liebesarme«. Schmerzenskinder sind Herzenskinder. Wer leiden muß, soll möglichst wenig darunter zu leiden haben. Dafür sorgen zuerst hilfreiche Menschen und dann der gnädige Tod. (Hier kann kurz, aber mit wohlbedachten Worten die Frage der aktiven/passiven Sterbehilfe und des menschenwürdigen Sterbens behandelt werden.)

»Der Schmerz ist der große Lehrer der Menschen. Unter seinem Hauche entfalten sich die Seelen« (M. von Ebner-Eschenbach). EKG 306, 1+2+5 *MA*

Von schwerem Leiden erlöst **Sinnfrage**

Herr, lehre mich doch, daß es ein Ende mit mir haben muß und mein Leben ein Ziel hat und ich davon muß. Siehe, meine Tage sind eine Handbreit vor dir, und mein Leben ist nichts vor dir. Wie gar nichts sind alle Menschen, die doch so sicher leben. Sie gehen daher wie ein Schatten und machen sich viel vergebliche Unruhe; sie sammeln und wissen nicht, wer es einbringen wird. Nun, Herr, wessen soll ich mich trösten? Ich hoffe auf dich (Psalm 39, 5–8)

Ein Gespräch mit Gott über die Vergänglichkeit und die Suche nach Ziel und Sinn. Was uns sonst bewegt, fällt, wie die Blätter im Herbst in den Papierkorb der Ewigkeit. Die Dimension meines Lebens vor Gott: wie winzig. Was ich erbracht und geleistet habe: wie wenig. Das Getöse der Menschen um mich herum: wie unwesentlich. Wohl dem, der in dem Strom ständigen Vergehens das Bestehende findet, der hinter den – durchaus liebenswerten – Nichtigkeiten der Menschen das Wesentliche entdeckt oder doch erhofft und glaubt.

»Wir sind mitten im Leben zum Sterben bestimmt,/was da steht, das wird fallen,/der Herr gibt und nimmt... Wir sind mitten im Sterben zum Leben bestimmt,/was da fällt, soll erstehen. Er gibt, wenn er nimmt« (Lothar Zenetti). *WH*

So liegt es nun nicht an jemandes Wollen oder Laufen, sondern an Gottes Erbarmen (Römer 9, 16 + 20)

Nicht Gott macht es uns schwer, sondern wir uns selbst. Indem wir die Frage nach dem Sinn von Leiden und Sterben auf Gott abschieben, werden wir sie nicht los, erleichtern wir uns die Sache nur vorübergehend. Denn als Zweifel an seiner Güte und Gerechtigkeit kommt sie, erschwert, wieder auf uns zurück. Und nun zerbrechen wir uns gleichsam den Kopf Gottes – ein schon im Ansatz verkehrtes Unternehmen. Wer Gott ergründen will, wird in seiner Abgrundtiefe ertrinken. – Die Sinnfrage, unabgeschoben, stellt sich zunächst uns selbst: Welchen Sinn hatte unsere Beziehung zum Heimgegangenen? Was haben wir von ihm gehabt, was für ihn getan, was bei ihm unterlassen? Was sagt uns sein Tod? Konnte er, durften wir im Frieden von ihm scheiden? – Und dann kehrt sich die Sinnfrage um: Nicht, warum mußte er sterben, sondern, warum lebe denn ich? Womit verdiene ich überhaupt, da zu sein? Und: Wozu lebe ich? – Antwort: Es ist Gnade, leben zu dürfen. Und darum auch Gnade, heimgehen zu dürfen.

»Wir wollen nicht trauern, daß wir sie verloren haben, sondern dankbar sein, daß wir sie gehabt haben, ja auch jetzt noch besitzen; denn wer heimkehrt zum Herrn, bleibt in der Gemeinschaft der Gottesfamilie und ist nur vorausgegangen« (Hieronymus)

RL

Von schwerem Leiden erlöst **Trauer**

Die mit Tränen säen, werden mit Freuden ernten. Sie gehen hin und weinen und streuen ihren Samen und kommen mit Freuden und bringen ihre Garben (Psalm 126, 5+6)

Der andere Sinn der Trauer: Trauerzeit als Zeit der Aussaat. So beginnt ein Weg der Verwandlung, oft ein schmerzhafter Weg, ja Kreuzweg. Und doch ist Frucht verheißen. – Wohl dem, der weinen kann; wohl dem, der trauern kann. Nichts ist grausamer, als wenn an die Stelle lebendiger Trauer Erstarren tritt. Solche Versteinerung wiederholt den Tod, ja nimmt den eigenen Tod schon vorweg. Also: Mut zu Tränen, Mut zur Trauer. Wir gewinnen unsere Menschlichkeit in der Trauer zurück, – wenn wir Trauernde respektieren, wenn wir als Trauernde uns die notwendige (d.h. Not-wendende) Zeit nehmen und nicht in Hektik, Betriebsamkeit, Vergessenwollen flüchten und so einen kostbaren Teil des Lebens mißachten und verdrängen. – Auf die Ernte dürfen wir uns freuen.

»Das Weizenkorn muß sterben, sonst bleibt es ja allein; der eine lebt vom anderen, für sich kann keiner sein. Geheimnis des Glaubens: im Tod ist das Leben« (Lothar Zenetti).

WH

Freut euch mit den Fröhlichen und weint mit den Weinenden (Römer 12, 15)

»Alles hat seine Zeit« (Pred. 3), würde ich als Ergänzung mitbedenken und meditieren. Wir erinnern die Zeit mit dem/der Verstorbenen. Da gab es wie in jedem Leben Höhen und Tiefen. Ich würde sie konkret benennen, um dann auf die Zeit jetzt zu kommen: das Weinen. Oft wird es vermieden. Man soll sich zusammennehmen (auch Beruhigungsmittel werden genommen und/ oder empfohlen). Doch Weinen ist natürlich und notwendig. Ermutigung: Jetzt ist die Zeit dazu! Schweres Leiden kann an die Grenzen der Kräfte gehen für die, die weiterleben werden. »Erlösung« ist der Tod nicht nur für den/die Schwerkranke/n, der/die sterben durfte. Erlösung kann er vielleicht sogar stärker für die Lebenden sein. In guten und in schlechten Tagen bewährt sich Menschlichkeit in Solidarität, im Lachen und im Weinen. Vielleicht läßt sich das ansprechen: jetzt ist Zeit zum Mitweinen, wie vorher auch Zeit zum Mitlachen war. Daß die Freunde im Glück uns nicht verlassen mögen in der Zeit der Trauer.

Gott, alles hat seine Zeit. Mitlachen ist einfach. Mitweinen ist schwer. Wir trauern um ... Laßt uns einander festhalten in der Trauer und dann auch wieder in guten Zeiten. Du hast unsere Zeit in Händen. Wende sie zum Guten.

HT

Von schwerem Leiden erlöst **Trost**

Ich will Wasser gießen auf das Durstige und Ströme auf das Dürre: Meinen Geist will ich auf deine Kinder ausgießen und meinen Segen auf deine Nachkommen (Jesaja 44, 3)

Bei Angehörigen liegen oft Sich-trösten (»er ist jetzt erlöst«) und trostlose Schuldgefühle eng beieinander. Die Erlösung durch den Tod tröstet über den Verlust hinweg, aber was löscht die brennenden Schuldgefühle? War es richtig und erlaubt, den schwerkranken Vater für die Zeit der dringend nötigen eigenen Kur ins Pflegeheim zu geben, wo er starb? Mußte er deswegen eher sterben? Wie Verdurstende betteln die Angehörigen um ehrliche, tröstende Worte. Wer vertreibt den bösen Geist der Selbstanklage, versagt zu haben? (Das nicht miterlebte Sterben des Vaters läßt die Pflege als »nicht abgeschlossen« erscheinen). Weniger der Trauergottesdienst als das Vorgespräch muß das leisten: tatsächliche Schuld bekennen lassen und vergeben, selbstquälerisch eingeredetem »Zu wenig« verständnisvoll entgegentreten: Nur wer sich erlaubt, Ich zu sagen, kann mit Liebe Du sagen. Die Erlösung durch den Tod darf als Gottes Geschenk angenommen werden. Trösten und sich trösten lassen, dazu gehören Menschen, die sich anschließen lassen an den Stromkreis des Geistes Gottes.

EKG 300, 1+4+5 *MA*

Wir wissen aber, daß denen, die Gott lieben, alle Dinge zum Besten dienen (Römer 8, 28)

Der Prediger könnte belastende und bedrückende Dinge einfühlsam schildern (schlimme Schmerzen, lange Leidenszeit, Zweifel an Gottes Liebe). Es wird wohl keiner auf den Gedanken kommen, die Angehörigen mit billigem Trost zu verletzen (Wen Gott lieb hat, den züchtigt er...) Vielleicht sind in den Leidensstationen des Verstorbenen Situationen zu finden, die ihm »zum Besten dienten«: positive (wo er sich geliebt wußte), negative (schmerzhaftes Wachsen im Glauben und in der Liebe). Der Prediger kann aber auch seine eigene Unfähigkeit, **jetzt** schon zu sehen, inwiefern das Vorangegangene jemanden »zum Besten« dient, aussprechen. Manchmal ist im Trauergespräch schon angeklungen, was die Angehörigen für sich und für den (die) Verstorbene für das Beste halten: Sie (Er) ist jetzt vom Leiden erlöst, im Frieden, ohne Schmerzen und Leiden. Wir sind von einer kräfteraubenden Pflege entbunden, von Hilflosigkeit befreit...

Liebt doch Gott die leeren Hände, und der Mangel wird Gewinn. Immerdar enthüllt das Ende sich als strahlender Beginn (Werner Bergengruen). *HS*

Mitten aus dem Leben gerissen **Angst**

Denn der Herr, dein Gott, ist ein barmherziger Gott; er wird dich nicht verlassen noch verderben, wird auch den Bund nicht vergessen, den er deinen Vätern geschworen hat (5. Mose 4, 31)

Dieses Sterben hat Angst ausgelöst. Davon will ich in der Ansprache noch etwas spüren lassen. Die Ängste des Verstorbenen, die die Angehörigen mit ihm auszuhalten hatten: verlassen, vergessen, »kaputt« zu sein. Die Ängste der Hinterbliebenen: einsam zu sein, zu kurz zu kommen, unbarmherzig behandelt zu werden, selbst krank zu werden, verrückt zu werden... Die Ansprache ist ein Versuch, zuerst die Ängste anzusprechen, um sie mit Hilfe des Textes abzubauen und zu überwinden. Denn der Text ermutigt zu einer Rede gegen die Angst. Gegen Angst und Verlassenheit stehen: Barmherzigkeit, Geborgenheit, Annahme und Treue Gottes. Die Spannung zwischen erfahrener Angst und Glaube gegen die Angst kann sich in Bildern und Gebeten konkretisieren.

Wir werden sein, wie Jesus war, der für das Leben der anderen eintrat und den eigenen Tod doch annehmen konnte. Wir lernen wie Jesus zu sein und den Tod hinter uns zu haben. Unsere Kräfte sind dann nicht in den Widersprüchen der Angst, die wir nicht zeigen können und dürfen, gefesselt, sondern freigeworden (Dorothee Sölle, Ev. Kirchentag 1973). *HS*

Sorget nichts, sondern in allen Dingen lasset eure Bitten im Gebet und Flehen mit Danksagung vor Gott kund werden (Philipper 4, 6)

Kindliche Wünsche und kindliches Verhalten werden hier erlaubt. Sich um nichts sorgen müssen, alles einem guten, starken Vater überlassen können, der die geäußerten Wünsche (Gebet und Flehen) auch erfüllt (Dankbarkeit). Das entspricht der Trauerreaktion, die kindliche Wünsche hervorruft (»Regression«). Der Todesfall steht dem »guten Vater« entgegen. Gott hat unverhofft jemanden weggenommen, ist ein »böser Vater« (Ambivalenz), hat hilflos und zornig gemacht, hat Angst eingejagt vor weiter drohender Wunschversagung. Das soll zur Sprache gebracht werden als Ermutigung für die Angehörigen, ihren Gefühlen freien Lauf zu lassen und sich nicht »zusammenzunehmen« (das macht hart und bitter, wie viele Trauergespräche zeigen). Kindliches Beten, Flehen und Weinen erleichtern. Ohne Tränen zappelt die Angst auf dem Trockenen. Tränen heben die Angst »auf«, d.h. machen sie zum einen leichter, so daß sie unaufhaltsam davonschwimmt, und zugleich bleibt der/die Gestorbene in schmerzlich-schöner Erinnerung aufbewahrt. Am Ende kann mit diesem Gott Frieden geschlossen werden (V. 7).

»Je kostbarer ein Mensch, umso mehr Leid hinterläßt er« (A. Wazyk). *MA*

Mitten aus dem Leben gerissen **Auflehnung**

Wir haben Gutes empfangen vom Herrn, sollten wir nun das Böse nicht auch annehmen? (Hiob 2, 10)

Mit 43 Jahren tödlich verunglückt, ein tüchtiger, beliebter, gesunder Mann. Das Warum steht im Polizeibericht. Das »Warum gerade er?« ist nicht zu beantworten. Auch Gott, dem Herrn, hat es nicht »gefallen, ihn abzuberufen« (übrigens: dem schuldigen Autofahrer auch nicht...). Der Protest gegen solchen Tod als Protest gegen unsere todbringenden Verhältnisse muß laut werden. Uns Theologen ist solches Aufbegehren unbehaglich. Wir laufen Gefahr, die Leidtragenden ganz schnell auf den Überschuß des erlebten Guten hinzuweisen. Doch unfaßbares Leid ist nicht zu übertünchen. – Ich stelle mir mit dem Text zwei Waagschalen vor. In der einen liegt der momentane einzige Gedanke der Trauernden, »Alles ist aus«, und wiegt schwerer als der Inhalt der anderen Schale, das bisher erlebte Gute. Es braucht Zeit, bis in den Trauernden die positive Waagschale wieder überwiegt. Die Liebe und das Gute erweisen sich als stärker als der Tod. Gott sei Dank.

Der Tod ist groß. Wir sind die Seinen, / lachenden Munds. / Wenn wir uns mitten im Leben meinen, / wagt er zu weinen / mitten in uns (R.M. Rilke).

Christen sind Protestleute gegen den Tod (Chr. Blumhardt). *MA*

Er demütigt auf dem Wege meine Kraft, er verkürzt meine Tage. Ich sage: Mein Gott, nimm mich nicht weg in der Hälfte meiner Tage!... Du aber bleibst wie du bist, und deine Jahre nehmen kein Ende (Psalm 102, 24, 25a + 28)

Krebs zum Beispiel, ein tödlicher Unfall... Das kann man nicht »wegpredigen«. Da bleiben nur Klage und Auflehnung. Gott hat so viel Zeit in seiner Ewigkeit. Warum nimmt er von dem Bißchen, das uns gegönnt ist, noch so viel? Gott: eine undurchdringbare, schweigende Mauer, unerreichbar wie der fernste Stern. Und noch grausam dazu. Oder hat eine andere Macht die Hand im Spiel? Wäre Gott ohnmächtig gegen das Leid? So oder so – alles Fragen muß doch zur Klage werden. – Trost kann darin liegen, in der Ratlosigkeit und Verzweiflung ehrlich zu bleiben, ohne billige Vertröstung, ohne »Lösung«. In aller Demut (oder Demütigung) aushalten und auf die Antwort warten, in der Gewißheit, daß auch Sinnlosigkeit eine Antwort findet.

Du, wenn ich nicht mehr weiter weiß, dann laß mich nicht allein;/und wenn ich keiner Seele trau, stell du dich auf mich ein./Und wenn ich dich verwünschen werde, bleib bei mir. Hör auf mich und schweig. Halt mich aus (Tore Littmarck/Friedrich Karl Barth). *WH*

Sei du mir nur nicht schrecklich, meine Zuversicht in der Not (Jeremia 17, 7)

Der plötzliche Tod eines nahen Menschen macht wütend. Man sucht einen Schuldigen, möchte schließlich Gott verantwortlich machen für diese Grausamkeit und ihn beschimpfen. Gleichzeitig ist die Wut beängstigend: Man darf sie nicht haben. Gott könnte schrecklich darauf reagieren, sich entziehen wie die Kindheitseltern. Wunsch nach Zuflucht und Zorn liegen im Streit miteinander. Die meisten Menschen leben mit der Erfahrung, daß eines das andere ausschließt, daß auf den Zorn die Strafe folgt. Die Ansprache sollte die Gefühle benennen und zum Schimpfen und Kämpfen ermutigen. Verdrängter Zorn kann die Trauer zur Depression verfestigen. Auch die Psalmbeter haben ihren Gefühlen freien Lauf gelassen und wurden letztlich bewahrt. Gottes Liebe reicht weit und hält es aus, daß wir uns ihr zornig zumuten.

Hast du, Gott, mich ganz vergessen und verlassen? Meine Schmerzen, mein Kummer – sind sie dir gleichgültig? Schau mich an! Hör mir zu! Laß mich nicht einfach so am Boden liegen (Nach Ps. 13). Lied: EKG 287 *UW*

Mitten aus dem Leben gerissen **Ewigkeit**

Gott ist nicht der Toten, sondern der Lebendigen Gott, denn sie leben ihm alle (Lukas 20, 38)

Unvorbereitet müssen wir Abschied nehmen von einem Menschen, mit dem wir herzlich verbunden waren. Unsere Augen werden ihn nicht mehr sehen, nicht nur weil sie voller Tränen sind. Gottes Augen aber begegnen dem Verstorbenen auch jetzt. Was Lebende und Tote trennt, hindert sie nicht. So wie Gott aus dem Nichts heraus Leben schenkte, ruft er uns aus dem Tod zu einem neuen Sein, so daß wir in seiner Nähe leben können. Garant und zugleich Vorbild dieses Handelns ist Jesus Christus. Seine Auferstehung wird uns verkündigt, damit wir solche Hoffnung gewinnen und damit wir schon jetzt mit der verwandelnden Kraft Gottes rechnen und uns in Anfechtung und Leid bewähren. Der uns heute durch das dunkle Tal führt, ist derselbe, der am Ende unseres Weges auf uns wartet und uns in seine Arme schließt. Dann werden wir schauen, den wir jetzt glauben.

Wenn ich gestorben bin, hat sie gewünscht, feiert nicht mich und auch nicht den tod, feiert den, der ein gott von lebendigen ist. wenn ich gestorben bin, hat sie gewünscht, preiset das leben, das hart ist und schön. preist den, der ein gott von lebendigen ist. (K. Marti) *GSt*

Mitten aus dem Leben gerissen **Kindertod**

Es mögen wohl Berge weichen und Hügel hinfallen, aber meine Gnade soll nicht von dir weichen, spricht der Herr, dein Erbarmer (Jesaja 54, 10)

Bei der **Taufe** ist es normalerweise kein Problem, den dankbaren Eltern zu zeigen, welches Wunderwerk Gott ihnen anvertraut hat. (Luther: »Wo du ein Kind siehst, begegnest du Gott auf frischer Tat.«) Damals bei der Taufe von J.R. habe ich gesagt: »Was für ein Himmelreich eröffnet euch Gott mit diesem

Kind!« Und dann lebte J. nur 9 Monate. Der ganze Berg von Freude und Dankbarkeit stürzte wie ein Kartenhaus zusammen. Zertrümmerter Glaube der zu Tode erschrockenen Eltern, gestorben die Hoffnung auf Gottes Gnade. Die Ansprache muß diese psychische/religiöse Situation aufnehmen; darauf hinweisen, daß alles, was wir sicher zu »haben« meinen (auf Dauer beanspruchen wollen), uns auf unbestimmte Zeit anvertraut, geliehen ist. Nichts im Leben sollen wir auf unsere Rechnung setzen! Nur daraus entsteht der Dank für Gottes Gnade an jedem Tag und die Kraft, das Allerliebste zurückzugeben an diesen gnädigen Gott.

»So soll der Mensch jedem Menschen, jedem Ding und jeder Situation begegnen: immer als sei es zum ersten und zugleich als sei es zum letzten Mal.« (Max Picard) – EKG 179, 1–4

MA

Ich rufe zu Gott und schreie um Hilfe. In der Zeit meiner Not suche ich den Herrn; meine Hand ist des Nachts ausgereckt und läßt nicht ab; denn meine Seele will sich nicht trösten lassen. Ich denke an Gott und bin betrübt, mein Herz ist in Ängsten (Psalm 77, 2–4)

Der hier zu Wort kommt, ist zerrissen von Schrecken und Angst. Er weiß noch nicht, ob er nach dem Verlust weiterleben kann. Er ist untröstlich. Spricht er Ihnen aus der Seele? Seit Sie es zum ersten Mal in Ihren Armen hielten, können Sie nur denken: das Kind! Tag und Nacht: das Kind! Wieviel Freude hat es Ihnen bereitet, seine Lebendigkeit, sein erstes Lächeln! Und schon ist es Ihnen wieder genommen. Das ist nicht zu fassen. Ihr Herz denkt weiter: das Kind! Sie suchen es bewußt und unbewußt. Sie laufen in sein Zimmer, meinen, seine Stimme zu hören. Und immer das Erwachen zu dieser schrecklichen Wirklichkeit! Ähnliches hat auch der Psalm-Beter hinter sich. Nun rafft er sich auf zu neuem Suchen. Er sucht jetzt Gott, klagt ihm sein Leid, streckt seine Hand aus, daß Gott sie fassen, ihn durch das dunkle Tal hindurchführen und ihn trösten möge.

Ich bitte Dich, Gott, um die große Kraft, diesen kleinen Tag zu bestehen, um auf dem großen Wege zu Dir einen kleinen Schritt weiterzugehen. (E. Ginsberg)

GSt

Ein Mensch ist in seinem Leben wie Gras, er blüht wie eine Blume auf dem Felde; wenn der Wind darübergeht, so ist sie nimmer da, und ihre Stätte kennt sie nicht mehr. Die Gnade aber des Herrn währt von Ewigkeit zu Ewigkeit über denen, die ihn fürchten (Psalm 103, 15–17)

Fast immer scheue ich mich, bei Kindertod auch nur irgendein Bibelwort auszulegen. Psalmen, meditative Texte, Gebete in geprägter Sprache finde ich hilfreicher angesichts des weißen kleinen Sarges, der mich jedesmal an die Grenze der eigenen Kräfte führt. Abgebrochenes Leben, eh es richtig begonnen hat. Das ist nicht der natürliche Kreislauf des Werdens und Vergehens, sondern die abgerissene Blume, das mutwillig zertretene Gras. Der Kindersarg spricht allem Hohn, was ich glaube. Mein Dennoch, meine Hoffnung schöpfe ich nicht aus der Gottesfurcht, sondern aus der unerschütterlichen Zusage: Du bist mein. Ich habe dich beim Namen gerufen (Jes. 43,1f. als Taufspruch). Die Zusage: Du bist Gottes Kind, in der Taufe sichtbar gemacht und durch die Liebe von Eltern, Paten, Ärzten, Schwestern vermittelt, enthält die Hoffnung zum Weitermachen. Und so werde ich wohl immer versuchen, beides zu vermitteln: die Sprachlosigkeit und den Funken Hoffnung, den mir Jesus gibt.

Du kamst, du gingst mit leiser Spur, ein flüchtger Gast im Erdenland. Woher? Wohin? Wir wissen nur: aus Gottes Hand, in Gottes Hand. (L. Uhland) *HT*

Mitten aus dem Leben gerissen **Jugend**

Der Mensch, vom Weibe geboren, lebt kurze Zeit, geht auf wie eine Blume und fällt ab, flieht wie ein Schatten und bleibt nicht. Doch du tust deine Augen über einen solchen auf (Hiob 14, 1ff.)

Wir sind ein Stück Natur, wachsen und gedeihen wie eine Pflanze. Wohl dem, der zur Blüte kommt, seine Kräfte entfaltet und sich verströmt! Wohl dem, der sich seines Blühens bewußt wird und andere erfreut mit seinem Wesen und seiner Schönheit! Wir sind ein Stück Natur, dem Vergehen unterworfen. Aber anders als die Blumen erinnern wir uns an das Blühen und sehen das Verdorren voraus. Dieses Wissen macht das Sterben so schwer. Dieses Wissen verpflichtet uns, verantwortlich umzugehen mit unseren Fähigkeiten und dankbar zu leben, an jedem geschenkten Tag. Kurz ist die Zeit der Blüte. Zu kurz meinen wir angesichts dieses Sterbens. Aber ob einer die Reife erlangt, die ihm zugedacht ist, läßt sich nicht ablesen an der Zahl seiner Jahre. Wir fliehen wie ein Schatten. In dieser Vergänglichkeit begegnen uns die Augen Gottes. Sie schauen auf uns wie die Augen eines Liebenden auf seine Geliebte. Auch im Tod können wir ihnen nicht entschwinden. Wir sind ihnen vielmehr näher denn je.

Alles, alles, was wir sehen, das muß fallen und vergehen. Wer Gott fürcht', wird ewig stehen. (EKG 327) *GSt*

Denn des Menschen Geist muß davon, und er muß wieder zu Erde werden; dann sind verloren alle seine Pläne (Psalm 146, 4f.)

Durch den plötzlichen Tod eines jungen Menschen wird die Begrenzung des Lebens bewußt. Es kann für die Angehörigen eines »Frühvollendeten« wichtig sein, sich an gemeinsame Stationen des Lebens zu erinnern. Dabei können Bilder, gute Worte und Taten etwas vom Lebendigsein des Verstorbenen festhalten. Die Ansprache kann die eigene Betroffenheit spüren lassen: Was wird aus meinen Plänen und Hoffnungen? Angehörige und Freunde, die durch den überraschenden Tod wie gelähmt und am Boden zerstört sind, suchen Zeichen der Hoffnung. Sie möchten aufgerichtet und ermutigt werden (Ps. 146, 8.9). In der Ohnmacht, wo Trauer und Schmerz ihren Raum haben, kann vielleicht neue Zuversicht wachsen.

Komme, was mag – Gott ist mächtig! Wenn unsere Tage verdunkelt sind und unsere Nächte finsterer als tausend Mitternächte, so wollen wir stets daran denken, daß es in der Welt eine große, segnende Kraft gibt, die Gott heißt. (Martin Luther King) *HS*

Mitten aus dem Leben gerissen — **Schicksal, Zufall**

Ich sprach: Nun muß ich zu des Totenreichs Pforten fahren in der Mitte meines Lebens, da ich doch gedachte, noch länger zu leben. Ich sprach: Nun werde ich den Herrn nicht mehr schauen im Lande der Lebendigen, nun werde ich die Menschen nicht mehr sehen mit denen, die auf der Welt sind. Meine Hütte ist abgebrochen und über mir weggenommen wie eines Hirten Zelt. Zu Ende gewebt hab ich mein Leben wie ein Weber; er schneidet mich ab vom Faden (Jesaja 38, 10–12)

Lebensfaden, Schicksalsfaden, – wir leben wie am seidenen Faden. Und sind nicht selbst der Weber, kennen das Muster nicht, nach dem da gewebt wird. Unsere Abtrennung (Abnabelung?) von diesem Erdenleben ist zugleich Vollendung. Aber wie groß oder wie klein der Teppich aus Leben ist, in den wir verknüpft wurden, das bestimmen wir nicht selbst. Was ein Schicksalsschlag ist, sieht im Licht der Ewigkeit anders aus. Und unser Lebenshaus steht nicht auf Dauer, ist nur Unterschlupf auf Zeit.

Vor meinen Fragen/ist die Antwort schon da./Durch alle Plagen/dringt zu mir dein Ja./ Ich strecke die Hand aus/und bin nicht allein./Du bist wie ein Haus/und ich trete ein./ Haus meines Lebens,/ich nenn' deinen Namen,/Gott, nicht vergebens./So glaube ich. Amen.
WH

Ein Mensch kann nichts nehmen, wenn es ihm nicht vom Himmel gegeben ist (Johannes 3, 27)

Ist ein Unglück »vom Himmel gegeben«? Zunächst doch einmal nicht! Es ist irdisch entstanden, hat zumeist faßbare Gründe, muß sogar – statistisch gesehen – irgendwann einmal eintreffen. Es gibt Erklärungen, Untersuchungen, Verantwortlichkeiten, Ausreden. Am Ende bleiben zumeist mehr Fragen als Antworten. Zumindest aber ein offener Rest, dieses »Warum jetzt? Warum hier? Warum dieser? Warum so?« Im letzten bleibt jedes Schicksal unerklärbar, undurchsichtig. Gott handelt verhüllt, er, der »verborgene Gott«. Und wir – bleiben die Nehmenden, Empfangenden, ob wir wollen oder nicht, mit ihm hadern oder nicht. – In einem zweiten, tieferen Sinn ist dann ein Unglück doch »vom Himmel gegeben«, – aber dies ist keine Schicksalsfrage, wie man oft meint, sondern eine Glaubensfrage, nämlich: an das Annehmen gebunden. Nur das Gegebene kann genommen werden; nur der Glaubende kann Gegebenes als von Gott Kommendes akzeptieren. Darin aber liegt die Chance, sich aktiv, im Dialog mit Gott, mit einem furchtbaren Geschick zu versöhnen.

Was dem Leben Sinn verleiht, gibt auch dem Sterben Sinn. (Antoine de Saint-Exupéry)

RL

Mitten aus dem Leben gerissen **Sinnfrage**

Siehe, wenn er wegrafft, wer will ihm wehren? Wer will zu ihm sagen: Was machst du? Wie sollte denn ich Worte finden vor ihm? Wenn ich auch recht habe, so kann ich ihm doch nicht antworten, sondern ich müßte um mein Recht flehen (Hiob 9, 12; 14 f.)

Von diesem Sterben ist die Familie zerrissen. Die Angehörigen sind bestürzt. Sie reagieren mit Empörung und Zorn gegen Gott und wissen, daß das in der Gesellschaft nicht akzeptiert wird. Als Vorbild gilt Hiob. Aber er war keineswegs nur der stille Dulder, sondern auch trotziger Rebell. Er ist sich keiner Schuld bewußt, die sein Leiden rechtfertigt. Und so klagt er Gott an. Wo bleibt seine Gerechtigkeit? Was soll der Sinn sein? Solches Aufbegehren ist nicht nur erlaubt. Es ist eine Hilfe für den Leidenden. Darüber wird er in seinem Schmerz entlastet. Sein Unglück ist so wenig Strafe, wie er sein Glück verdient hatte. Grund und Zweck bleiben dem Menschen verborgen. Alle guten Gaben kommen von Gott. Er kann geben oder zurücknehmen. Geliebt werden möchte er um seiner selbst willen. Wir sollen, was in uns vorgeht, ihm nicht verbergen, sondern, ohne uns zu verstellen, versuchen, vor ihm Worte zu finden. Immer hat er ein Ohr, immer Verständnis für uns, immer auch Trost.

Unruhig bleibt unser Herz, bis es Ruhe findet in Dir. (Augustin) *GSt*

Wer ist unter euch, der seines Lebens Länge eine Spanne zusetzen könnte, wie sehr er sich auch darum sorgt? (Matthäus 6, 27)

Ich stelle mir die Situation so vor: Man hat gearbeitet, geschafft und viel erreicht unter mancherlei Opfern. Jetzt, wo man es genießen könnte, fordert der Tod sein Recht. Der Tod ist der Angriff auf die gesamte bisherige Lebensphilosophie, die sicher auch durch gesellschaftliche Einflüsse mitgeprägt ist. Das Leben hätte doch gerade erst beginnen sollen! Oder: Was hat er / sie vom Leben gehabt außer Arbeit? So sind die Klagen. Das Bibelwort setzt dagegen sehr hart unsere Ohnmacht als Geschöpfe dieser Welt. Ein Trost ist daraus nur insofern zu hören, als es auf den anderen Weg weist, auf den Satz Jesu: »Sorget nicht für den morgigen Tag«, der ja auch besagt: Lebt heute! – Die Auflehnung gegen »das Schicksal«, »den Zufall« wird dann fruchtbar, wenn den Zuhörern deutlich wird: Wir müssen unsere Lebensphilosophie ändern. Es gibt kein Recht auf ein Leben bis zu einem bestimmten Alter. Gott ist Herr über Leben und Tod, aber das ist keine Tyrannei, vielmehr ist jeder Tag zugemessene Zeit. Die Sorgen werden abgenommen. Dadurch gewinnt das Leben Qualität auch angesichts der unabänderlichen Tatsache der Begrenztheit. Jeder Tag hat Sinn in sich, auch der letzte.

Heute ist der erste Tag der Zeit, die uns noch zum Leben bleibt. *HT*

Mitten aus dem Leben gerissen **Trauer**

Was betrübst du dich, meine Seele, und bist so unruhig in mir? Harre auf Gott; denn ich werde ihm noch danken, daß er meines Angesichts Hilfe und mein Gott ist (Psalm 42, 6)

Aushalten in der Betrübnis, im seelischen Chaos, das ein Todesfall auslösen kann. Aber da muß man hindurch. All die Hektik, der Trubel, den ein Todesfall auslösen kann. Und hinterher: die Stille, das dunkle Loch, – eine andere Form von Betrübnis und Unruhe. Flüchten ist kein Ausweg; nicht die Beruhigungstablette (eine begrenzt notwendige Hilfe für's Schlimmste), noch betriebsame Geschäftigkeit. Sondern hinfinden zu einer inneren Ruhe, die ausharren hilft. So kann Hoffnung entstehen und gibt es eine Chance, daß nun, wenn alles vorüber ist, etwas Neues aufkeimen kann. Und dieser neue Lebensabschnitt wird seine eigenen Freuden, eigenen Lasten haben. Dieser Blick über Unruhe und Betrübnis hinaus kann tatsächlich zu Gelassenheit, zu Dankbarkeit führen.

Ich werfe meine Angst zu dir hinüber wie ein Tau von einem Schiff ans Land./Vielleicht ist einer da und greift herüber./Vielleicht, vielleicht, nimmst du mich dann an meiner Hand./Wenn Gott es ist, der meine Ängste auffängt und nicht läßt,/wenn Gott es ist, dann hält er mich samt meinen Ängsten fest (Ulrich G. Fick). WH

Ihr werdet traurig sein, doch eure Traurigkeit soll in Freude verwandelt werden (Johannes 16, 20)

Die meisten Angehörigen werden dem 1. Teil des Satzes spontan zustimmen können. Deshalb darf die Ansprache vorhandene Trauer nicht wegpredigen oder überspielen wollen. Im 2. Teil des Satzes wird der Wunsch angesprochen: Schmerzen mögen vergehen, die Trauer soll sich in Freude verwandeln. Beides, Trauer und beginnende Zuversicht, soll genügend Raum haben. Wo der Prediger den Angehörigen eine Chance gibt, Trauerarbeit zu beginnen, kann sich auch Trost einstellen. Mit den Worten aus der Abschiedsrede Jesu läßt sich eine gelungene Trauerarbeit zusammenfassen: Traurigkeit verwandelt sich in Freude. Vielleicht kann der Prediger auf eine erfüllte Zeit des Zusammenseins hinweisen, die noch lange positiv nachwirken kann. Oder an Worte des (der) Verstorbenen erinnern, in denen für die Zurückbleibenden Hoffnung aufleuchtet:

Gott will uns nicht so lassen wie wir sind; er will Umkehrung: aus Traurigkeit soll Freude werden, und aus Leuten, die ihr Dunkel lieber haben als sein Licht, sollen Menschen werden, die anderen Licht bringen. *HS*

Mitten aus dem Leben gerissen **Trost**

Denn vielleicht ist er darum eine Zeit von dir getrennt worden, damit du ihn auf ewig wiederhättest. (Philemon 15)

Wie soll ich leben ohne sie, ohne ihn? Alles war für einen gemeinsamen Weg bereitet und vorgedacht. Die Trennung ist unbegreiflich und reißt das eigene Leben an den Rand des Abgrundes. Nicht vertrösten soll die Ansprache – man muß ja doch hindurchgehen durch die Trauer und den Schmerz. Einfache Antworten halten der Verzweiflung nicht stand. Dem Leiden stellvertretend Sprache zu verleihen ist hilfreicher und erreicht die Trauernden eher als zu schneller Trost. Aber vorsichtig hinweisen darauf, daß mit dem Verlust nicht alles verloren ist, das geht. Darüber sprechen, wie im Schmerz die Erinnerung sich wandelt und das Erlebte sich uns anverwandelt, das wäre möglich. Was uns schließlich bleibt als Teil unserer selbst, das wird uns nicht wieder genommen.

Wenn etwas von uns fortgenommen wird, womit wir tief und wunderbar zusammenhängen, so ist viel von uns selbst mit fortgenommen. Gott aber will, daß wir uns wiederfinden, reicher um alles Verlorene und vermehrt um jenen unendlichen Schmerz. (R.M. Rilke) *UW*

Werft euer Vertrauen nicht weg, welches eine große Belohnung hat (Hebräer 10, 35)

Der plötzliche Tod eines Nahestehenden erzeugt – nicht anders als der unvermutete Abbruch einer Beziehung – eine tiefe Vertrauenskrise. Die Stütze ist weggebrochen. Ein halbierter Mensch bleibt zurück, ohne Vertrauen in die eigene Geh-Fähigkeit, ohne Mut zum Weiterleben. – Wie gewinnt man wieder Selbstvertrauen, Gottvertrauen, wenn die Zukunft ohne Aussichten erscheint? Vertrauen heißt: sich auf nicht Gesichertes einlassen, mit dem Sich-einlösen von Zugesagtem rechnen, in Aussicht Gestelltes für sinnvoll und realisierbar halten, – sich aus sich selbst heraus verlagern, sein Schwergewicht auf das Kommende legen, also: zu »existieren«. Das mobilisiert, gleichsam vom Ziel her, die eigenen Kräfte, und seien sie noch so klein. Das läßt Verkümmertes nachwachsen. Das ermutigt auch die anderen, dem Trauernden zu helfen.

Steh uns stets bei mit deinem Rat/und führ uns selbst auf rechtem Pfad/die wir den Weg nicht wissen./Gib uns Beständigkeit, daß wir/getreu dir bleiben für und für/auch wenn wir leiden müssen./Schaue, baue/was zerrissen und beflissen/dich zu schauen/und auf deinen Trost zu bauen. (EKG 103, 3, Michael Schirmer) *RL*

Mitten aus dem Leben gerissen **Verzweiflung**

Wir wissen nicht, was wir tun sollen, sondern unsere Augen sehen nach dir (2. Chronik 20, 12)

Die Situation wird beschrieben, nüchtern, wie sie ist: »Wir wissen nicht«. Diesem Nicht-Wissen möchte ich standhalten angesichts der Umwelt, die vorgibt, alles zu wissen, alles wißbar zu machen und die vielleicht auch in diesem Fall leichte Sprüche parat hat: die Zeit heilt alle Wunden usw. Dem Nicht-Wissen, der Verzweiflung Raum geben, aber dabei nicht stehen bleiben. Sonst müßte man Schicksal oder Zufall bemühen und würde handlungsunfähig. Das Bibelwort zeigt die andere Blickrichtung. Der Rückblick am Grab ist nötig und hilfreich, der Blick vorwärts betrügt nicht um die Gefühle in der Gegenwart. »Meine Augen sehen nach dir«: Vorsicht, daß Gott nicht mißbraucht wird als letzter Ausweg und Erklärung des Nicht-Erklärbaren! Der erste Teil des Bibelwortes bleibt stehen. Auch ich als Predigerin stehe in der

Solidarität der Nicht-Wissenden. Ich kann keine Antwort geben. Ich kann die Fragen aushalten, die Verzweiflung und auf die andere Blickrichtung hinweisen in der begründeten Hoffnung, daß sie neue Lebensmöglichkeiten bereithält.

Von guten Mächten wunderbar geborgen, erwarten wir getrost, was kommen mag. Gott ist mit uns am Abend und am Morgen und ganz gewiß an jedem neuen Tag. (D. Bonhoeffer)

HT

Rufe mich an in der Not, so will ich dich erretten (Psalm 50, 15)

Warum gerade sie? Warum nicht jemand anders, der nicht so gebraucht und geliebt wurde? Die Trauernden möchten sich wehren mit ihren Fragen, gegen die Hilf- und Ratlosigkeit, suchen nach Antworten, die das scheinbar Sinnlose annehmbar und verstehbar machen. – Nur wenige Menschen werden sich noch fügen in das Bild eines Gottes, der von oben herab Gutes und Böses schickt; und trotzdem fragen sie in ihrer hilflosen und wütenden Verzweiflung so, als ob es einen solchen gäbe. – Ich möchte das Fragen aufnehmen, aber nicht, um Antwort zu geben, sondern um aus dem Mitfragen ein Mitklagen werden zu lassen, um gemeinsam mit den Trauernden zu rufen in der Not – so zu rufen, wie auch Jesus am Kreuz gerufen hat. Der unanfechtbare Gott wird darin zum Betroffenen, Mitleidenden, der die Schmerzen teilt und damit hilft, sie zu durchstehen. Nicht klare Antworten machen ja das Schicksal sinnvoll, sondern Begleitung und Kraft, um seine Wege durchzuhalten und schließlich von ihrem Ende her etwas von dem Geist zu ahnen, der das Zerrissene und Sinnlose heilt und zusammenfügt.

O Herr, gib jedem seinen eigenen Tod. Das Sterben, das aus jenem Leben geht, darin er Liebe hatte, Sinn und Not. (R. M. Rilke)

UW

In der Welt habt ihr Angst; aber seid getrost, ich habe die Welt überwunden (Johannes 16, 33)

Angst ist immer ein Stück Todesangst, jede kleine Angst ein Teil der großen. Ohne Angst kein Leben, keine Nahrungssuche, keine Flucht vor Gefahren, kein Kampf gegen den Tod, kein Helfen und Heilen (– dies aus dem Vertrauen heraus, doch in der Solidarität der Geängsteten). Ohne Angst auch kein Mut – so viel Vertrauen dazugehört. Todesangst und Todesmut sind Geschwister. Angst ist eine Qualität von Leben – und disqualifiziert es zugleich, mindert es, entwürdigt es, besonders da, wo Angst gemacht und benutzt wird als Instrument von Herrschaft. – Hatte Jesus keine Angst? Gewiß auch. Aber sein Vertrauen zum Vater war so stark, daß er kaum je Angst haben mußte. Darin hat er – nicht eigentlich er, sondern sein Vater – das Welt-Sein in sich bezwungen. Sein Überwinden der Welt in ihren Todesängsten wurzelt im Befreitsein vom Zwang zur Angst. Da ist Liebe möglich, da auch erst Feindesliebe: wo Angst nicht zur Gewalt führt. Und da ist auch im Ansatz der Tod überwunden, der mittels der Angst schon mitten im Leben herrscht.

Unter deinem Schirmen/bin ich vor den Stürmen/aller Feinde frei./Laß den Satan wettern/laß die Welt erzittern/mir steht Jesus bei. (EKG 293, 2, Johann Franck) *RL*

Aber der Herr ist treu; er wird euch stärken und bewahren vor dem Argen (2. Thessalonicher 3, 3)

Ein Bibeltext, der Angehörige in ihrer Angst abholen kann. Wieviel Angst müssen psychisch Kranke, Familienmitglieder und Begleiter aushalten? Wer in diesem Teufelskreis leben muß, wird meistens nicht vor Angst, Bedrohung und Hilflosigkeit bewahrt. Es kann deutlich werden, daß keiner davor geschützt ist, selbst psychisch krank zu werden (»Irren ist menschlich«). Der Text steht in seinen ermutigenden Aussagen, den Erfahrungen mit psychisch Kranken und deren Angehörigen entgegen. Vielleicht gelingt es in der Ansprache, Vorurteile, Menschenverachtung und Angstzustände bei Betroffenen abzubauen. Es ist wichtig, Erfahrungen aus der Begleitung von psychisch Kranken und aus dem Trauergespräch vorsichtig mitzuteilen. Die Ansprache kann im Kampf gegen die Resignation zaghaft von kleinen Zeichen erfahrener Treue, Stärkung und Bewahrung sprechen:

Manchmal stehen wir auf/Stehen wir zur Auferstehung auf/Mitten am Tag/Mit unserem lebendigen Haar/Mit unserer lebendigen Haut... (Marie Luise Kaschnitz) *HS*

Durch ein tragisches Schicksal **Auflehnung**

Denn wir sterben des Todes und sind wie Wasser, das auf die Erde gegossen wird und das man nicht wieder sammeln kann; aber Gott will nicht das Leben wegnehmen, sondern er ist darauf bedacht, daß das Verstoßene nicht auch von ihm verstoßen werde (2. Samuel 14, 14)

Wie ausgegossenes Wasser – so schutzlos und ausgeliefert mag einem in Ängsten der Tote vorkommen. So mögen sich aber auch die Trauernden fühlen, denen angesichts des Todes das Leben unter den Händen wegfließt und zerrinnt. Der bewahrende, behütende Gott hat seine Glaubwürdigkeit verloren: Auch der göttliche Vater, die göttliche Mutter halten die Schrecken des Lebens nicht fern. Enttäuschung, Angst und Verlassenheitsgefühle sind die Antwort auf diese Erfahrung. – Wie ausgegossenes Wasser – es versickert im Erdboden, rinnt tiefer und tiefer, kommt schließlich dort an, wo es nicht tiefer hinab geht, sammelt sich, wird wieder zur Quelle... In der Meditation des Bildes haben Ängste und Finsternisse ihren Raum ebenso, wie die Ahnung einer Bewahrung, die unter und hinter der Finsternis liegt. Könnte das die Brunnenstube eines erwachsenen Gottvertrauens sein?

Lied: EKG 5, 1–4 *UW*

Mein Gott, mein Gott, warum hast du mich verlassen? (Psalm 22, 2)

Einer, der ein Opfer menschlicher Schuld und Grausamkeit wurde, der keine eigenen Worte mehr finden konnte, schrie mit diesem alten Psalm seine Auflehnung und seine Verzweiflung aus sich heraus: Jesus von Nazareth an seinem Kreuz. Die Befürchtung, von Gott verlassen zu sein, kommt auf, wenn einer in seiner Not allein bleibt, sich einsam fühlt. Immer ist das so. Und es ist gut, wenn die Auflehnung zur Frage wird, die sich an Gott richtet: »Mein Gott, mein Gott, warum hast du mich verlassen?« So stirbt Jesus. So wird er auferweckt. Seither dürfen alle, die kein Gebet des Vertrauens mehr von ihren Lippen bringen, die sich von Gott und von allen Menschen verlassen fühlen, in ihm ihren Bruder und ihren Fürsprecher sehen. Er läßt sie nicht allein. Er leidet mit ihnen, und sie sind verbunden mit ihm, selbst wenn sie es nicht wissen.

Auf dem Weg, den keiner mit mir geht, wenn zum Beten die Gedanken schwinden, wenn die Finsternis mich kalt umweht, wollest du in meiner Not mich finden. Wenn die Seele wie ein irres Licht flackert zwischen Werden und Vergehen, wenn des Geistes Kraft zu Nichts zerbricht, wollest du an meinem Lager stehen. (J. Delbrück) *G St*

Durch ein tragisches Schicksal **Ewigkeit**

Dessen bin ich voll guter Zuversicht, daß Gott, der bei euch angefangen hat sein gutes Werk, der wird's auch vollenden (Philipper 1, 6)

Ein Leben, eben noch im schönsten Gange, plötzlich abgerissen, muß als Stückwerk erscheinen, als nicht vollendet. Das frühere Welt- und Glaubensbild lieferte eine tröstliche Zweiteilung: Hier zwar unvollendet, dort in der Ewigkeit aber heil und vollendet; dort wird alles gut sein, was hier abgebrochen werden mußte. Phil. 1,6 soll die Angehörigen so anreden, daß sie das

Gute, das sie mit dem Toten erlebt haben, auch »gut sein lassen« können. Die existential interpretierte Ewigkeit: sich zufriedengeben können mit dem Gewesenen. Die Fülle, das Endgültige, die Vollendung liegen im gelebten Leben selbst, nicht in einem noch ausstehenden Zeitabschnitt nach dem Tod. Über untröstliche oder getröstete Trauer entscheidet, wohin unser Blick geht: anklagend auf das »Zu wenig« oder beglückt auf die erlebte Fülle. Nur so gesehen kann die Dankbarkeit die Qual der Erinnerungen in eine stille Freude verwandeln. Was steht dann noch aus?

»Ich glaube, daß Gott aus allem, auch aus dem Bösesten, Gutes entstehen lassen kann und will. Dafür braucht er Menschen, die sich alle Dinge zum Besten dienen lassen«. (D. Bonhoeffer) *MA*

Der Herr wird mich erlösen von allem Übel und mir aushelfen zu seinem himmlischen Reich (2. Timotheus 4, 18)

Eine Befreiung von schwerem Leiden wird hier angesprochen. So ist es möglich, auf Leiden und Schmerzen des Verstorbenen einzugehen. Es kann für Angehörige und den Prediger wichtig sein, dem nachzugehen, was der Verstorbene in den verschiedenen Sterbephasen sagen und signalisieren wollte (Ärger, Auflehnung, Einsamkeit, Verzweiflung, Annahme). Verständnis und Anteilnahme lassen sich mit Erfahrungen konkretisieren. Auch die Ergebenheit in das Ende des Leids kann deutlich werden: Erlösung von Schmerzen, Elend, Übel, Einsamkeit. Wo es möglich ist, kann mit Worten de(s)r Verstorbenen auf die Sehnsucht nach Erlösung von dem Übel eingegangen werden. Manchmal kann auch ein Buch oder eine Spruchkarte, wenn sie in der Leidenszeit eine Rolle gespielt haben, eine Ermutigung für die Angehörigen sein. Gedichte und Lieder können oft besser als fromme Reden Gottes Reich und Gottes Nähe ausdrücken:

Du gibst uns Frühlingsherzen nach kühlen Nachtfrösten und entzündest der Liebe Feuer mit dem Morgenstern. Du gehst in uns deine Winterwege, bis Springbrunnen zum Himmel steigen, ihre Tränen wie Blätter am Baum des Lebens (Anna Marie Aagaard). *HS*

Durch ein tragisches Schicksal **Schuld**

Ein Mensch sieht, was vor Augen ist, der Herr aber sieht das Herz an (1. Samuel 16, 7)

Wir sehen, was vor Augen ist: äußere Daten, Lebenslauf, Familienbeziehungen, Bilder, Erinnerungen, das tragische Schicksal. Ohne familiäre Einzelheiten auszuplaudern, finde ich es hilfreich, die Situation zu beschreiben, wie ich sie im Gespräch wahrgenommen habe, sie zu »spiegeln«, die Vorderseite, »was vor Augen ist«. Gott sieht: das Herz. Früher die Beschreibung der Ganzheit »Mensch«. Heute schwerer in Worte zu fassen. Vielleicht so (mir hilft das): Gott sieht Bleibendes, Wesentliches. Was zählt für uns? Was überdauert die verblassende Rückerinnerung? Nicht das, was wir jetzt benennen, wo wir vom tragischen Schicksal reden und Schuld erkennen, sondern (so abgegriffen das klingt): Liebe, Zuwendung, Hingabe, Lob, Schenken. Kurz: was unser Herz bewegt und dadurch Menschen aufeinander zu bewegt. Da trauern wir zu Recht, weil da Menschen unersetzbar sind füreinander. Da gilt es, der Trauer standzuhalten und sie in allen Phasen durchzuhalten. Und schließlich: Unser Urteil ist relativ. Wir sind nicht Richter an Gottes Stelle, auch nicht in dem gutgemeinten Versuch, Erklärungen zu finden und Schuld aufzuspüren.

Lied: EKG 45, 5 und 6 *HT*

Der Herr sieht vom Himmel auf die Erde, daß er das Seufzen der Gefangenen höre und losmache die Kinder des Todes (Psalm 102, 20f.)

Als Gott sich zum ersten Mal zu erkennen gab, geschah es, indem er Menschen aus der Knechtschaft herausführte. In Ägypten waren sie Arbeitstiere, ausgenutzt, gedemütigt. Diesen Unterdrückten schenkte er ihre Menschenwürde und Freiheit. Und der Psalm verkündigt nun, daß Gott immer so handelt. Das ist sein Wesen: Gebeugte aufrichten, Gebundene lösen. Und von uns spricht er als von Kindern des Todes und Gefangenen, selbst wenn wir im eigenen Lande leben und darin Verantwortung tragen. Wir können zerbrechen an Forderungen, die andere an uns haben, und an Ansprüchen, die wir selbst an uns stellen. Zu unserer Gefangenschaft gehört auch, daß wir Gott verkennen, meinen, er habe acht auf uns, um uns zu durchschauen und unser Versagen und unsere Schuld aufzudecken. Aber er braucht alle seine Kraft, unser Elend zu sehen, unser Seufzen zu hören und sich unserer zu erbarmen. Er liebt uns. Er löst uns von unserer Vergangenheit und schenkt uns Zukunft. Er kann und will und wird uns aus dem Tod zum Leben führen.

Weil Gott in tiefster Nacht erschienen, kann unsere Nacht nicht endlos sein (Beiheft zum EKG 624). – Psalm 139 *GSt*

Er aber ging hin in die Wüste, eine Tagereise weit und kam und setzte sich unter einen Wacholder und wünschte sich zu sterben und sprach: Es ist genug. So nimm nun, Herr, meine Seele; ich bin nicht besser als meine Väter (1. Könige 19, 4)

Solche Todeswünsche, wie Elia sie ausspricht, können auch die Reaktion auf den Verlust eines nahen Menschen sein: nicht mehr wollen, nicht den Schmerz, nicht die Sinnlosigkeit. Die Motivation für das eigene Weiterleben ist am Zerbrechen. – Man kann diesen Wünschen Sprache verleihen, Verständnis für sie äußern: Es gab auch andere Menschen, denen es so ging wie dir, die genug hatten von übergroßen Lasten und Zumutungen, z.B. Elia. Hinter dem Lebensüberdruß klingt der Zorn an: Wenn du, Gott, mir so viel antust, dann tue ich dir auch etwas an. – Aus der depressiven Wendung nach innen müssen die Trauernden schließlich zur Umkehr finden in der kommenden Zeit. Die Ansprache geht einen Schritt auf dem Weg voraus – wie der Engel, der Brot und Wasser in die Wüste bringt.

Was soll kommen, Gott, in meine Trauer, in meinen Schmerz? Was soll kommen in meine Ohnmacht und Schwäche? Was soll kommen, Gott? Es sei denn, dein Engel...
Lied: EKG 14, 1+4 *UW*

In deine Hände befehle ich meinen Geist; du hast mich erlöst, Herr, du treuer Gott (Psalm 31, 6)

Merkwürdig: Wer sich »das Leben **nimmt**«, – **gibt** sich den Tod. Und wird in diesem Schritt oft (nicht immer) die Erlösung suchen. Kann man aber sagen: »**Gott** hat mich erlöst?« Gar: »Du treuer Gott«? Das spricht vielleicht der Mut der Verzweiflung gerade noch aus. »In deine Hände ...« – das ist leichter nachzuvollziehen: endlich Frieden finden, eine Ruhe, die sonst niemand mehr geben konnte. – Wer weiß etwas von der letzten Wegstrecke eines Verzweifelten? Wer maßt sich ein Urteil an? Auch unseren Geist, den Geist unserer Fragen, unserer Urteile, unserer Ratlosigkeit und Beschämung können wir getrost in Gottes Hand legen. Ist nicht Gottes Verstehen größer als unseres? Und wo wären die Grenzen seiner Barmherzigkeit?

Du kannst nicht tiefer fallen / als nur in Gottes Hand, / die er zum Heil uns allen / barmherzig ausgespannt. – / Es münden alle Pfade / durch Schicksal, Schuld und Tod / doch ein in Gottes Gnade / trotz aller unsrer Not. (Arno Pötzsch)

Aber das Herz / ist eine ausgeschickte Taube, / gezeichnet mit dem Ring / an den Füßen, / und muß heim, / muß den Weg finden / auch mit zerfetzten Flügeln / und blinden Augen, / muß heim, heim, / wieder heim zu sich selbst. (Max Bolliger) *WH*

Fürwahr, du bist ein verborgener Gott, der Retter (Jesaja 45, 15)

Viele Menschen denken bei Beerdigungsansprachen eher an »frommen Schmus« als an ehrliche Worte, die darum eine große Chance haben: die harte Realität des Todes offenzulegen. Es gibt keinen »Sinn« zu entdecken, wenn eine Mutter von 4 Kindern mit 36 Jahren plötzlich stirbt. Auch keinen frommen Sinn derart, daß es »für irgendetwas gut sein wird« oder gar »als Gottes Strafe getragen werden muß«. Die tödlichen Möglichkeiten, die in menschlichen Lebensformen oder in der Natur stecken, darf ich nicht kausal mit Gott verrechnen. Er hat solchen Tod nicht gewollt und nicht verursacht. Aber trotz allem müssen die Zurückbleibenden nicht verloren gehen. Ich ermutige sie dazu, um Gottes Kraft zu bitten, damit sie den tödlichen Blick des Todes aushalten können. Die Frage nach dem Sinn bleibt unbeantwortbar, aber das auszusprechen, ist eine klare Antwort und wendet uns langsam wieder dem Leben zu.

Manchmal denkt man, Gott müßte einem in all den Widerständen des Lebens ein sichtbares Zeichen geben, das einem hilft. Aber dies ist eben sein Zeichen: daß er einen durchhalten und es weiter wagen läßt. (Jochen Klepper) EKG 249. 1–3 *MA*

Meine Gedanken sind nicht eure Gedanken, und eure Wege sind nicht meine Wege, spricht der Herr, sondern so viel der Himmel höher ist als die Erde, so sind auch meine Wege höher als eure Wege und meine Gedanken höher als eure Gedanken (Jesaja 55, 8f.)

Das alte Bild vom geknüpften Teppich: Wir sehen nur die Rückseite, das Gewirr der Fäden und Farben. Gott sieht den Teppich von vorn. Er kennt und schafft das Muster, die Ordnung – seine Schöpfung. Das Leben eines Menschen, seine Leistungen und Wesenszüge, seine Harmonien und Widersprüche, seine Stationen und Irrwege: Alles fügt sich durch und für Gott zu dem Bild, von dem wir bloß die verwirrenden Details wissen. – Gewiß: nur ein Gleichnis für den Abstand, die Souveränität Gottes – und die Vorläufigkeit unserer Urteile, ja unsere Unzuständigkeit, ein Leben zu würdigen. Das gilt auch für das Rätselhafte im Sterben eines Menschen. Logische Erklärungen kann niemand geben, er müßte denn »sein wie Gott«. Nicht Hochmut, sondern Demut ist angezeigt, – eine Gesinnung, die nichts beweisen, nichts auflösen will, sondern die sich fügt...

Er will, daß ich mich füge. / Ich gehe nicht zurück. / Hab' nur in ihm genüge / in seinem Wort mein Glück. / Ich werde nicht zuschanden/ wenn ich nur ihn vernehm'. / Gott löst mich aus den Banden! / Gott macht mich ihm genehm! (Jochen Klepper) *RL*

Gott ist unsere Zuversicht und Stärke, eine Hilfe in den großen Nöten, die uns getroffen haben (Psalm 46, 2)

Beschreibung der »großen Nöte«, die uns getroffen haben. Möglichst konkret versuche ich zu beschreiben, was der Tod in diesem Fall bedeutet. Insofern ist das Bibelwort eine Hilfe, der Wirklichkeit standzuhalten und sie nicht zu verdrängen. Viele Menschen reden auf die Trauernden ein, wenige können wirklich hören, und noch weniger trauern wirklich mit. Rituale überdekken Wichtiges, und vor allem lassen sie wenig Raum für Gefühle. »Nöte« sollen zur Sprache kommen. Mir fällt ein: Jesus hat das wohl gut gekonnt, Menschen sprachfähig zu machen. Vielleicht weil er mitleiden konnte. Man kann Nöte aussprechen. Man kann es lernen. M. Luther hat einige Lieder aus diesem Psalm geschaffen. Ob sie vielleicht eine Hilfe, eine Brücke sein können? Alte Worte strahlen manchmal mehr Vertrauen aus als moderne (So nimm denn meine Hände, z.B.).

»Mit unsrer Macht ist nichts getan«, »Und wenn die Welt voll Teufel wär«

Welchen Trost in Todesnot wird er meiner Seele geben, wenn sie gläubig zu ihm spricht: Herr, Herr, meine Zuversicht. (EKG 89, 6) *HT*

Herr, zu wem sollen wir gehen? Du hast Worte des ewigen Lebens; und wir haben geglaubt und erkannt, daß du der Heilige Gottes bist (Johannes 6, 68)

Böser Tod zur unrechten Zeit. Zum wem sollen wir gehen mit all den Schmerzen und der Untröstlichkeit? Wohin kann man sich flüchten mit solcher Wunde, die unheilbar scheint? – Der Vers drückt mit seiner Eingangsfrage die Suche nach einem Gegenüber aus, das nicht vertröstet und ablenkt, sondern es mit den Verlassenen im Abgrund aushalten kann. Es ist schwer, Menschen zu finden, die nicht mit Abwehr und Angst auf die Verzweiflung reagieren, die sie nicht wegreden wollen. Worte des ewigen Lebens sind grenzenlos weit auch für den Schmerz, tragen ihn durch den Abgrund hindurch. Manchmal sind sie vielleicht auch nur ein beredtes Schweigen, das von Gott her durch uns hindurchklingt.

O Gott und bei lebendigem Tage, träum ich vom Tod. Im Wasser trink ich ihn und würge ihn im Brot. Für meine Traurigkeit gibt es kein Maß auf deiner Waage. (Else Lasker-Schüler)

Lied: EKG 244,1 *UW*

Der Herr ist mein Teil, spricht meine Seele; darum will ich auf ihn hoffen. Denn der Herr ist freundlich dem, der auf ihn harrt, und dem Menschen, der nach ihm fragt (Klagelieder 3, 24f.)

Mit diesem Tod ist ein Stück des eigenen Lebens weggerissen. Und die schrecklichen Geschehnisse üben solche Macht aus, daß wir selbst noch in den vernichtenden Strudel hineingeraten und untergehen können. Wo gibt es Halt und Trost? Der Zeuge des Alten Testamentes entzieht sich den verheerenden Kräften, denen er ausgesetzt ist, durch einen Entschluß. In seiner Besinnung auf eine Überlebensmöglichkeit entscheidet er sich und ermutigt sich selbst: »Ich will auf Gott hoffen!« Das gelingt ihm, indem er sich klarmacht, daß er ein Recht darauf hat: Gott hat ihm sein Wort gegeben. Er hat sich selbst gegeben, sich ihm verbündet. »Er ist sein Teil.« Unser ganzes Leben mit allen Höhen und Tiefen ist eine einzige Einladung Gottes an uns, nach ihm zu fragen, ihm zu antworten auf seine offenbar gewordene Liebe und sich ihm anzuvertrauen – mit Leib und Seele – im Leben und im Sterben.

Süßes Heil, laß dich umfangen. Laß mich dir, meine Zier, unverrückt anhangen. Du bist meines Lebens Leben. Nun kann ich mich durch dich wohl zufriedengeben. (EKG 27)

GSt

Kommt her zu mir alle, die ihr mühselig und beladen seid; ich will euch erquicken (Matthäus 11, 28)

Es gibt schier Unerträgliches, – Lasten, unter denen ein Mensch seelisch und auch körperlich zusammenbricht. Wir sind nicht jener sagenhafte Atlas, der die ganze Welt auf seinen Schultern trug. Es genügt ein Toter, uns in die Knie zu zwingen, ein Schicksalsschlag, uns zu Boden zu werfen. Was brauchen wir? Keine großen Worte. Keine Wunder. Nur einen, der mit uns schweigt. Nur einen, der stumm die Scherben des Vergangenen mitaufsammelt. Nur einen, der mit uns hinsieht und den Blick nicht abwendet. Jedenfalls einen, der unsere Schulter berührt und andeutet: Du bist nicht ganz allein. Jesus war so einfühlsam. Er konnte das ohne jeden Aufwand. Er hatte den Blick für das gerade Nötigste. Er spürte, mitten im Tod, den Rest Leben auf und ließ ihn wachsen. Seine Ruhe übertrug sich auf andere. Und sie geht noch heute von ihm aus. In seiner Nähe kann man atmen. Und kann man lernen, Liebgewordenes, Liebgewesenes hinzugeben – und es auf neue Weise wiederzugewinnen.

Du brauchst nur zu verzichten. Dann findest du deinen Frieden. (Oscar Wilde)

Man muß nur bereit sein, Gottes Wege mitzugehen; dann ist alles voller Ziele und Verheißungen. (Helmut Thielicke)

RL

Siehe, die Furcht des Herrn – das ist Weisheit, und Böses meiden – das ist Einsicht (Hiob 28, 28)

Menschliches Versagen führt zu schrecklichen Unglücksfällen: Bei geöffneter Schranke zerfetzt ein Zug den Schulbus – viele Tote; von einem LKW fallen Ladungsteile vor ein Urlauberauto – 3 Tote; ein betrunkener Motorradfahrer streift mit seiner Maschine den Bordstein – der Freund auf dem Sozius tot. Die Schuldigen leben, jeder weiß von ihnen. Was sagen wir, wenn bei den Angehörigen Wut und Haß hochkommen? Unser **Ziel** ist klar: »Mein ist die Rache« und »richtet nicht« und Hinweis auf die Gerichte. Aber wie die Wut und die Rachegefühle auffangen? Weltfremder Idealismus, wollte ich versuchen, Angehörige und Täter miteinander ins Gespräch zu bringen, damit jene diesem vergeben! Aber Trauergespräch und Ansprache müssen klären, was hier »Weisheit und Einsicht vor Gott« bedeuten, nämlich die bösen Gedanken sich verwandeln zu lassen in die Erkenntnis: Der Schuldige hat auch sich selbst schwer bestraft, die Last liegt für Jahre schwer auf ihm, er verdient mehr Mitleid als Wut. **Vergebung** ist das nicht, sie kann nicht verlangt werden. Aber Solidarität zwischen uns »armen Kreaturen« in einer bedrohlichen Welt.

»Wollet nicht in Zorn verfallen, alle Kreatur braucht Hilf von allen « (B. Brecht). *MA*

Gott hat uns nicht für das Zorngericht bestimmt, sondern dazu, das Heil zu gewinnen durch unsern Herrn Jesus Christus. Er ist für uns gestorben, damit wir, ob wir wachen oder schlafen, zugleich mit ihm leben (1. Thessalonicher 5, 9 + 10)

Wenn einer abgrundtief schuldig geworden ist; wenn einer seine Verantwortung als Mensch mit Füßen zertreten hat; wenn da ein Mensch nur noch böse, nur noch als Teufel erscheint, – wer bringt die Kraft der Vergebung noch auf? Mit welcher Hoffnung, mit welcher Aussicht auf Erfolg sollen wir denn vergeben? Die Kraft einer Liebe, der Atem der Mitmenschlichkeit können uns ausgehen. Was dann? Gut, wenn man diese Ebene verlassen und sich in einer anderen finden kann: Gott ist größer. Und wenn es wahr ist, daß Jesus **für alle** gestorben ist, können wir Empörung und Hilflosigkeit ein

Stück weit ablegen. Das letzte Urteil steht uns, Gott sei Dank, nicht zu. Diese Last müssen wir nicht tragen. Es bleibt so noch genug. Einem Mörder verzeihen? Vielleicht geht das wirklich nicht. Aber ihn Gott anbefehlen, das ist möglich.

Und suchst du meine Sünde, flieh ich von dir zu dir./Ursprung, in den ich münde, du fern und nah bei mir. (Schalom Ben-Chorin) *WH*

Durch ein tragisches Schicksal **Verzweiflung**

Wer erkennte nicht an dem allen, daß des Herrn Hand das gemacht hat, daß in seiner Hand ist die Seele von allem, was lebt, und der Lebensodem aller Menschen? (Hiob 12, 9f.)

Bei einem selbst- oder fremdverschuldeten Unfall fordert der Text zum Widerspruch heraus: Es war kein tragisches Schicksal, sondern menschliches Versagen. Wo Menschen das Steuer nicht mehr in der Hand halten können (Alkohol, Angeberei, Raserei), ist es problematisch, von Gottes Hand oder einem blinden Schicksal zu sprechen (Vers 9.11). Vielleicht ist es hilfreich, an Vernunft und Einsicht der Überlebenden und besonders der Autofahrer zu appellieren. Einsichten zu wecken und Konsequenzen selbst zu ziehen, wäre eine Chance über die Verzweiflung hinaus. Warum sollte nicht Vernunft auf unseren Straßen Vorfahrt haben? Was kann das Bild von der »Hand Gottes« in dieser Situation aussagen? Was wird bleiben nach sinnloser Zerstörung von Leben? Bleibt, was am Anfang dem Menschen geschenkt wurde: ein lebendiges Wesen? Es ist ein Hoffnungszeichen, daß unser Leben nicht zerstört werden kann (Vers 10). Wo kann Lebendigkeit, Gottes Lebensodem in der Verzweiflung erfahrbar, sagbar werden? Daß Verzweiflung überhaupt sagbar ist, ist ein Lebenszeichen. *HS*

Höre mein Gebet, Herr, und vernimm mein Schreien. Schweige nicht zu meinen Tränen, denn ich bin Gast bei dir wie alle meine Väter (Psalm 39, 13)

Kann man noch schreien in der Verzweiflung? Kann man beten? Viel lieber wür de ich schweigen wie Hiob, weil ich nicht weiß, was zu reden ist, weil alles so schrecklich sinnlos erscheint. Wo war Gott in der letzten Sekunde? – Da haben die Psalmbeter uns etwas voraus: Sie können Worte finden und zu Gott schreien in der Gewißheit: Er hört mich und wendet mein Schicksal. Ich kann das berichten. Ich kann versuchen, die Betroffenen behutsam auf diesen Weg zu führen, ihre Klagen zu formulieren, ihr Schreien auszuhalten. Vielleicht ist das am wichtigsten, weil Viele beschwichtigen und zur Tagesordnung übergehen. Es bleiben viele offene Fragen: Wie wird es weitergehen? Was soll werden? Den/die Tote/n loslassen, ist ein winziger Schritt auf dem Weg in die Zukunft, den ich mit Worten begleiten kann. Und vielleicht kann ich Worte und Gebetsformulierungen finden, die das Schreien ausdrücken für die, die jetzt keine Worte finden.

Gewisse Gedanken sind Gebete. Es gibt Augenblicke, in denen die Seele, welche Stellung auch immer der Körper einnehmen mag, auf den Knien liegt. (Victor Hugo)

HT

Bibelstellenverzeichnis

Altes Testament (Die Seitenzahlen sind nach dem Doppelpunkt *kursiv* gedruckt.)

Neues Testament

Mitarbeiterinnen und Mitarbeiter

IA	Ingrid Adam	HK	Horst Kiefer
MA	Martin Adam	HDK	Heinz-Dieter Knigge
EB	Elisabeth Brach	JK	Johannes Kriedel
TB	Thilo Brach	RL	René Leudesdorff
ED	Erhard Domay	ML	Michael Lipps
KE	Klaus Eulenberger	GL	Gert Lüninghöner
SF	Sabine Fritsch	KvM	Klaus v. Mering
GF	Gisela Fähndrich	BR	Bernd Renner
HG	Heiderose Gärtner	ISch	Ingrid Scholz
RG-B	Renate Ganzhorn-Burkhardt	DSch	Dieter Schupp
DG	Dietmar Gerts	HS	Helmut Seitz
RG	Robert Gutzler	FS	Florian Sorkale
EH	Eva Heck	RS	Rainer Starck
WH	Wolfgang Herrmann	GSt	Gerda Storck
JH	Jürgen Holz	JvSt-B	Jobst v. Stuckrad-Barre
O-G H-S	Oda-Gebbine Holze-Stäblein	HT	Helga Trösken
EJ	Ernst Jochum	UW	Ulrike Wagner
SK-P	Susanne Kahl-Passoth	KZ	Klaus Zillessen